U0140462

读史有智慧

上

冷成金◎著

贵州出版集团
贵州人民出版社

图书在版编目（CIP）数据

读史有智慧：全二册 / 冷成金著. -- 贵阳 ： 贵州
人民出版社，2023.11
　ISBN 978-7-221-17793-3

　Ⅰ．①读… Ⅱ．①冷… Ⅲ．①中国历史—通俗读物
Ⅳ．①K209

中国国家版本馆 CIP 数据核字（2023）第 155609 号

读史有智慧：全二册

DU SHI YOU ZHIHUI：QUAN ER CE

冷成金 / 著

出 版 人	朱文迅
策划编辑	郭予恒
责任编辑	刘旭芳
责任印制	李　静
出版发行	贵州出版集团　贵州人民出版社
地　　址	贵阳市观山湖区会展东路 SOHO 办公区 A 座
邮　　编	550081
印　　刷	涿州汇美亿浓印刷有限公司
开　　本	787mm×1092mm　1/16
印　　张	35
字　　数	580 千字
版次印次	2023 年 11 月第 1 版　2023 年 11 月第 1 次印刷
书　　号	ISBN 978-7-221-17793-3
定　　价	128.00 元（全二册）

前言

人猿相揖别。只几个石头磨过，小儿时节。

铜铁炉中翻火焰，为问何时猜得？不过几千寒热。

人世难逢开口笑，上疆场彼此弯弓月。

流遍了，郊原血。

一篇读罢头飞雪，但记得斑斑点点，几行陈迹。

五帝三皇神圣事，骗了无涯过客。

有多少风流人物？

盗跖庄蹻流誉后，更陈王奋起挥黄钺。

歌未竟，东方白。

——毛泽东《贺新郎·读史》

1

毛泽东爱读史，也最懂史，不仅精读详批了二十四史，对许多笔记野史也多有留意，甚至在临去世之前，还要工作人员到北京图书馆找一部大字本的《容斋随笔》来读。毛泽东的救国智慧、治国方略，无不可在中国历史中找到渊源。

然而，读史要有"智慧"，切不可被漫长的历史"骗了无涯过客"。人要破除对历代的帝王之术的神秘感，对其有清醒的认识；要善于运用自己的经验分析历代的治乱成败，并从中总结出相应的规律；还要从自己的日常生活经验中走出来，在更高的层次上看待政治与道德的关系。而在具体操作上，则要谙熟通权达变的智慧，不要墨守成规。能够做到这些，虽未必能赶上大智大贤，也应算是会"读史"了。

当然，要真正读懂历史，又谈何容易。正所谓"一篇读罢头飞雪"，没有宏大的气魄，没有沧桑的经历，没有丰富的知识，即使对史书倒背如流，也是"纸上得来终觉浅"。只有将历史与自己的生命融为一体，方可称得上懂史。而人一旦到了这个境界，恐怕就可以"创造历史"了。

"人世难逢开口笑，上疆场彼此弯弓月"，血腥的战乱也许暂时过去了，但人生的"战争"却永远不会停止。因此，历史，尤其是中国历史，对于每一个中国人来说，永远都不会失去意义。至于意义的大小，就全凭个人的觉悟程度了。

目 录

上　册

可缺的乃是自知之明，量力而行。

○ 卷二 道家智慧

得军事上的胜利，也可获得政治和商业上的成功。

下　册

○ 卷四　法家智慧

○ 卷六　纵横家智慧

事上打破了僵局，进入了一个崭新的发展时期。

为臣，而亡国的君主就以低贱的小人为臣。

计深远"。这恐怕就是大爱和小爱的区别了。

后 记

卷一

儒家智慧

最深刻的儒家智慧

"以力服人者，非心服也，力不赡也；以德服人者，中心悦而诚服也。"儒家智慧是一种真正的大智慧，它的运谋方法不是谋智，而是谋圣，即从征服人心着手。

如果说道家智谋是中国智谋型文化中最聪明的一页，法家智谋是其中最刻毒的一页，兵家智谋是其中最冷峻的一页，纵横家智谋是其中最无耻的一页，阴阳家智谋是其中最神秘的一页，那么，**儒家智谋就是中国智谋型文化中至为深刻的一页，是真正的大智谋。**

儒家智谋一向与王道理想相联系，是非常深奥复杂的。我们这里所要讲的只是选取其智谋性的一面，即**王道理想如何转化为智谋和儒家智谋仁术治国的特点。**

孔子曾经说过："听讼，吾犹人也，必也使无讼乎！"他的意思是说，处理诉讼案件，我和一般的人一样，也要按照法律办事的。但我和一般的人不同的地方在于我要首先实行礼乐教化，从根本上杜绝诉讼案件的发生。这是孔子以礼乐治国思想的基本表述，如果能和司马迁的另一句话相参照，人们也许会对孔子的这句话有更深刻的认识。司马迁说："礼禁未然之前，法施已然之后。"意思是说，礼乐教化对于治国治民来讲是更根本的，而法律往往只是起个"马后炮"的作用。

中国有关治国治民的智谋基本可以分为两大类：治标的和治本的。显然，儒家是"治本"的代表学派，而法家是"治标"的代表学派。

　　儒家自身似乎是反对在治国治民上使用智谋的，起码没有公开提倡过。但实际上在整个中国文化与其智谋型的整体特点中，儒家思想不可避免地转化为智谋，它的各个方面都在智谋文化中找到了各自的定位。

　　简要地说，**儒家的王道理想所考虑的不是个体的人的利益，而是整个社会的利益**。在人与社会的关系上，王道理想是要首先指向社会的利益的，但社会的利益又必须牺牲个体的人的利益。这样看来，在王道理想的实际运作过程中，个体的人与社会之间实际上是一种利害关系。因此，儒家的王道理想在考虑具体的策略时必然要想方设法地趋利避害，实际上也就转化成了智谋。

　　如果从价值观念这个角度来看，也是一样的。中国人没有超越外在的价值观念，王道理想的价值观念的出发点就在于现实社会。通俗一点说，在儒家看来，一个人实现了多少现实功业，就是实现了多少人生价值。由于儒家个人的价值自足定位在现实的世俗功利之中，所以，无论儒家怎样高唱道德的神圣和超越，它最终还是把这些道德神圣还原为世俗的现实功利，而这些道德神圣和现实功利从根本上来讲是没有区别的，因为他们所向往的都是利，在形态上的区别则是大利和小利。由于大、小利益的悬殊，人们往往看不到道德的功利色彩，而把它误认为是超功利的。

　　如此一来，儒家所着重强调的义利之辨，实际上就变成了道德神圣和现实利害如何转化的问题。而处理这一转化，儒家比其他各个学派更高明，更具有合理性。

　　这种高明就在于**儒家智谋是一种非智谋的大智谋**，它的运谋方法不是谋智，即不是像法家或兵家那样用强硬而直接的智慧迫使对方服从，而是谋圣，即从征服人心着手，使人主动提高自己的道德修养，以一种审美的态度来为王道理想献身。

　　如果用今天的现实来阐释当年儒家的智谋的话，那就是儒家并不首先向人们宣扬法律的尊严和权威，不迫使人们执行，而是非常注重做"政治思想工作"，为人们描绘一幅美好的蓝图，并百折不挠地到处宣传这种理想，直到人们心悦诚服，把儒家的价值观念内化到自己的灵魂之中。由于儒家的王道理想是最富有人情味、最温情脉脉的，所以它也就最富有感动人的力量。即使有人明智地认识到自己是在被别人所谋，被一种观念所谋，他也是心甘情愿的。但这已经不是因为儒家谋略高明，更不是因为儒家谋略比别的学派的谋略狡诈——它已经上升到了人性、人道的范畴。这说明儒家的智谋在其最深处是符合人性和人道的基本原则的。这就是儒家智谋的合理性所在，也是其成为真正的大智谋的根本原因。

儒家智谋的具体表现形式是仁术，仁术的具体表现形式就是我们常说的修身、齐家、治国、平天下了。仁术的核心当然在于以仁治国治民，但如何才能实现治国治民呢？法家和兵家用强力来压服人心，通过改变社会来改变社会中的每一个人，**儒家则主张用个人的人格修养来影响别人，并进而影响到整个社会，通过改变社会中的每一个人来改变整个社会**。二者的出发点和走向都恰恰相反。这样，儒家就把个人的修养看成是实现王道理想的基本出发点。所以，在修、齐、治、平四项当中，修是放在第一位的。以修身为中心，逐渐向更大的社会范围衍射，从理论上讲，衍射的幅度，也就是一个人所取得的现实功业的大小，完全是由个人的修养水平所决定的。在这里，儒家为人们描绘了一幅无比诱人的蓝图：没有等级的差别，没有门第的限制，没有权力的干扰，总之，一切外在的束缚统统被取消了，只有人的内在世界才是真实的。只要肯提高自己的修养，世界上没有做不到的事情。的确，儒家学说为人的发展在理论上提供了无限广阔的天地和美好的发展前景。这就是儒家智谋作为一种无与伦比的大智谋为中华民族所钟爱的内在原因。

在具体的治国治民的策略上，儒家首先讲究的是使人心服。下面引述几段先贤的话来说明这个问题。

> 为政以德，譬如北辰，居其所而众星共之。(《论语·为政》)
> 以力服人者，非心服也，力不赡也；以德服人者，中心悦而诚服也。(《孟子·公孙丑上》)
> 桀、纣之失天下者，失其民也。失其民者，失其心也。得天下

有道：得其民，斯得天下矣；得其民有道：得其心，斯得民矣。（《孟子·离娄上》）

使人心服的具体方法很多，儒家在运作这种智谋的过程中，积累了丰富的经验，有着很完备的理论系统和实践经验，这里无法一一尽述。但总的说来，官吏要设身处地为百姓的利益着想，为大局着想，为道义着想，要舍己为人，在必要的时候，甚至要牺牲个人的生命。

在后来的儒学大师中，有许多人在为帝王出谋划策时直言不讳地大谈儒家思想对治国、牧民、驯臣、王天下的重大利害，虽然他们已经明确地把儒学当作智谋来对待了，但其中一以贯之的合理因素并没有完全消失，就是在今天，这种智谋恐怕也不是完全过时的。

儒家智谋作为一种与众不同的大智谋，实在是一种取之不尽的智慧和力量的源泉。即使有人看不到这些，至少，那种对智谋就是欺诈、就是阴险、就是卑鄙的庸俗理解，也应该有所改变吧！

书生能否成帝王

据说，在中国古代历史上，南方出文人，北方出皇帝。确实，自屈原以来，诗人、文学家、画家多出在江南，江南才子是天下闻名的。不仅古代如此，就是在现代，大作家也多出在南方，现代文学史上的鲁（鲁迅）、郭（郭沫若）、茅（茅盾）、巴（巴金）、老（老舍）、曹（曹禺）六大家及数小家，绝大部分出生在南方。

至于封建皇帝，则更为有趣，似乎全部出在北方。从秦始皇算起，汉高祖刘邦是沛县丰邑人，今属江苏省沛县；东汉的开国皇帝刘秀，是南阳蔡阳人，今属湖北枣阳市，虽地处南北交界之处，在人们的观念上还应算作北方；宋太祖赵匡胤出生于河南洛阳的一个军官家庭；成吉思汗及元世祖忽必烈就不必赘述了；明太祖朱元璋是濠州钟离县人，今属安徽省凤阳县，也应算作是北方人；至于中国封建时代的最后一个王朝清朝，同元朝一样，其统治者都是来自遥远的北方。

上述的皇帝是中国主要朝代的开国皇帝，至于其他战乱时期产生的走马灯般的帝王，或是直接出自北方，或是祖上几代来自北方，总之，绝大多数是北方人，而且其祖居之地还较为集中，大多沿运河两岸分布。

这真是风水不同、地殊人异吗？其实，这要看怎么讲。如果把风水看成封建迷信的东西，这当然与风水无关；但若从广义上理解风水，把风水看作一种人文地理方面的东西，甚至有一些地缘政治的色彩，那就与风水有关。在中国古代社会，北方开发较早，文化也较为早熟，社会制度、宗法观念相对于南方来讲较为严密、发达和成熟，在大多数时间里，北方不仅是政治、文化的中心，还是经济的中心，又兼北方人勇武善战，因而，改朝换代之举一般都发生在北方，北方因此而多出皇帝。相反，南方不论是社会统治、宗法统治、思想统治相对北方均较弱，因此，人们的思想观念就较为解放和活跃，用今天的话来讲，就是相对宽松的政治环境容易造就大作家，容易促生大作品。

还有一个不容忽视的方面。孔子说，"仁者乐山，智者乐水"，别看只有这八个字，其中包含的深奥道理却是万年不易的。从表面上来看，这句话意思是说仁厚的人喜欢崇山峻岭，智慧的人喜欢河流溪水，实际上却道出了两种智慧类型。一种是仁者，一种是智者，仁者的智慧如同崇山峻岭一样厚重不移，而智者的智慧却如河流溪水一般变动不居。由此反推，即可看出，河流湖泊众多的地方是造就智者的地理环境，而崇山峻岭及平原草漠众多的地方是造就仁者的地理环境，即使是现代科学也不否认地理环境对人的性格、智能的影响。仁者多倾向于搞政治，智者多倾向于搞文学艺术。看来，南方出文人，北方出皇帝，不仅有其社会方面的必然性，还有地理方面的必然性。

仁者与智者，只是两种智慧类型，绝无高下之分；文人与帝王，也是两种不同的社会角色，就其作用来讲，实际上亦无高下之分，只是人们极易看到帝王身享荣华富贵、手操生杀大权，而看不到学者文人是无冕之王，是社会精神的主宰罢了。不过，必须看到的是，**学者书生或是文人雅士是与帝王格格不入的，文人书生绝对做不了开国皇帝**，其原因如下：

一、文人书生所学的圣贤之道是为了治国，绝非为了开国，圣贤之道教人修身养性，绝不教人造反；

二、文人书生所代表的道德理想永远走在社会现实的前面，只能永远站在现实的前面去召唤、哀怜、慨叹身后的社会现实，而不会去首倡造反、在白骨堆上建起新的王朝宫殿；

三、文人书生长于书斋，两耳尽是圣贤的教诲，缺乏社会锻炼，故缺少开国帝王所必备的野心勃勃、势利、诡诈、机变、老辣、无赖、无耻、狠毒乃至丧尽天良等性格素质；

四、中国历来就是一个学者与帝王分离、文人与官吏分离的国度，文人书生别说做了皇帝，就是做了官吏，也往往丧失了独立的品格，只剩下了官格，以治国治民为代表的理想道德即行告退，为官之道往往压倒一切；

五、最后的一个补充方面，是古代的文人学者在社会生活中地位往往并不低，所以首倡造反的往往不是他们。

所以，中国古代社会就出现了这样的奇异现象：真正的仁德才智之士，做不了开国皇帝。当开国皇帝的大多属于这两种人：一是流氓，一是豪强，盖因流氓无顾忌，豪强有势力也。

然而，就是在这样一个大的历史环境里，却偏偏出了一个书生皇帝，把书生和皇帝这两种不同的人格结合在一起，造出一种怪胎来。纵观这一书生皇帝的成败过程，我们可以看出许多有意味的东西。

西汉与东汉之间，隔了一个短短的朝代，这就是历时十八年的王莽新朝。一般的历史著作不大提这一朝代，认为是西汉和东汉两个朝代的衔接过渡阶段，是汉朝的暂时中断。其实，它应当算作是一个独立的朝代，不仅因为王莽正式称帝建年号，还因为他掌握了实际政权，颁布实行了许多重要的政策法令。新朝的王莽，就是中国历史上一位独一无二的由书生通过外戚的身份与干仕的和平方式而走上帝位的皇帝。

汉成帝永始元年（公元前 16 年），王莽因为是王太后的侄子，被封为新都侯，当时他三十岁。又过了七八年，王莽看准时机，揭发了废后许氏伙同王长、王融希图重为皇后的一系列阴谋，由原大司马王根推荐，做了大司马。从此，王莽开始了他沽名钓誉的生涯。

王莽做了大司马，决心要在名声上超出他的上辈，于是，就礼贤下士、延揽名士作为幕僚，并做出一副极其清廉高洁的样子。每当从朝廷上得了赏赐，他都全部分给宾客僚属，自己分文不取；在生活上，他也格外节俭，穿的是破旧的衣服，吃的是素淡的饭菜，几乎和一般的百姓没有什么两样。一次，王莽的母亲生病，朝廷上的公卿侯爵多派夫人前来探视。这些人都穿着绫罗缎匹，头上戴着珠宝首饰。王莽的妻子急忙出门迎接，穿的是粗布衣服，衣不拖地，裙子才刚刚盖过膝盖。客人们以为她是王家的仆妇，等悄悄问过别人之后，才知道她就是王莽的妻子。王莽家招待客人礼数十分周到，但用以招待的仅是清茶一杯而已。自此以后，王莽开始有了清廉俭约的名声。

不仅如此，王莽还博得了直臣的美名。一次，太皇太后王氏设宴邀请傅太后、赵太后、丁皇后等人一同聚会，主事官员在座位正中摆下一把椅子，归太皇太后坐，在旁边又摆下一把椅子，归傅太后坐，其余则排列两边。这时王莽走进来，大声喝问："上面为什么设着两个座位？"主事官员回答说："一个是太皇太后的，一个是傅太后的。"王莽说："傅太后乃是藩妾，怎得与至尊并坐？快撤下来！"傅太后听说她的座位被撤掉，就没赴宴。后来，傅太后胁迫哀帝罢免王莽，王莽听到了消息，马上自请免职，哀帝也未加挽留。就这样，王莽又回到了他的新都封地。

不过，这件事虽使他遭到罢官，却为他赢得了更多的好名声，大众都认为王莽有古代贤臣的风范。

西汉末年，社会各方面均已显得十分腐败，别的不说，仅汉哀帝宠爱男色一事就足以说明问题。董贤的父亲曾任御史，因此董贤得以为太子舍人，当时年纪才十五六岁。后来哀帝偶尔在殿中看到他，还以为他是女扮男装，一见之下，竟倾心相爱，再加上董贤惯会柔声下气、搔首弄姿，更让哀帝宠爱，以致两人食同案，寝同床，形影不离。后来连董贤的妹子和妻子也轮流陪哀帝寝居，董贤一家也平步青云，真是独邀主宠，公侯满门。哀帝对董贤的宠爱，已经到了痴迷的程度。一天，哀帝和董贤一起午睡，哀帝先醒，见董贤还在沉睡，就想悄悄起身，没想到衣袖被董贤压住。为了不惊醒董贤，哀帝竟把袖子割断起身。通过这一件事就可知道，在这样的君主统治下，朝政无法不糜烂，国势无法不衰弱。王莽也正是在这种情况下才由官僚一步步地篡取皇位的。

哀帝荒淫过度，于二十六岁亡。董贤虽对哀帝忠心耿耿，怎奈不习事务，无法理丧，太皇太后王氏便命王莽入都帮助董贤治理丧事。这又给了王莽一个捞取政治资本的大好机会。王莽入朝，不问丧事如何办理，先顺应人心，罢黜了董贤，令他自杀而死，并将董贤一家迁徙他地，将其家产估卖充公，然后才料理了哀帝的丧事。

王莽独掌大权以后，便与太皇太后商议，迎立中山王箕子为嗣。王莽为了讨好太皇太后，把平时得罪她的傅、赵等太后、皇后一概贬降，致使许多人自杀。太皇太后倒是满心欢喜，以为王莽替她出了口恶气，其实这是王莽在为自己以后进一步夺取政权扫清道路。

刘箕子即位，是为汉平帝。当时平帝只有九岁，一切权力均由王莽把持，就是太皇太后王氏也被王莽哄得团团转。朝廷中的正直大臣见王莽专权，贬降太后、擅立新君，渐无人臣之礼，陆续辞职引退；在朝的官员多趋炎附势，尤其是历任三朝的大司徒孔光，竟去揣摩王莽的心意，一味奉承。不过，王莽也很狡猾，他知道自己多半是靠了太皇太后王氏的信任才得以独揽大权的，人心其实并未收拢。王莽既不懂征战，又不懂治国安民、收拢人心的办法，只有靠弄虚作假或矫情作伪。

王莽想了多日，终于想出一个办法。他秘密派人前往益州，告诉地方长官，让他买通塞外蛮夷，假称越裳氏，献入白色雉鸡。平帝元始元年（1年）正月，塞外果有蛮人入朝，说是由于仰慕汉朝德仪，特来入献白雉一只。王莽一听，非常高兴，立即禀告了太皇太后，把这只白雉送到宗庙里。亏得王莽读过书，才想出了这个办法。原来，周朝成王的时候，越裳氏也曾来中原献白雉，王莽是想把自己比成辅佐幼主的周公，才买嘱塞外蛮夷来汉献雉。

其实群臣皆知是王莽所为，但谁也不愿揭破，反而仰承王莽的意思，说大司马王莽安定汉朝，当加为安汉公，太皇太后即日下诏。王莽故作姿态，上表一再辞谢，并要求加封迎立平帝有功的孔光等人，自己最后只受爵位，退还了封邑。

王莽还大封刘氏宗室，凡刘氏王侯，只要有后者，一概升爵封赏，致仕的士大夫及其子女，也都给予俸禄，甚至对孤寡老人，也遍济周恤，使得天下吏民对他无不称道。后来，王莽又上书太皇太后，说她年事已长，不宜署理小事，凡封爵以下诸事，均交自己处理。太皇太后当然依议，于是，天下就更是只知王莽而不知汉天子了。

王莽还不满足，又秘密派人买嘱献瑞。第二年，黄支国献入犀牛，汉廷上下均感惊异，都觉得黄支国远在海外，从不和汉朝交往，难道又是仰慕安汉公王莽的威仪，前来拜服？随后，又接到南方某郡的报告，说是江中有黄龙游出。祥瑞频出，真是称颂不迭。

但是，这年夏天汉朝的很多地方却出现了罕见的大蝗灾，王莽就是再有本领，也无法把蝗灾说成是祥瑞之事。但他另有新招——借灭蝗来提高自己的威望。王莽一面派官吏查勘，准备救济灾荒，一面启奏太皇太后，宜减衣节食，为万民做出榜样。尤其是王莽自己，戒除荤腥，不杀生灵，还出钱百万，献田三十顷，以充作救灾费用。朝廷公侯见王莽如此大方，也不好不效法，先后捐款捐物的多达二百多人。过了不久，阴雨连下，蝗灾渐退，稼禾复生，大家都说安汉公德感天地，王莽由此又得到了一片赞誉之声。

平帝十二岁时，王莽建议选立皇后，并采用古礼，选娶十二名后妃。王莽令人选择世家良女，造册呈入。主管官员揣摩王莽的用意，多选豪门士族之女，尤其是王氏女子，几乎占了一半，连王莽的女儿也在内。王莽本想让自己的女儿独占后宫，又不便明言，就故意启奏太皇太后，说是王氏女子应该一并除去。太皇太后正弄不清什么意思，群臣却议论纷纷，都要求立王莽的女儿为皇后。王莽还要再选十一名凑数，群臣尽皆抗议，说只需王皇后一人即可。太皇太后优柔寡断，只好听从了王莽和群臣的建议。王莽又把皇室所赏赐的钱物拿出八九成分赐给其他随嫁媵女及其家属，使得别人感恩戴德。

王莽这样做事，有时太过露骨，连他的儿子王宇也看不惯，王宇怕日后出事，屡次劝谏王莽，王莽概不听从。王宇无法，便派人在王莽门前洒露血迹，以为王莽迷信，也许会相信那是上天垂诫，多少应加以收敛。没想到洒血的人竟然被卫兵发现逮捕，连累王宇，王莽竟因为这么一点儿小事就杀死了他的亲生儿子及其同党，并把平帝生母卫氏的家族及支族尽数屠戮，只留下卫后一人。

王莽之女既为皇后，王莽就更加想方设法地讨太皇太后的欢心。他认为太皇太后年老体弱，独居深宫一定十分憋闷，就建议她外出旅游，并借机存问孤寡。太皇太后当然求之不得，立刻答应。王莽还准备了许多钱帛牛酒，沿途赐赏穷困老弱之人，弄得万民拜呼，好不热闹。再加上所到之处都是名胜古迹，老妇人仿佛到了另一个神奇的世界，真是说不尽的欢愉。

王莽之讨好太皇太后，真可谓体贴入微。太皇太后的一个弄儿有一次生病，住在宫外，王莽以安汉公的身份，竟亲去探望。那个弄儿十分感激，病好入宫之后，在太皇太后面前极言王莽的好处。太皇太后认为王莽实在是孝顺极了，别说是侄子，就是亲生儿子也远远比不上啊！

王莽行事有两个特点：一是处处遵循古制，一是相信符命灵异。其实，这是王莽笼络人心的手段，至于他自己是否发自内心，却十分难说。王莽根据周朝的先例，特别创议，设立明堂灵台，还建造了近万间学舍，专门招纳儒士名人，设官考校，贤者为师，愚陋者为徒。王莽以为南方北方都来献瑞，独有西羌东夷未见入朝，就又买嘱有关人等，让他们密往办理。不久，东献方物，西献小海（即青海）等地。王莽十分高兴，立即征发囚犯边民，前往垦戍。

群臣极尽阿谀奉承之能事，向太皇太后王氏奏请说，当初周公辅政七年制度乃定，如今安汉公辅政才四年就大功告成了，应当把安汉公升到宰相的地位上去，列于诸王之上，并应加赐九锡。太皇太后一概应允。这期间，上书请加封安汉公的就有近五十万人。太皇太后见朝野上下如此恭维王莽，也弄不清真假，只是加紧催办，行九锡之封典。九锡封典是中国古代社会最高级别的封赏仪式，所封之物共有九种：一锡车马、二锡衣服、三锡乐器、四锡朱户、五锡纳陛、六锡虎贲、七锡弓矢、八锡斧钺、九锡秬鬯。受封之后，其德望权位、仪仗用度，几与皇帝不相上下。平帝年已十四，智慧渐开，知道王莽挖掘太后坟墓，且杀尽舅族，只剩母亲一人，还不许相见，曾十分愤慨地说："我若长大，一定报了此仇！"王莽的心腹告诉了王莽，王莽怕日后平帝长大参政对自己不利，就送入毒酒，毒死了平帝。

王莽压制住群臣的意见，主张迎立宣帝的玄孙刘婴为皇帝。这时，长安挖井得石，上书"安汉公莽为皇帝"等丹红大字。各地符命，陆续来到长安。王莽让人告诉太皇太后，这位喜谀庸碌的太皇太后到了此时才算明白，厉声呵斥说："这些都是欺人妄语，断不可施行。"但她已阻止不了王莽，只好下诏，让王莽当假皇帝。

王莽为假皇帝后不到一月，刘氏宗室就有人起兵讨伐王莽，他们联合农民起义军，一直攻打到了长安。王莽派兵镇压，基本消灭了这次联合进攻，他的威德似乎又加牢了一层。这时，王莽又得到了一项符示。原来，梓潼人哀章，狡诈灵滑，看准王莽的心思，想趁机弄个官做。于是，他暗制一铜匮，扮作方士模样，在黄昏时交给了高祖的守庙官。王莽收到后打开一看，其中断言王莽当做真天子，下列佐命十一人，一是王舜，二是平晏，三是刘歆，四是哀章，五是甄邯，六是王寻，七是王邑，八是甄丰，九是王兴，十是孙建，十一是王盛。

王莽当然知道这是假的，但他正好弄假成真，将此作为篡权的依据。初始元年（8年）十二月一日，王莽率领群臣朝拜高祖庙，拜受金匮神禅，回来后谒见太皇太后，说秉受天命，自己应当做皇帝，太皇太后正要驳斥，王莽已管不了许多，即跑出内宫，改换天子服饰，走至未央宫，登上龙庭宝座，文武官员也一律拜贺。王莽写好诏命，正式颁布，定国号为新，改十二月朔日为新始建国元年（8年）正月朔日，服色尚黄，牺牲尚白。

刘婴只是立为太子，并未做皇帝，所以御玺一直由太皇太后保管。王莽派王舜去索取御玺，太皇太后不能不予，便狠狠地往地下一摔。这块自秦朝传下的传国御玺，从此便缺了一角。

王莽既得汉朝，便须依照符命所示，尽封十一人官职。其余九人倒还好说，只是王兴、王盛二人，乃是哀章假造出来，取王莽兴盛的吉利之意，哪里去寻找？好在姓王的很多，同名者亦不少，访得一个城门令史王兴，还有一个卖饼的男子王盛，俱拜为将军。王莽又嫌自己的出身不够堂皇正大，自称为黄帝虞舜的后裔，尊黄帝为初祖，虞舜为始祖，凡姚、妫、陈、田、王诸姓，皆为同宗。这样，王莽既有了渊源，又有了宗族，可谓是天命攸归的真龙天子了。

王莽建立新朝以后，颁布了许多令人莫名其妙而又啼笑皆非的法规。新始建国二年（10 年），王莽根据古书《周礼》《乐语》上的传闻记载，开赊贷，立五均，平物价，抑兼并，发货款。并令凡有田不耕者，城郭中宅不种菜植树者，民浮游无事者，都要交税。采矿、渔猎、畜牧、蚕桑、纺织、补缝、工匠、医、巫、卜、祝、方技、商贩纳其利的十分之一上缴。并多次改铸货币，尤其是改动地名、官名，改来改去，令人记载不清，书写不明，以至下诏令时需注明原名才能看明白。

当时天下官吏不得俸禄，生活所需均从奸利所出，王莽追查建始二年（公元前 31 年）以来贪污致富的人，没收其财产的五分之四，并命令下级揭发上级、仆人揭发主人。这样做的结果，不仅没能制止住贪污，反而使贪污更甚。新朝天凤六年（19 年），王莽又宣布每六年改元一次，自言"当如黄帝升天"，其目的是欺骗百姓，但百姓受欺已久，不再上当。

新朝地皇元年（20 年），王莽再次宣布自己是黄帝的后人，造九庙，黄帝庙高十七丈，工费数百万，造庙士卒奴隶多为迁徙而死。

由于政治极其腐败，王莽新朝的诸多措施根本不符合实际，所以王莽政权遭到了从官吏豪强到普通百姓的一致反对。从新朝十多年开始，刘氏宗族及各地豪强就不断起兵反抗，后遇天灾，绿林、赤眉两军更是声势浩大。新莽地皇四年（23 年），王莽派王邑、王寻率兵四十二万，号称百万，进攻起义军。刘秀等人有勇有谋，以数千人在昆阳破敌几十万人，使王莽的主力军从此崩溃，奠定了起义军胜利的基础。

就在起义军进攻长安的危急时刻，王莽仍相信天命。他居然率群臣至长安南郊，号哭祭天，凡哭得哀痛者都授以官职，官吏及平民因哀哭而封官的有数千人之多。地皇四年九月，起义军攻入长安，王邑等人战死，王莽率大臣入渐台，被起义军围攻，王莽为商人杜吴所杀。

中国历史上绝无仅有的书生皇帝就这样结束了他的一生，死时六十九岁。

唐代大诗人白居易曾经写了这样几句诗：

> 周公恐惧流言日，王莽谦恭未篡时。
> 向使当初身便死，一生真伪复谁知？

的确，王莽处心积虑地想篡夺西汉政权，想过过皇帝瘾，这是无可否认的事实；他利用太皇太后王氏对他的信任，一步步地攫取权力，树立威信，利用弄虚作假、矫情作伪的手段收拢人心，这也是事实。但是，作为今人，我们要探索的，不是王莽该不该篡权，汉朝和王莽的新朝究竟谁是正统，也不是去评价王莽的道德品质，因为这些对我们来讲并无多大的意义。我们要探索的重点是，**王莽是不是一个纯粹的骗子、纯粹的野心家，他身上是否连一点文人学士的影子都没有。**

公平地讲，王莽身上还是有着浓厚的书生的影子的。在托古改制问题上，他一方面确实是在拉拢人心；另一方面，也不能否认他对古代有深厚的感情和真诚的向往。否则，他明知仿效古制并无多大收拢人心的作用，为什么还要坚持那样做呢？在相信符命问题上，他确有借此登基做皇帝的目的，但在内心深处，他还是有些相信的。否则，为什么每到紧急关头，他总是求助于神灵，而没有奋起抵抗或是另求他法呢？所以，在王莽的身上，既有虚伪、奸诈、残忍的一面，又有书生善良、真诚、教条、死板的一面，只是作为一个篡位皇帝，他这一面很难被人发现罢了。

在一些政策法令和对待起义军的态度方面，他更显出了书生本色。他本以为古礼对百姓会像对他那样有效，所以仿效周代，企图建立一个理想的道德社会。但由于他书生气十足，反弄得天下大乱，自己也成了桀纣。至于对待农民起义，他就更像一个稚气十足的小学生了。

中国的书生一向如此，中国的书也一向教人如此。正如开篇所说，书生只能摇旗呐喊，不能亲为开国皇帝；只能为完善道德而做潜移默化的工作，不能直接发号施令。这就是书生的品格、书生的本色，一旦没有了这个本色，丢掉了这一品格，他就不是书生，变成了官僚或是政客。

书生与皇帝本是不合槽的，王莽却偏要统一起来，结果就出现了这么个怪胎。

对王莽做出评价的大都是读书人，而那些评价又大多是痛贬乃至痛骂。可是，曾知否，王莽身上就有读书人的血液，那么，读书人该怎样理清这种历史的纠结呢？

（参见《汉书》《资治通鉴》等）

帝王都是苦命人

生于深宫之中，长于妇人之手，这大概是中国大多数封建皇帝的共同生活经历。乍一听，他们的生活条件是极其优越的，但他们并不怎么快活，为什么呢？原因很简单——他们失去了身心自由。我们也许只看到了皇帝骄奢淫逸、为所欲为的一面，往往忽视了他们的生活方式是被严格规定了的，这对于大多数守成时期的封建皇帝，尤其是对帝王预备期的太子来说，是确切而真实的。

黄仁宇在《万历十五年》中曾说到这个问题。明神宗万历皇帝做太子时，老师曾经为他讲经，年轻人心性好动，在不知不觉间把一条腿放在了另一条腿上，老师就阴阳怪气地责备起来："为人君者，可不敬乎？"讲经之间忽然背起了先贤的劝责之语，万历皇帝一时间莫名其妙，老师见他不明白，就又刻板地重复起那句话，直到万历皇帝突然意识到自己的腿放得不是地方，赶快端正了姿势，老师才继续讲下去。春天到了，莺飞草长，向往大自然乃是人之本性，但万历皇帝仅仅折了一截刚发芽的柳枝，老师就责备起来，说什么人君者要有体仁之心，要有好生之德云云，弄得万历畏首畏尾，毫无兴致。这种生活，实际上与囚徒无异。

一般说来，皇帝即位之前要有一个预备见习期，就是做太子。做太子的一项重要内容就是听老师讲经。这还罢了，就好像搞选美比赛一样，太子要把自己暴露在大庭广众之下，让大臣们去品头论足，如果有哪一项不太符合大臣们的要求，太子的位子就多少有些危险了。因此，太子的生活与其说是耀武扬威，还不如说是兢兢业业乃至战战兢兢。终于熬到当了皇帝，其实也不自由。每天重复一套仪式，乍看起来十分威风，像刘邦当年初试朝仪时所说的，"吾乃今日知为皇帝之贵也"，但时间一长，就会不胜其烦，觉得生活枯燥无味。

在这种"学问道德"的"内忧外患"之中，从太子到皇帝的整个历程都很不舒服，那是自然的事，至于想发展自己的个性和长处，就更别提了。万历皇帝想在八小时之外搞点业余爱好，进一步研究一下书法，想弄个书法学会的理事之类的学术职务干干，以显示一下自己也有一定的能力，并非只会享受祖荫。但这不行，大臣张居正装出一副为民请命、为国献身的样子，伏地泣谏，要万历皇帝万万不要这么干，说什么书法乃是淫巧小技，不可因此误了治国大计。群臣见首辅大臣如此忠勇，也都不甘落后，唯恐白白丢了这个沽名钓誉的好机会，于是群起效仿。在这些"正人君子"的围攻下，万历皇帝虽然十分扫兴，但也无可奈何，只好"少数服从大多数"了。

如果说上面说的还都是些不值一提的小事的话，那万历皇帝想废掉长子，立自己心爱的幼子为太子，恐怕就是一件大事了。这当然更遭到大臣们的坚决反对，他们历数废长立幼的坏处，言辞铿锵，莫可置辩，弄得万历皇帝不仅没有办成事，还碰了一鼻子灰。

这也不行，那也不行，万历皇帝终于看清了，自己并不属于自己，不过是一个傀儡。一经悟透，他便采取了一种消极的反抗方式：怠工。于是，万历也就成了明代的坏皇帝。

其实早在万历之前还有一个正德帝，更有意思，他追求的是什么呢？用今天的话说，那就是实现感。当太子时，正德帝也受够了窝囊气，小时候不能玩，长大了一定要补一补。在当了皇帝以后，他就开始"恶作剧"了。登基后不到两年，他就让宦官在宫外建了一所充满野趣的俱乐部，叫作"豹房"，整日在里面与宦官、倡优、异域术士嬉游，至于国事，就不放在心上了。在为祖母举行丧礼的时候，他看到地上泥水横流，便下令群臣免予跪拜，这当然激起了所谓忠臣的反抗，但殊不知，这也是正德帝对自己所受教育和束缚的反抗。

最有意思的是，他还要过将军瘾。正德十一年（1516 年），伯颜猛率兵入侵，正德帝听了，大为高兴，立即御驾亲征，虽有群臣反对，他还是"一意孤行"。最终他胜利班师，但觉得只打了胜仗算不得有意思，便自己封自己为"威武大将军"。正德十四年（1519 年），宁王朱宸濠造反，本来当世大儒王阳明迅速平定了叛乱，但正德帝还想过过当将军的瘾，要大学士草拟圣旨，命"威武大将军"北行巡边。大学士不干，伏地请求，泣血而谏。正德帝不理，还是以此身份巡边，途中再加封自己为"镇国公"，又自封为"太师"，并十分荒唐地要求王阳明把朱宸濠放回去，让他再叛乱一回，然后自己亲自率兵捉拿。这当然遭到了王阳明的拒绝，王阳明还因此被别有用心的人落井下石。

忠臣们不干了，廷臣抗议者先是十数人，后达百数人，跪在午门外，他们问"威武大将军"到底是何人，若无此人，就是伪造圣旨，应当处死。正德帝还真有股坚韧不拔的精神，这年又以"威武大将军"的名义出巡各省，甚感风光威武。最后群臣集体抗议，正德帝觉得他们也太多事，便劝他们回去，但仍有百余名大臣跪着不走。正德帝发怒，不走就打走，于是，每人赏棍三十，有十一人被打死。

当然，正德皇帝不是一个好皇帝。他宠信太监刘瑾，结果特务横行，良臣遭戮，朝政和国事都乌烟瘴气。但我们不是在评论正德帝的得失，**我们要看的是不自由的生活对人的不良影响。**

据说，在周以前，帝王的寿命有超过一百岁的。因为年代久远，到底尧、舜、禹等人究竟活了多大年龄，后人已无从知道了。唐代的大文学家韩愈在他的《谏迎佛骨表》中说：古时，黄帝居王位一百年，享年一百一十岁；少昊居王位八十年，享年一百岁；颛顼居王位七十九年，享年九十八岁；帝誊居王位七十年，享年一百零五岁；帝尧居王位九十八年，享年一百一十八岁；帝舜和大禹都活了一百岁。那时天下太平，百姓生活安定快乐，寿命很长。此后，商汤也活了一百岁，汤的孙子太戊在王位七十五年，武丁在王位五十九年，古代典籍都没有说他们寿数的极点，推求他们的年岁，大概也都不少于一百岁。周文王活了九十七岁，周武王活了九十三岁，周穆王在位一百年。但这只是一种猜测而已。

再看皇帝的寿命。

从汉朝至五代十国以来，约有一百四十位君主，他们或因短命而夭折，或者仅活至中年。只有西汉武帝刘彻、三国时东吴主孙权以及唐高宗李渊活到了七十一岁，唐玄宗到七十八岁才去世，南朝的梁武帝萧衍活到八十三岁（一说八十六岁）。其余的，光武帝刘秀、蜀汉先主刘备寿至六十三岁；汉文帝刘恒、汉景帝刘启、唐太宗李世民等帝王大多没有活到五十六岁。东汉殇帝刘隆仅两岁、冲帝刘炳仅三岁、少帝刘辩仅十五岁便死了。

西汉武帝刘彻，雄才大略，居帝位五十多年，文治武功，国家空前强大。但晚年多病又多疑，认为是臣下不忠诅咒自己早亡。借"巫蛊事件"，汉武帝大杀臣僚，上至宰相，下到一般官吏百姓，受牵连致死的多达数万人，皇太子刘据也被卷入此事而自杀身亡，其他公主、皇孙多人也死于非命。为此汉武帝痛心疾首。作为帝王，他百思不得其解。当群臣为他的七十大寿举杯祝贺时，他再无心饮酒，并当即决定把皇位传给八岁的儿子刘弗陵。

唐玄宗李隆基在位四十四年，统治初期，他继承唐太宗、武则天以来的盛世气势，励精图治，使唐朝国力蒸蒸日上。但在他的晚年却发生了"安史之乱"，长安被安禄山攻破后，李隆基仓皇逃往四川，又在不得已的情况下下令处死自己心爱的贵妃杨玉环。他的儿子唐肃宗继位后，排挤他，使他郁郁而死。

东吴创业之主孙权继承父兄之业，勇敢果断，占据江东，与魏、蜀呈三足鼎立之势。晚年，其子间争夺太子之位的斗争十分激烈。他最心爱也是十分有才德的长子孙登早死，孙和被立为太子。但孙权又十分宠爱孙和的弟弟鲁王孙霸，这样孙和与孙霸为争夺继承权而钩心斗角，大臣也分作两派，一时间闹得乌烟瘴气。结果孙和被废为庶，孙霸被杀，孙权只好另立少子孙亮为太子。

唐高祖李渊与长子李建成、次子李世民、三子李元吉同心协力，在隋末大乱中异军突起，建立了唐政权。若论功劳，次子李世民功绩最大，这样太子建成、三子元吉结为一派，秦王李世民为一派，又爆发了帝位之争，冲突在玄武门事变中达到了顶点，建成和元吉被李世民杀死，他们的十个孩子也被杀，唐高祖被迫让位给李世民。

据洪迈的《容斋随笔》统计，从汉朝至五代十国，这一百多位帝王，高寿的寥寥无几，其中固然有争权杀戮的因素，但"郁闷而死"的皇帝，恐怕也不在少数。

真乃"无情最是帝王家"，帝王之家实在是没有福寿双全的。要么短命，要么虽然长命，但却无法逃避争权夺利所带来的煎熬和惩罚。看来，说帝王都是苦命人，实在并不过分。

（参见洪迈《容斋随笔》、韩愈《谏迎佛骨表》等）

曾国藩的奥秘

近一个时期以来，明清故事十分流行，不论是相关小说、电视剧还是专论权谋智慧的图书，都大量涌现，原因何在？这恐怕不仅仅与人们的好奇心有关，更重要的是这些故事充满了现实感，如收视率极高的电视剧《雍正王朝》《走向共和》就是如此。有一些故事很好地表现了中国人深层的文化心理，曾国藩热就是典型的例证。

曾国藩是个什么样的人呢？他是中国历史上最后一位学者兼"贤相"的典型，是最后一个能够体现这种理想人生模式的人。自曾国藩以后，就只可希其名，而无可见其人了。

那么，今人为什么对曾国藩表现出如此之大的热情呢？从前几年的《曾国藩家书》热，到现在的《曾国藩》小说热，一直"热情"不衰，难道人们忘记了他是镇压太平天国农民起义的元凶了吗？

从政治角度看问题往往是短浅的，从文化角度看问题往往是深远的。要了解人们对曾国藩的热情，还得从传统中国人的人生理想说起。

一般说来，传统中国人的理想有两条：一是做官，二是成名。做官实惠，成名可以不朽，如果能把二者集于一身，那就妙之极矣！

做官是中国人梦寐以求的理想，"荣华富贵"四字可谓形容尽了做官的好处，对于极为实在的中国人来说，如能得享高官厚禄，可谓不枉此生了。因此，中国人历来就对官有着敬畏和崇拜之情。

只做了官还不够高雅，如果能成为贤人甚至圣人，那就更加完美了。中国人历来对于先贤圣哲有一种神秘的敬畏感，认为他们不仅是天道的代言人，还是神明的象征，一般人尊重圣贤，读书人尤其如此，他们最大的愿望大概不是当皇帝，而是成为"帝王师"。

其实呢，名、利往往是联结在一起的，所以，在图得官位、名誉的同时，往往就有了实利，像孔圣人那样一生穷困潦倒、惶惶然如丧家之犬的情形毕竟是个别的，而中了状元、做了大官、发了大财的情形才是普遍的，所以，中国人往往把名、利看作一回事。

但二者毕竟还是有区别的。商人赚钱，还是为传统观念所鄙视，土地主有钱，也为城里的人看不起，因此，像曾国藩那样，既是晚清统治集团中最大的实力派，是名震中外的"圣相"，还是学术界的领袖，把官、权、名、利结合得十分完美，就成了传统的中国人的理想形象。

在曾国藩的身上，虚名与实利都得到了集中的体现。他这一辈子实在没有白过：吃喝玩乐占了，叱咤风云占了，行权用势占了，建功立业占了，舞文弄墨占了，寿终正寝占了。总而言之，功名利禄四样全占去了，可谓占尽了在中国人看来令人羡慕追求的一切好处。

因此，曾国藩在沉默了一百多年以后，能够重新唤起人们的热情，也就不足为怪了。只是，一般人能够学其一面已属难得，更无机会全面模仿效法。

历史上的曾国藩到底是什么样的人呢？他是一个争议很大而且极其复杂的人物，在他身上，可以说集中了中国传统官僚的所有特点，也掺杂了一些文人的品格。前人曾经说过这么一句话，"誉之则为圣相，谳之则为元凶"，其意是说如果称赞他的话，可以把他看作是一位圣相，如果审判他的话，又可以把他看作是元凶。其实，曾国藩远比此定论要复杂得多，说他是元凶则可，说他是圣相则还不太够格。只是出于简便，一般都这么评价他，这里也暂借此论来分析一下曾国藩其人。

曾国藩因镇压太平天国起家，是由"元凶"走向"圣相"的，我们就先从他"元凶"的一面说起。

曾国藩生于清嘉庆十六年（1811年），卒于清同治十一年（1872年）。湖南湘乡人。曾国藩曾多次以"耕读传家"为骄傲，可见，曾国藩的家庭既非土地主，也非书香门第，而是中国传统的理想家庭模式：多有田亩，衣食丰足，又能读书著文、咏诗作赋。先不说这种家庭理想体现了中国文化中什么样的精神，但它把种地之实与读书之虚这两件事结合得很好，则是确实无疑的，这种虚、实结合的家庭结构，对于曾国藩虚、实结合的人生品格，恐怕发生了重大的影响。

曾国藩的祖父不太识字，但务实能力很强，把家业整治得十分兴旺。他的父亲得以有闲读书，只是饱经寒窗之苦，才不过考了个秀才，做了孩子王。到了曾国藩这一代，却是祖坟上冒出了青烟，曾国藩一路科考顺利。

曾国藩六岁入塾读书；八岁学"五经"，读八股；十四岁赴长沙应童子试，成绩一等；二十二岁中秀才，两年后就学于中国著名的学府岳麓书院，同年曾入京会试未中，后刻苦攻读经史；至二十八岁再次入京会试，中进士，从此官运亨通。

曾国藩兢兢业业，获得了清廷的赏识，连连升官，至三十七岁升为二品官。他曾十分自负地说过："湖南三十七岁至二品者，本朝尚无一人。"可见，曾国藩还是把做官当作人生第一要义的。在这期间，他历任工、刑、吏部的侍郎，可谓春风得意。

但如果历史不给他提供特殊的契机，他是不会成为现在的曾国藩的，他也许只会像无数个封建官僚一样，默默无闻地度过一生。太平天国农民起义军的出现，给他提供了一片广阔的历史舞台。

1851年，中国历史上最后一次大规模的农民起义爆发了。在洪秀全的领导下，太平天国起义军从广西桂平山区冲破重围，像一股滚滚的洪流，以不可阻挡之势向北推进，仅用了两年时间，就攻克了南方重镇江宁（今南京），并改名天京，定为国都。清政府的军队可谓望风披靡，一触即溃。在这种情况下，清政府感到没有力量组织军队、调集兵力围攻起义军了，只好像东汉末年朝廷镇压黄巾起义一样，让各地自己建立地主武装，称为团练。这些武装力量由当地的官僚和地主联合组建，具体指挥权属于组建者。

咸丰皇帝于1853年下令长江南北的在籍官绅组建团练，曾国藩因家在湖南的湘乡，就积极响应咸丰，于这一年回到家乡，协同湖南巡抚张亮基办理团练。从此，曾国藩开始了他的"元凶"生涯。

曾国藩在同乡儒生罗泽南的帮助下，先建立起了一支数千人的队伍，然后逐渐扩大。他十分了解清朝八旗兵、绿营兵的腐败，因此，在组建队伍时，首先注意了从平民当中招募士兵，绝不引进官僚子弟，其次是他十分注意宗族关系，把军队组建成一个血缘家庭性质的组织，以增强战斗力。

曾国藩的军队与清军和其他团练武装相比，有如下明显的特点：

一、士兵均是质朴壮健的湖南乡民，既易于训练，又勇悍善战。他坚决拒收城镇油滑市民和老兵油子，以免带坏了队伍。军官则多来自他的亲友中的读书人，要求肯为"卫道""忠君"而献身，不能急功近利，坚决杜绝清廷八旗贵族军官的争权夺利倾向。

二、把父子、兄弟以及有其他血缘亲属关系的士兵编在同一组织内，利用宗族亲缘关系维系士兵，使士兵打仗时能互相救助，且只能胜利，不能失败。一旦失败，全宗族就会遭遇灭族之祸。曾国藩的这一招的确十分有效，把一支国家的军队变成了宗族军队，所谓"打仗亲兄弟，上阵父子兵"，果然大大地提高了战斗力。这一创举也开了中国近代军阀的先河。

三、在组织上，曾国藩规定，每营士兵只服从营官一人，全军只服从曾国藩一人。这样既提高了组织指挥的战斗力，也为曾国藩建立了一支私人的军队。

曾国藩虽然坚决反对满族人担任一般的军官，以免影响战斗力，但为了取得朝廷的信任，他特别推荐了满族人塔齐布为湘军大将，荐举多隆阿为湖北将军。在一切准备完成后，曾国藩的这支湘军开出湖南，准备同太平军作战了。

咸丰四年（1854年）三月，曾国藩率湘军出战，在岳州与太平军接触，没想到一战即溃。曾国藩出省时共有湘军一万，包括水、陆军各五千，连其他人等共一万五千多人。岳州一战，水师被彻底击垮，几乎全军覆没。曾国藩可能是从未尝过失败的滋味，经受不住这种打击，便投水自杀。他的部下当然不能眼睁睁地看着这位湘军统帅死去，赶忙把他救了出来。

曾国藩羞愤交加，下大力气整顿湘军，过了三个月，再战岳州，于七月攻陷。同年八月，曾国藩督战，经过激烈的争夺，又攻下了武汉。曾国藩这时总算报了岳州之败的仇，情绪高涨起来，叫嚣道："肃清江面，直捣金陵。"

咸丰五年（1855年），曾国藩进逼九江。这时，太平天国起义军开始认真对付曾国藩了，派石达开为统帅，大举向西增援。石达开是一位智勇双全的著名将领，他设计把曾国藩的水师诱入鄱阳湖，再堵住湖口，打败了湘军，焚烧了湘军的战船。曾国藩看到苦心经营的水军又一次化为泡影，连自己的座船都被烧掉了，不得不只身逃走，更是羞愤交加，再次投水自杀。这次投水幸亏被部下拉住，免受了入水之惊。曾国藩两次投水，未得其死，也许他仅是做做样子，并未真的想死，只是收拢人心而已。

石达开打败了曾国藩的这支在当时看来生机勃勃的军队，太平军又打破了清军的江南大营和江北大营，军事上威震全国，大有夺取天下之势。可就在此时，太平军内部发生了严重的分裂，为争权夺利相互残杀，杨秀清、韦昌辉、秦日纲等著名将领先后被杀，两万多精锐死于内乱，石达开又带十万精兵出走。自此，太平天国从军事上的全盛时期走向了军事上的下坡路。

此时，曾国藩趁机再夺武汉，并在与陈玉成激战后夺得安庆。咸丰十年（1860年）四月，曾国藩受命为两江总督，督办江南军务，有了更大的指挥权，遂派三路军马发起进攻：李鸿章率自己的淮军保上海进攻苏南，曾国荃率主力进攻天京，左宗棠进攻浙江。太平军由于士气低落，战斗力大大下降，所以连吃败仗。再加上英国"常胜军"的支持，无锡、常州、苏州等地连续失陷。同治三年（1864年）四月二十七日，洪秀全在绝望中死去。

曾国藩的湘军入天京后，见人即杀，见屋即烧，以致"秦淮河尸首如麻"。湘军见物即抢，"子女玉帛悉数扫入湘军"。曾国藩完成了他率湘军攻灭太平天国起义军的"元凶"的使命，由于他善于玩弄权术，接着又一步步地登上了"圣相"的位置。

曾国藩在攻打太平军十二年的历程中自然并非一帆风顺，他数次战败，两次投水自杀，还有一次因害怕李秀成的大军袭来而数日悬刀在手，准备一旦兵败，即行自杀。他虽然忠心耿耿，但还是屡遭疑忌。在第一次攻陷武汉之后，捷报传到北京，咸丰帝大为高兴，赞扬了曾国藩几句，但咸丰身边的近臣说："如此一个白面书生，竟能一呼百应，攻克武汉，并不一定是国家之福。"咸丰听了，默然不语。

曾国藩也知会遭人疑忌，便借回家守父丧之机，带着两个弟弟（也是湘军重要将领）回家，辞去一切军事职务。过了近一年，太平军进攻盛产稻米和布帛的浙江，清廷恐慌，又请他出山，并授他兵部尚书头衔，给了他军政实权。不久，慈禧太后专权，认为满人无能，就重用汉人，为曾国藩掌握大权提供了一个重要的历史契机。

咸丰十年（1860年），曾国藩被授以两江总督节制四省军政的权力，巡抚、提督以下均须听命，不久又被赐以太子太保头衔，兼协办大学士。自此以后，曾国藩在清廷中有了举足轻重的位置。

曾国藩急流勇退的方式进一步获得了清廷的信任，在取得了大权，进攻太平军胜利以后，他仍然小心翼翼。由于曾国藩的湘军抢劫吞没了太平军的很多财物，使得"金银如海、百货充盈"的天京人财两空，朝野官员议论纷纷，左宗棠等人还上书弹劾。曾国藩既不想也不能交出所掳财物，因此他在进京之后，急忙做了四件事：一、因怕权大压主而交出了一部分权力；二、因怕湘军太多引起疑忌而裁减了四万湘军；三、因怕清廷怀疑南京的防务而建造旗兵营房，请旗兵驻防南京，并发全饷；四、盖贡院，提拔江南士人。

这四策一出，朝廷上下果然交口称誉，再加上他有大功，清廷也不好再追究什么。他的恭谨态度，更加深了清廷对他的信任，于是又加恩赏以太子太傅衔，赏双眼花翎，赐为一等侯爵，子孙相袭，代代不绝。至此，曾国藩荣宠一时。

曾国藩还曾打过捻军。捻军首先在淮北一带零星起事，后逐渐汇成大流，又得太平军相助，遂成大势。清廷本想派蒙古贵族僧格林沁镇压，以显示并非只有曾国藩一类的汉人才有用，但僧格林沁被捻军击毙，无奈又只得派曾国藩出马。曾国藩不像僧格林沁那样紧追捻军，而是坚壁清野，实行围堵的政策，后来还是被捻军冲破，终于无功。后经曾国藩的学生李鸿章出马，才算压住了捻军。

曾国藩还是洋务运动的重要人物之一，他赞成购买洋船洋炮，又派李鸿章等人"师夷人之长"，学习洋人的技术，网罗科技人才，建立枪械工业，对开矿等也有所提倡。他还注意选拔人才出国学习，在国内也主张设立学馆，培养人才。

曾国藩之所以成为所谓的"圣相"，"圣"就"圣"在他是封建道学的理论家和实践家。曾国藩极为推崇程朱理学，并且深入研究，提出新的理论，认为做学问就是为了恢复人性，就是恢复天地间的"理"和"气"，使人这一正气的凝结物载以封建道德的灵魂。这一点，与程朱理学的思想脉络是完全一致的，都是维护封建道德的。

他还特别推崇先秦时期的"内圣外王"理论，即在思想品德上要提高修养，向圣人靠拢，在实际能力上要有王者风范，能匡时济世。曾国藩确实身体力行了这一理论，算得上言行一致。

他在训诂学等方面也很有成就。学术上的造诣和他的权位结合起来，在当时产生了很大的影响，再加上他亲手培养了许多学生，提拔了很多士子，因而在学术界产生了相当的影响。当时有许多人把他吹捧成"圣相"。曾国藩还亲自实行他的理论，未回乡组织团练以前，在京中做官时就十分注意修身养性，特别是在"静"字上下功夫。

他的生活起居极有规律：早起、静坐、养气、保身、读书、写字等，每日坚持记日记。这套做法连他的老师都很推崇，当朝皇帝也多有嘉许。也许正是因为他做出了一副正人君子的模样吧，才官运亨通。

曾国藩在晚年时，即便在军旅之中，也未忘记修身，强调立志、求知、敬恕、忠信、反省、慎独、谨言、有恒、勤俭、谦虚等，其目的，如他的"内圣外王"理论一样，还是"始于修身，终于济世"。

曾国藩始终不忘半耕半读的生活，这是一种虚实相间的，进可攻、退可守的生活。他一直认为这是最为理想的生活方式，并在家书中不断告诫子弟，必须以耕为本、以读为先，占住了这两条，家族就可长保富贵，就可立于不败之地。他的许多告诫子弟的话被家人保存下来，成为像《颜氏家训》那样为人们所重视的家训律条。

同治十一年（1872年）二月，曾国藩在游园时忽觉足麻，被儿子扶进屋后端坐休息，无疾而终。

也许，曾国藩从未想过自己在去世百余年之后会引起人们的巨大热情，因为他既不像二程、朱熹那样给后人留下了巨大的精神财富，也不像诸葛亮那样是人们所敬仰的保国爱民的贤相典型，但是，他却留给了人们深深的思考：在中国封建社会的末期，何以会出现这样一位人物？这是一个什么样的人？

二程、朱熹可以被当作圣人来供奉，可望而不可即，无人去同他们攀比，就像皇帝也从不同孔子争高低一样；诸葛亮那样的贤相也可供奉在庙里，享受烟火祭祀，当作神来膜拜。可曾国藩不同，他既不可被当作圣贤来敬，也不可被当作神佛来供，他是一个人，一个世俗中的人，一个集世俗的名、利于一身的人，一个可供效仿的集世俗的名、利于一身的真实的人！

经历了现代历史的风风雨雨和当代历史的轰轰烈烈，人们也许疲惫了，并没有找到当初为自己设计的人格理想，并且已经感到了理智的枯竭与情感的焦虑，于是就回过头来，想在被他们所抛弃的东西中再寻找精神支柱。

当他们折头而回时，忽然发现了这么一个人。于是，热情便来了！

然而，这热情是好是坏，现在评说，还为时过早。

（参见《清史稿·曾国藩传》等）

政治家与艺术家

政治家与艺术家是否可以统一？政治和艺术是否相容？艺术家能否当好政治家？这些问题，中国几千年的历史给予了否定的回答。

我们只知道对封建皇帝破口大骂，其实，有许多被命运推上皇位的人，根本不愿做皇帝，他们宁愿做一个艺术家，甚至做一个普通人。

中国的绝大多数皇帝都是因血缘的"天命"关系而被推上皇帝宝座的，就他们个人的禀赋素质来讲，他们却不一定适合当皇帝。他们不是凭本领经过自然筛选出来的，因此质量也就失去了保证。中国历史上的政治机制就这样造就了一批又一批的昏君。

但这样的机制却有可能造就皇帝艺术家。艺术家跟天生禀赋有很大的关系，当不了政治家，在良好的教育条件下，却很可能成为艺术家。中国的皇帝艺术家可真不少！

例如，魏晋南北朝最后一位皇帝陈后主，就是天生的音乐家，他创作的《玉树后庭花》在当时是极为流行的歌曲。杜牧有诗云："商女不知亡国恨，隔江犹唱《后庭花》。"后人将陈后主的歌曲比作了亡国之音。北宋的宋徽宗也不是个做皇帝的料，而是一个天才的画家。在他的开创和影响之下，宫廷画院形成了中国画史上独树一帜的既忠实于细节又强调画境诗意的风格流派，其名作《听琴图》显示出他极深的艺术造诣。在个人生活上，他也富有"艺术家的气质"，竟然出外游逛，寻猎"野趣"，与当时的名妓李师师打得火热，把三千后宫佳丽一概抛在脑后。

在中国历史上，这样的皇帝艺术家很多，如汉成帝、梁元帝、隋炀帝、宋宁宗等均是。

但必须指出的是，像魏武帝曹操写出"东临碣石，以观沧海""老骥伏枥，志在千里"，汉高祖刘邦写出"大风起兮云飞扬，威加海内兮归故乡，安得猛士兮守四方"，是算不得艺术家的，因为他们写如此诗篇的出发点不在于艺术，而是为了抒发建功立业的豪情壮志，他们仅是略有文采的帝王，而不是全身心投入艺术的真正的艺术家。

皇帝艺术家既把身心投入了艺术，肯定无暇顾及政治，其治下的政府只会越来越腐败，皇帝自己从皇帝艺术家逐渐蜕变成昏君，那是再自然不过的事。其实，这只是浅层的原因，深层的原因在于，**政治是一种理性行为，艺术是一种感性的表达。**如果完全沉浸在感性当中，常人如此，尚且像疯魔，更不用说把他放在朝堂之上了。因此，让一个浑身上下散发着艺术气息的人坐在朝堂上，一板一眼地做那些需要用冰冷的理性来处理的事，那是只能做坏，不会做好的。中国历史上的一部分昏君就由此产生了。

五代时期的南唐李后主是一个极好的例子，在整个中国文学史上，他都算得上第一流的词人，对中国词的发展做出了重大的贡献。但写词并不能帮他治理好国家，只能使他的国家一天天地衰败下去。当北宋的军队打入都城的时候，他仍在饮酒赋诗，这些情意缠绵、悱恻伤感的诗只能感动才子佳人，却吓不退百万大军，于是他只有做了俘虏。真是所谓"国家不幸诗家幸，赋到沧桑句便工"，这位亡国之君，用伤感的笔调写出了亡国经历，从而使他成为一位真正的继往开来的大词人，并奠定了他在中国文学史上的地位。

李煜的江山是继文祖之业而来的。他工词、善律、精于书画，但唯独对处理政事不感兴趣，对日渐强大的北宋政权处处委曲求全。北宋建立十几年后灭南唐，李煜被押往汴京。在离开自己的都城的时候，李后主有一首词写道："最是仓皇辞庙日，教坊犹奏别离歌，垂泪对宫娥。"

后来，宋朝的大文学家苏东坡评论说，国破家亡之后，李后主应该首先想到的是自己丢掉了祖宗创下的基业，应到宗庙前痛哭，并向百姓谢罪。但是他根本没有这么做，而是去倾听教坊乐手演奏的《别离歌》，惋惜自己再也没有机会与宫娥彩女寻欢作乐了。有这样的国君，南唐不亡才怪！

不过，苏轼在此是以政治家的标准来要求艺术家了。当代一位伟人在劝诫一位名士的时候也说："牢骚太盛防肠断，风物长宜放眼量。"其实，世上**是本无放眼风物的名士和发牢骚的政治家的。发牢骚是名士的品格，放眼风物**

才是政治家的气度。这是两种不同的人格，各有不可替代的作用。

（参见《宋史》《新五代史》《旧五代史》《新唐书》等）

"礼"是什么

这个问题问得好像是十分愚蠢的，但其实没有多少人认真地想过。我们一般所理解和使用的礼仪和礼节，其实是从汉朝开始才得以定型并延续变化而来。

秦朝末年，天下大乱，农民起义风起云涌，当时著名的大学者叔孙通跑去投降了汉王刘邦，得到刘邦的重视，跟随他的学生弟子有一百多人，然而他一个也没举荐，却专门把过去认识的一群盗贼和精壮的汉子推荐给汉王。

这样一来，学生弟子就对他有意见了。他们都说："跟随先生好几年，幸而得以跟随您投降了汉军，现在您不推荐我们这些人，专门举荐那些奸猾的人，这是为什么？"叔孙通对他们说："汉王正在顶着箭镞和滚石争夺天下，你们这些读书人能去打仗吗？所以我首先去推荐那些能斩掉敌方将领脑袋和拔去敌方旗子的人。学生们姑且等待着我，我不会忘记你们的。"

刘邦让叔孙通当了博士，封号为稷嗣君。

刘邦兼并天下以后，诸侯们一同在定陶把他推尊为皇帝，是为汉高祖。叔孙通完成了汉朝的仪式和号令，但他没有立即实施。刘邦把秦朝的仪式和法令全部去掉，变得简便易行。结果大臣们喝着酒争论功劳，有的喝醉后胡喊乱叫，拔出剑来往柱子上砍，刘邦很讨厌这种情况。

叔孙通知道刘邦越来越讨厌这种事，劝说道："读书人不能领兵打仗取得天下，但可以守住天下。如果没有礼仪，您将来怎样治理天下呢？我愿意征召鲁地的那些读书人，与我的弟子们一起搞出朝中的仪式。"

汉高祖听了这一番话觉得十分有道理，问："做到它很难吗？"叔孙通说："五帝音乐不同，三王礼制不同。礼制这个东西，是根据时代和世上人情而制定的，以约束人们的行为。所以夏朝、殷朝、周朝的礼制内容有所增加和删减也就可以理解了，这就是不相重复。我愿意采用古代的礼制和秦朝的仪式掺杂起来制成新的礼仪。"

刘邦说："你可以试一试，让新的礼制容易掌握，估摸一下我能不能学会。"于是叔孙通被派去征召三十多个鲁地的读书人。鲁地有两个读书人不肯来，说："你给十个主子干事了，都是当面阿谀奉承而得以亲近尊贵起来。现今天下刚刚平定，死的人还没有埋葬呢，受伤的人也没有养好伤起床，又想要兴起礼制、音乐。礼制、音乐的生成，是需要百年积累德政而后才能兴起的。我们不忍心去干您所干的事，您所干的不符合古代的做法。您走吧，别弄脏了我们！"

叔孙通笑着说："你真是个鄙陋的儒生，不知道时代已经变化了。"于是便和征召来的三十个人往西边进了函谷关，与皇帝左右近臣和素有学问的人，以及弟子一百多人在野外用茅草做人竖立在地上，作尊卑的区分。练习了一个多月，叔孙通对刘邦说："皇上可以去看看。"

刘邦让他们施行演练，看后便说："我能做到这套礼仪。"于是颁令命大臣们学习，这时恰巧是十月朝会之时。

汉高祖七年（公元前200年），长乐宫建成，诸侯和大臣们进行十月朝拜岁首的礼节。

叔孙通制定的新的礼仪是：在天没亮之前，朝拜的人施礼，被人引导依次进入殿门，宫廷中排列着车马骑兵和守卫的士兵军官，设置兵器，插上旗帜，传声说："快走。"皇上听政的大殿下郎中们依夹阶而站，每阶都有几百个人。有功之臣、诸侯、将军和军官按官阶大小依次站在西边，面向东；文官丞相以下的官员站在东面，面向西。接待宾客的官吏大行安排九卿的位置、上下传话顺序。接着皇帝坐着专用小车从房里出来，众官员们传声唱警，带领诸侯王以下到六百石的官员依次顺序向皇帝祝贺。如此，从诸侯王以下的官员没有不感到震惊、恐慌和肃然起敬的。到礼仪完成后，摆上礼仪用的酒品，那些在大殿上朝拜的官员们都趴下身子低着头，以位置尊卑为序一个一个起来向皇上祝寿。礼仪酒喝过九杯，谒者说："停止喝酒。"御史前去执行法令，凡不按仪式规定做的就给带走治罪。整个朝会过程都摆设有酒，没有敢喧哗失礼的人。

刘邦在亲身体验了这套仪式以后，说了这样一句千古有名也是充分暴露他的流氓本色的话："吾乃今日知为皇帝之贵也！"

于是，他让叔孙通当了太常，赏赐给他五百斤金子。叔孙通趁机推荐说："我的那些弟子儒生跟随我很长时间了，和我一同做的这套礼仪，希望陛下赏他们做官。"汉高祖让他们都做了官。叔孙通出宫后，把五百斤金子全赏给了他的弟子。那些书生们于是高兴地说："叔孙通先生是个圣人，懂得现在这个世界最重要的事情。"

叔孙通果真是一位通权达变的"圣人"了。

那么，礼仪是什么呢？刘邦认为礼仪这东西不合时宜，鲁地的儒生也认为礼仪要几百年才能建立起来，他们认为自己才是真正懂得礼仪的人。**礼仪是古人用来教化人的一种文化仪式**，是要人懂得怎样做人，怎样才能与别的动物区别开来。用今天的话说，就是人要有人的精神价值，不能与其他动物混为一谈。所以，刘邦认为礼仪不合时宜，而鲁地的儒生认为礼仪是要经过一个漫长的历史阶段才能建立起来的。的确，如果按照礼仪的本义来理解，他们是对的。

但为什么叔孙通反而成功了呢？道理十分简单，那就是他把礼仪当成了维护封建统治的等级秩序工具，去掉了它内在的文化价值和积极的内核，使之成为像军队纪律一样的东西，只是表面上似乎不加强制而已。所以，礼仪在叔孙通的手里变得既合时宜，又能够迅速实现。

（参见《史记》《汉书》等）

君王一日三过

中国有这样一句俗语："打人不打脸，骂人不揭短。"但在中国历史上，偏偏就有这样一些人，专门打人打脸，骂人揭短。

在春秋战国时期，齐国出了两个十分著名的国相，一个是齐桓公时期的管仲，另一个是齐景公时期的晏婴。管仲生逢其时、生逢其主，辅佐齐桓公成就了霸业，在一般人看来，其勋业是晏婴所不能比拟的；而晏婴则生不逢时、不得其主，尽管有管仲一样的智慧，却不能挽救齐国灭亡的命运，是一个没有实现自己志愿的人。然而，晏婴给后人留下的东西也许并不比管仲少，尤其是他的直言敢谏、善于巧谏的精神，后代几无人可及。

晏婴在一日之内就三次指出齐景公的过失，这就是中国历史上著名的"一日三过"。

一次，齐景公到公阜去巡游，他面向北方，望着齐国，感叹说："呜呼，要是古人都长生不死，那将会是怎么样的状况呢？"晏子说："我听说，从前上天认为人死去是好事，对仁义之人来说是永久的安息，对不仁的人来说是永久的制裁。假如古时的人都不死，齐国的丁公、太公还统治着齐国，桓公、襄公、文公、武公将辅佐他们，大王您恐怕只好头戴斗笠，身着短衣，手拿农具，在大田之中弯腰劳作，哪还有这样的闲情逸致去担心死呢？"景公觉得晏婴实在太不会讲话，很生气，脸都变了颜色。

没过一会儿，梁丘据驾着六匹马拉的车子飞奔而来。景公问："是谁来了？"晏子说："是梁丘据。"景公问："你没有看见人，怎么知道的呢？"晏婴说："大热天赶着马车飞奔，重者马死，轻者马伤，不是梁丘据又有谁敢这么干？"（因梁丘据得宠于齐景公，他做什么事齐景公都不会怪罪，所以晏婴才这么说。）景公说："梁丘据与我最为默契和谐了。"晏子说："这只能说是相同，不能叫和谐。所谓和谐应当是君甜则臣酸，君淡则臣咸，互有补偿，以求完美。梁丘据是君甘亦甘，一味奉承，以顺为正，怎么称得上和谐呢？"景公觉得他是故意在找自己的麻烦，又气得脸色大变。

过了不久，天色将晚了，景公看见西面天空有颗彗星，就招来大臣伯常骞祈禳，以消除彗星带来的灾难。晏子说："不行，这是上天的示意。日月周围的云气变化、风雨异常、彗星出现等等，都是上天看到世间将有变化，用这些作为凶兆，来警告不敬之人，提醒人事的。大王若是振兴文教，接受劝谏，广修德政，即使不派人祈禳，彗星也会自动消失。可现在您饮酒作乐、不修朝政，还亲近小人，宠爱优伶，厌恶礼乐法度，排斥圣贤之士，哪里有空闲对付彗星呢？您即使能通过祈禳除掉这一颗彗星，也将还会有新的彗星出现。"这次，景公听了气得说不出话来，脸色铁青。

后来，晏子去世了。景公闻讯后从宫室走出来，背过身去，流着眼泪说："唉，当初我和先生游公阜，先生一日里三次指责我的过失，如今还有谁会这样规劝我啊！"

齐景公虽然有许多不可饶恕的缺点，但他有一样好处却是后代的君王很少能够赶得上的，那就是无论晏婴采取什么样的激烈的方式来对他进行劝谏，他基本上都能接受，最起码没有杀晏婴的头。看来，传统社会的德治有时也并不是一无是处。

有一次，齐景公整天饮酒，喝得大醉，神志不清，过了三天才能爬起来。晏子十分担忧，就去见景公，问道："大王是不是因为喝酒太多病倒了呢？"景公很不好意思地说："是的。"晏子说："古人饮酒，喝到心情舒畅也就行了。所以，男人们不能因为群聚欢乐而妨碍了办理正事，女人们也不能因为群聚而影响了做手中的活计。古代的规矩，男女一同聚会，轮流敬酒应当不过五次，超过了就要受到处罚。当君王的，当然就更应该身体力行，要为民众做出表率，这样才能使得在外没有人对国家的政治表示不满，在内没有人敢胡作非为。如今您一日饮酒，三天卧床不起，外面对国家的治理抱怨不已，身边的近臣则趁机在内胡作非为。您这样做，对于那些害怕遭受刑罚而自我约束、自我防范的人，是将鼓励他们任意妄为；对于那些希望得到奖赏和称赞而以此自勉的人，是将诱使他们懒得行善。如此下去，君王背离了德行，百姓轻视赏罚，那就要失去立国之本，所以希望大王一定要节制饮酒。"

还有一次，景公请鲁国工匠为他做鞋，鞋带是用黄金制成的，上面镶银，用珠宝相连缀，鞋孔是用好的玉石制成，鞋长一尺，十分华丽。

农历十月天，景公穿着这双鞋上朝。晏子入朝，景公想起身相迎，因为鞋太重，他只能抬起脚，却迈不动步子，他问晏子："天气是不是很冷呢？"晏子说："大王怎么会问起天气的冷暖呢？在古代的时候，圣人做衣服，讲究冬天穿着轻便而暖和，夏天穿着轻便而凉爽，现在您的这双鞋，寒天里穿上会感到很冷，重量也超过一般人的承受能力，不符合生活的常理，您做得太过分了。所以说这位鲁国的工匠不懂得冷热之节和轻重之量，破坏了人的正常习惯，这是他的第一条罪状；他使君主遭诸侯讥笑，这是他的第二条罪状；浪费财物而没有实效，致使百姓怨恨大王，这是他的第三条罪状。请大王下令拘捕他，并把他交官吏量刑处置。"

景公听了晏子的这一番话，觉得十分有道理，但他有些怜悯那个工匠，就向晏子求情，放了那个人。晏子却不同意，说："对于做了好事的人应当重赏，对花了气力干坏事的人要处罚。"景公听了知道自己无法改变晏子的主意，就不说话了。

晏子走出朝堂，下令把鲁国的工匠抓起来，派人押送出国境，不准他再来齐国。

此后，景公脱下那双鞋，再也不敢穿了。

景公是个十分贪图享乐的人，他叫人修了一个名叫西曲的大水池。池塘里的水很深，塘边建起一座高大的房屋，房屋的横梁上刻着龙蛇，立柱上刻着鸟兽，十分豪华。

景公上穿花团锦簇的礼服，下穿白色绣花的袍裙，一身五彩斑斓，腰带上缀满了玉石，头戴帽子，披散着头发，面向南站在那里，一副趾高气扬的傲慢神态。

晏子来见景公，景公问道："您知不知道当年管仲辅佐桓公称霸时是什么样子的呢？"晏子仰首不答。景公再次问道："当年管仲的霸业是什么样子呢？"晏子说："我听说，只有精通水性的人才能与龙蛇为伍。现在您在横木上雕龙蛇，立柱上刻鸟兽，也不过就是为了建造一座房屋而已，哪有心思经营霸业呢？您炫耀居室的华美，炫耀衣服的艳丽，一身衣服五彩具备，腰缀玉球，披头散发，也不过一间房子就能包容的了。您身为一国之王、万众之君，却不务正业，一心用在邪门歪道上，君王的魂魄早已荡然无存了，还拿什么来图谋霸业呢？"

景公听了他的这一番话觉得十分惭愧，就走下堂，来到晏子身旁，不好意思地说："梁丘据、裔款告诉我这所房子修好了，我这才私下里套上这身服装，实际上是想与梁丘据开开玩笑，也叫先生来此一乐。我现在就去别的屋子换下这套衣服，听从先生的指教，如何？"

晏婴说："梁丘据、裔款二人迷惑大王，让大王做些邪恶无聊的事情，大王哪里知道实情呢？再者，如果伐木不去其根，再生的枝条还会长出来的。大王为何不就此除去他们二人，使您今后不再受他们迷惑呢？"

有一次，景公头戴巨大的帽子，身穿很长的袍子，看起来是奇形怪状的，他上朝听政，扬扬得意地站在朝堂上，满脸盛气凌人的样子，扫视群臣，天色很晚了也不散朝。

晏子走上前，对景公说："圣人的衣服都做得适中合体，而不过分华贵，这样他的形象可以作为民众的榜样，去引导和影响民众；他的行动合乎道德礼仪，有利于养生，百姓也争相学习他的举动仪容。现在您的这身衣服过分华贵，不能用来引导民众；盛气凌人、满脸傲慢地站在朝堂上，也不利于养生；天色晚了也不知道散朝，不符合礼制，您还是及早安息吧！"景公说："我听从您的劝告。"随后就宣布散朝，并脱去了那身衣帽，以后再也没穿过。

有一次，景公和晏子两人悠闲地站在淄水边观景。景公突然深深地叹口气，大发感慨说："唉，要是能够长久地保有国家，能把它传给子孙后代，该是多么令人快乐的事啊！"

晏子听了以后回答道："我听说贤明的君主是不愿意平白无故地得到别人的拥立的，民众也不会无端地来归附他。大王不修政事，行事不公，背弃民众，倒行逆施已经很久了，却想要长久地保有国家，这可能吗？我听说，能长久保有国家的人，都是能善始善终的人。诸侯并立，能够善始善终的人被尊为长者；学习也是一样，士人一同进学学习，能够善始善终的人就会成为老师。当年，先王桓公开始任用贤才、引导推行德教时，曾使面临灭亡的国家得以生存，使危殆的国家得以安定，所以民众拥护他，天下人崇敬他的功德，他率师远征讨伐暴虐，将士百姓虽然劳苦但不怨恨他……桓公衰败，是因为他放松了德行修养而追求享乐，迷恋女色并听信谗言，百姓因为他的统治而痛苦不堪，世人也都谴责他的行径，以致他死在王宫而无人报告，尸体腐烂、生了蛆虫也无人收尸。他的下场比起暴君桀、纣更加可悲。《诗经》上说：'没有哪件事和哪个人是没有起点的，但很少能够做到善终。'不能善始善终的人，是当不好君主的。如今，大王对待百姓如同仇敌，见到善事就像怕烫着一样地迅速避开，扰乱国家，伤害贤良，必然遭到大众的反对。对民众为所欲为，对臣下肆行诛戮，恐怕灾祸早晚会降到您的身上。我已经年老了，不能再听候大王的调遣了，大王如果不能变更自己的行为，那么我就辞官，只求保持晚节而已。"

晏子去世十七年之后，一天，景公请群臣一起饮酒作乐。席上，他乘兴起身射箭，箭脱靶而没有射中，但堂上却响起一片喝彩声，好像从一个人嘴里发出来的一样整齐。景公顿时显得十分不快，他叹了口气，随手把弓箭也扔掉了。

这时弦章来晋见，景公充满感慨地对他说："弦章啊，自从晏子去世后，我再也听不到别人说我有什么过错了。"弦章回答说："现在大臣都极力地奉承您。大王喜欢穿的衣服，他们就跟着穿；大王乐意吃的食物，他们也就跟着吃，就好比那透明的尺蠖一样，吃了黄颜色的东西，身体就变成了黄色的，吃了绿颜色的东西，身体就变成了绿色的。"景公听了感激地对他说："说得对，我不能听信谗谀之人的花言巧语了。"说完赏给弦章五十车鱼。

弦章从宫中出来，刚好碰到差人给他送景公赐给他的五十车鱼，他看见给他送鱼的车子堵塞了道路，就上前拽着赶车人的手说："当年，晏子多次谢绝了国君的赏赐，是为了帮助国君，所以对国君的过错从不隐瞒，今天的大臣为了取得利禄而拼命讨好国君。我要是接受了这五十车鱼，就违反了晏子行事的原则，而迎合了谗谀之人的欲望。"弦章坚决谢绝了景公给他的鱼。

后来人评论说："弦章廉洁的行动，正是继承了晏子遗留下来的好品德啊！"

晏婴对齐景公的劝谏实在是无时不有，无处不有，无奇不有，竟然还始终得到了齐景公的信任，不仅没有被杀头，还能得以善终，身后哀荣无量。即使在我们今天看来，也不能不说是一个奇迹。因此，晏婴也应该算是够幸运的了，比起那些一言不慎就被杀头灭族的大臣，他还能要求什么呢？

在后代也有许多君主能够接受大臣的劝谏，虽然不像齐景公对晏婴那样宽容，但知错能改，也难能可贵了。

在中国古代的官制中，给事中专门负责审核皇帝所下达的命令是否合适，如果不合适，就有权力驳回。宋高宗绍兴年间，这一职务由耿直的王居正来担任。有一次，皇帝想特别地赏赐一下太医，因为太医王继先给皇帝看好过一些病，当时很受皇帝的宠幸，为了奖赏他，宋高宗决定提拔他的女婿担任浙江的税务官，圣旨传到了王居正的手中，却不能通过，予以退回。宋高宗十分生气，召见宰相，问道："你们也经常请医生看病吗？"宰相们回答："是的，我们都请过医生看病。"宋高宗又问："那么，你们是怎么酬谢医生的呢？"

大臣感到有点莫名其妙，但只好据实回答说："有时送酒，有时给钱，有时给绸。按病的大小、治疗的效果给予相应的报酬。"宋高宗听了，就加大声音说："我在宫中用了医生反而不能酬谢吗？我的圣旨就不用再下了，你们告诉王居正，让他自己拟一份下达就行了！"

宰相们小心翼翼地退下来，赶快去见王居正，并劝他说："圣上的意思就是这样了，这不是什么大事，这是件小小的事儿，你就不要坚持了吧。"王居正不置可否，请求面见皇帝。于是，宋高宗召见了他，十分生气地重申了之前的话。王居正一点儿也不害怕，反驳说："臣子之家给医生的报酬和朝廷给医生的酬谢是大不相同的，一般人家是按医生的功劳大小给予酬谢，但宫内就不可了。王继先这类人，用自己的微末之技求得了皇上的俸禄，享受着做官的荣耀，难道不正是为了使用他们的医术吗？一旦他们失职，重则处以刑罚，轻则赶走。就算医疗有效，也仅仅是能应付本职而已，赏赐他们的钱财，想必已经很多了。但如果因此使国家平白无故地增添一个官职，那就很不当了。我不想让陛下轻易开这个门路。"

宋高宗恍然大悟，说："你说得对呀！"当天就下令收回成命。

上面都是所谓从谏如流的例子，其实，喜欢逢迎才是人的本性。**只有人格修养到达了极高境界的人，才能做到闻过则喜，普通人往往是闻过不喜，甚至是闻过则怒。**所以，上述的例子更多地表现了一种合理的愿望和理想，否则也就不写在书里了。

（参见《晏子春秋》、洪迈《容斋随笔》等）

士为知己者死

"士为知己者死，女为悦己者容"，这是千古以来知人、用人经验的经典性总结，是万古不变的真理，即使在今天，也没有完全失去其合理性的一面。因为这是人的基本人性之一。**只要有人类存在，就会有志趣、爱好、观念的差异，这些差异是任何时代和任何理论都无法抹杀的，因此必然会出现"物以类聚，人以群分"的现象，"士为知己者死，女为悦己者容"也就成了一条永恒的规律。**

这个道理并不难懂，难懂的是如何才能知人。这就要看个人的德才学识和天分抱负了，而这又并不是人人都能达到的，即便通过努力也未必能够达到。

春秋战国时期齐国的晏婴算是一位十分有学识、有水平的人了，甚至在当时的各个诸侯国中从没有人能够超过他，但他对识人之难也屡屡发出慨叹。

齐国有个叫北郭骚的人，他靠编织捕兽的网具、打草鞋赡养母亲，但还是不够糊口，他就亲自登门去见晏子，对他说："我仰慕先生的仁义，想向先生乞求一些能养活老母的东西。"晏子派人从仓库里取来钱和粮食送给北郭骚，北郭骚谢绝了钱财，只收下了口粮。

过一段时间，晏子被景公疑忌，不能在朝廷里待下去了，决定出走。路过北郭骚家门口时，晏子向他道别。北郭骚沐浴更衣，郑重地与晏子见面，问道："先生将去哪里呢？"晏子说："我被大王猜疑，打算出奔逃亡。"北郭骚说："请您好自为之。"接下来并没有什么特殊的表示。晏子坐在车上长声叹息说："我落到出走的地步，难道不是应该的吗？我对士人实在是太不了解了！这能怨谁呢？"

晏子走后，北郭骚立即行动起来，他找来自己的朋友，对他说："我很敬重晏子的仁义，曾向他乞讨养活老母的东西。我听人说，对能够供养自己双亲的人，应当亲自替他担当危难。现在晏子被大王疑忌，我应该用生命来为晏子表白。"说完，他穿戴整齐，让朋友拿着宝剑，手捧竹筐，跟在他后面来到宫廷。他恳求通报人说："晏子是天下有名的贤人，如今他被国君猜忌，要离开齐国了，齐国必定要因此而受到损害，与其看国家受到损害，不如死去。我愿用自己的头颅向大王进谏，表明晏子的清白无辜。"接着又对自己的朋友说："请把我的头装入竹筐之中，送给国君，表明我的请求。"说罢退下，拔剑自刎而死。

朋友把北郭骚的头装进竹筐，对通报的人说："这就是北郭先生，他为国家的事情而死，我现在要为他而死。"说完也拔剑自刎了。

景公听说后，大惊失色，坐上驿站的马车亲自去追赶晏子，一直追到郊外，才把晏子追上，请他回国都。晏子没有办法，只好跟着景公回来。听说北郭先生以生命来为自己表白无辜的事以后，晏子连声叹息说："我晏婴的出奔逃亡，难道不是应该的吗？我更加知道自己对士人是如此不了解了！"

晏婴的两次关于对士人不了解的自我检讨在今天看来可能令人觉得是谦虚甚至是矫情的，而在当时却是真诚的，也是充满了哲理的。第一次检讨是说自己识人不明，错把普通的人当作士人，像这样的水平难道还应该辅佐国君、在宫里继续待下去吗？第二次检讨是说自己有眼不识泰山，就更没有资格辅佐君王了，被君王怀疑，离都城出走，难道不是很正常的吗？总之，是自己的修养和水平还没有达到应有的境界。别的先不说，晏婴的这种自我检讨的精神实在是令我们吃惊，也是值得我们永远学习的。

也许，上面的例子多少有助于说明对人的了解是多么的不容易。当然，一旦了解了之后，别人是会以死相报的。**然而，也许还有比了解士人更难的事情，这就是对士人的尊重。**古人说，上有尧舜之君，则下有尧舜之民，善于用人，则盗跖亦可为忠信之人。其实，这里所讲的并不仅仅是单纯的用人的方法，更不是所谓的驭臣术、牧民术，而是一种思想、一种原则。古人在这方面的经验已经相当成熟和丰富了，他们早已懂得，要想用人，就必须尊重人，使人真正具有尊严感，如果有人还没有明确的尊严感，就要想方设法地帮助他们树立尊严感。晏婴几乎已经接近于圣人，对此是非常明白的，知道应该怎样来尊重士人。

晏婴路过中牟这个地方，看见一个衣衫褴褛的人在路旁休息，看上去像个君子。晏婴就问他说："您是什么人？为什么到这个地方来？"那人说："我叫越石父，是人家的仆人，在中牟给人做劳役，干完活正准备回去。"

晏婴问："您为什么要给人家做劳役呢？"越石父说："因为挨饿受冻，无法摆脱，所以做了仆人。"晏子问："您做仆人多久了？"越石父回答说："已经三年了。"晏子说："可以把您赎回来吗？"越石父说："可以。"于是晏子让人解下左边拉车的那匹良马，给越石父赎身，并让他坐上自己的车一起回到了齐国。

晏子到了家，没有向越石父告辞就走了进去，越石父十分气愤，要与晏子断绝交往。晏子派人对越石父说："我过去不曾与先生交朋友，您做了三年的奴仆，今天我见到您，就把您赎了出来，难道还有什么地方对不住您吗？为什么这么快就和我绝交呢？"越石父回答说："我听说，士人在不了解自己的人面前委曲求全，而在知己者面前挺直身板。因此，君子不能因为对人有恩德就轻视人，也不能因为别人对自己有恩德就低三下四。我给人家做了三年的仆人，是因为没有人了解我。先生赎我出来，我认为先生真正了解我，我才与您一起乘车。当时您没有对我表示谦让，我以为您忘了。刚才您又不与我告辞就进去，这和拿我当仆役有什么差别？既然我还是仆役，就请您把我卖掉吧。"

晏子听了越石父的话，从家里出来与他相见，说："刚才我只看到您的容貌，现在我看到了您的内心，反省自己言行的人不牵扯别人的过错，注重实际的人不计较别人的言辞。我向您道歉，您不要抛弃我，请您允许我改正错误。"于是，晏子下令洒水清扫，改备宴席，以隆重的礼节接待越石父。越石父不愿意接受，说："我听说，再恭敬也不能在途中安排礼仪，礼仪再隆重也不能上下不分。先生接待我的礼节太重，我不敢承受。"于是晏子就把越石父当作上客来接待。

后来，越石父名声大噪，成了一个非常有名的人物。

如果晏婴这样的古人像现在一般的人那样，只是用人朝前不用人朝后，或是打一巴掌揉三揉，把人的尊严都给弄没了，不要说当齐国的国相，就是一个乡长也是当不长久的。不过，话又说回来，要有容人的度量就必须有容人的资本，如果是一个才智不高的人，搞武大郎开店则是必然的。

如果能看看中国古代侠客的一些经历和作用，尤其是一些国君、公子对侠客的结纳使用，也许我们会觉得有所启发。

中国古代的侠客，尤其是春秋战国时期的侠客，是一群具有强烈浪漫气息的人。在礼崩乐坏、道德沦落、人心不古的乱世，他们背负着传统的理想，幻想用自己手中之剑来拯救现实。他们身上闪烁着耀眼的个性人格的光彩和理想的光芒；他们是一群纵横于现实之中，而又超脱于现实的人；他们身上的许多特点，是今人所缺少并且渴望得到的。

专诸是春秋时期的著名刺客之一。当时，吴国的公子光想刺杀吴王僚，理由是什么呢？原来，公子光的父亲是吴王诸樊，诸樊有三个弟弟：二弟余祭，三弟余昧，四弟季子札。诸樊知道季子札很贤能，就想把王位传给他，没有把自己的亲生儿子公子光立为太子。诸樊死后，就传位给了余祭，余祭死后又传位给了余昧，余昧死后，当把王位传给季子札，但季子札不愿当国王，逃到外地去了。于是，吴人就立余昧之子僚为吴王。

这在当时看来于情理是不通的。若说传位季子札是诸樊之愿的话，传位于僚就不合理了，应当把王位再还给诸樊之子公子光。因此，公子光心怀怨恨，想刺杀吴王僚。

公子光从大将伍子胥那里结交了专诸，知道他是一个非常勇武而又极讲道义的人，就对他礼敬有加，还善待他的母亲。经过相当长时间的考验，专诸发现公子光对自己一如既往，对于自己这样一个普通人能受到公子光的如此尊重，深感荣幸。后来，专诸问公子光为何厚待自己，公子光在说了一通敬仰专诸的话之后才提起了失位之恨，并一再申明自己想夺取王位属于正义的行为。专诸听了，表示愿意替他去刺杀吴王僚。公子光当然感激不尽，并表示，专诸的身体就是自己的身体，专诸的子女就是自己的子女。如果专诸身亡，自己会常加祭祀。

过了几年，吴王僚出兵攻打楚国，国内空虚，朝政混乱，公子光打算刺杀吴王僚。他请吴王僚到自己家里饮酒，先把甲兵埋伏在侧室之内。吴王僚对公子光也十分小心，他的卫队一直从王宫排到公子光的家门口，门口站立的也全是吴王僚的亲戚。

酒至半酣之时，公子光假称足疾，趋入侧室换鞋，便命专诸把匕首藏在鱼肚之内，借送鱼而刺吴王僚。于是，专诸把鱼送到吴王僚的面前，剖开鱼腹，以匕首刺死了吴王僚。吴王僚倒下之时，他的卫士也一齐扑上前来，杀死了专诸。

公子光指挥埋伏的甲士冲了出来，杀死了吴王僚的卫士及亲属，登上了王位，并封专诸的儿子做了大官。

《战国策》上有关聂政的记载，更能使我们看到聂政是怎样被严仲子所尊重、感动和结纳使用的。

聂政，轵邑深井里人，因为杀了人，就与母亲和姐姐一起逃亡到齐国躲避仇人，以屠宰牲畜为业。

过了很久，汉阳严仲子事奉韩哀侯，与韩国宰相侠累有怨仇，遭到侠累的无理迫害，被逼逃亡。他周游列国，想物色一个能够为他报仇的人。到了齐国，有人告诉他聂政是个勇士，为避仇而隐姓埋名在屠夫之中。严仲子听到这个情况，就到聂政家登门拜访，往返几次，然后他备好酒食，亲自奉送到聂政的母亲跟前。等大家喝得酣畅的时候，严仲子捧出黄金百镒，上前献给聂政的母亲，为她祝寿。聂政对他如此厚赠感到很奇怪，坚决谢绝了严仲子。严仲子执意进献，聂政便婉言推辞说："我有老母健在，家境贫寒，客游他乡，以屠狗为业，早晚也可买些可口的食物孝敬老母，实在不敢再接受仲子的厚赠。"严仲子避开别人，对聂政说："我有仇要报，为此我周游列国已有多年，这次来到齐国，私下听说足下行侠仗义，所以送上百镒黄金，作为你老母的粗饭开支，以此来与足下交朋友，哪敢因此而有其他的奢望！"聂政说："我之所以要降志辱身，与屠夫为伍，只是为了借此来奉养我的老母。只要老母还在人世，我就不敢答应为别人牺牲性命。"严仲子再三谦让，聂政始终不肯接受。严仲子在尽了宾主之礼之后，才离开聂政家。

严仲子可谓善于知人，替聂政的母亲祝寿，这是"曲线救国"，比对聂政本人的尊重要有效十倍，因而，聂政的自尊心和虚荣心得到了极大的满足。只要聂政还是一个"行侠仗义"的人，怎能不图报答呢？再看聂政在母亲死后的表现。

又过了很久，聂政的母亲死了。安葬完毕，除去丧服，聂政自言自语道："唉，我聂政不过是个市井小民，只是操刀屠狗而已。而严仲子却是诸侯国的卿相，竟不远千里屈驾而来，与我交朋友。我的回报与他的礼遇真是太不相当，没有什么大功可以当得起他如此的尊敬和礼遇。严仲子送百金敬我母亲，我虽未接受，但他这样做实在是我的知己。像他这样一个贤者，因为愤恨仇人，而特地亲近信赖一个处在穷僻之地的人，我怎能默默地就此不了了之？况且以前他求我我未答应，只是因为有老母在；现在老母去世了，我应当为知遇自己的人出力。"

原来，聂政以前不敢答应严仲子的请求，是因为有老母在堂，如果替严仲子复仇，就无法服侍老母，是为不孝，所以，当初聂政没有接受严仲子的馈赠。由此看来，这样的人是图名而不图利的。

那么，在聂政的母亲去世以后呢？聂政就要寻找严仲子，以报知遇之恩了。

于是，聂政西行到汉阳，晋见严仲子说："前次我没有答应你的请求，只是因为家有老母。如今老母不幸离世，请问你要报复的仇人是谁呢？把此事交给我吧！"严仲子于是详细地告诉他说："我的仇人是韩相侠累，侠累是韩王的叔父，他的家族人多势众，居所防备森严，我屡次派人刺杀，均未成功。如今蒙足下不弃，希望多派些车骑壮士为你充当助手。"聂政说："韩、卫两国相距不远，现在要刺杀人家的宰相，这位宰相又是国戚，去的人不宜太多，人多难免会出岔子，出了岔子就会走漏风声，一旦走漏风声，韩国全部的人都会与你为敌，这岂不是很危险吗？"于是，聂政谢绝增派助手，辞别严仲子，独身前往。聂政替严仲子考虑得可谓周密，这种图报知己的做法，实在令人感动，而更令人感动的，还是他在行刺成功以后的做法。

聂政手持利剑直奔韩国。韩国宰相侠累坐在府上，周围有许多手持兵戟的侍卫。聂政直闯而入奔上台阶，将侠累刺死，左右大乱。聂政大吼着杀死几十人后，然后自己便剥掉面皮，挖出眼睛，掏出肚肠，倒地而死。

韩国人将聂政的尸体陈放在街市上，出钱查询，竟无人知晓。于是他们又贴出告示悬赏，有能说出刺杀宰相侠累的凶手是谁的人，赏千金。但是，过了很久，仍然无人知晓凶手的身份。

聂政自知深入侠累的卫士之中刺杀侠累后无法逃生，所以先不带卫士，后毁容颜，其目的就在于既不想连累严仲子，也不连累家人，可谓是义、孝两全了。但聂政的姐姐也同聂政一样，是一位非凡的女性。

聂政的姐姐聂嫈，听说有人刺杀韩国宰相，凶手身份不明，韩国无人知道，正暴尸于市，悬赏指认，就呜咽着说道："这恐怕是我弟弟吧？唉，严仲子就这样来知遇我的弟弟！"她立即动身前往韩国。来到街市上，看到死者果然是聂政，就伏尸痛哭，非常哀伤地说道："这就是轵邑深井里人们所说的聂政啊！"市上来往的行人都说："这个人残杀了我国的宰相，国王正悬赏千金查询他的身份，夫人难道没有听说吗？为什么还敢来相认呢？"聂嫈回答他们说："我听到了。我弟弟聂政当初之所以忍辱含垢，置身于市贩之中，是因老母健在，我还没有嫁人。如今老母已寿终，我已嫁夫，严仲子知遇我弟弟于困污之中，结为至交，对我们恩重如山。可又有什么办法呢？士为知己者死啊！因为我还活在人世，所以我弟弟聂政自毁面目，使人无法辨认，这是怕连累我啊！我怎能够因为害怕杀身之祸而埋没了弟弟的英名呢？"旁边的人大为震惊。于是，聂嫈连呼三声："天啊！"终因极度悲哀死在了聂政的身旁。

韩、楚、齐、卫诸国的人听说此事，都感慨地说："不仅聂政了不起，就连他的姐姐也是位节烈的女子啊！她不怕暴尸的危险，一定要奔走千里险路，来显扬他的名字。不过，要是他知道姐姐也愿死于韩国街市的话，也未必敢对严仲子信守不渝了。严仲子也可以说是知人善任，竟能得到这样的义士！"

聂政之所以著名，不在于他刺杀了一个诸侯国的国相，而在于他图报知己和绝不连累别人的侠义精神。

荆轲刺秦王在中国历史上是家喻户晓的，其影响之大，甚至塑造了我们民族性格的某些侧面。荆轲是卫国人，后来迁居燕国，燕人都叫他荆卿。荆轲其人好读书击剑，曾经上书卫君谈论治国之术，也曾经邀游过许多国家，并经常与人论剑斗剑，但一直未遇知己。荆轲来到燕国，与一位叫高渐离的人结为知己，高渐离是杀狗之徒，善于敲击一种叫筑的乐器。两人经常在市肆之中饮酒，饮酒之时，高渐离击筑，荆轲高歌，歌罢又相对而哭，旁若无人。荆轲虽然游于酒徒市肆之中，但其人深沉好书，所结交者都是贤能豪迈之辈。当时的人对他们都不理解，等他到了燕国，燕国的处士田光是个极有眼光的人，待荆轲非常好，因为他知道荆轲是一位胸有远大抱负的人。

不久，燕太子丹从秦国逃回燕国。原来，秦王政生于赵国，与太子丹十分友好，后来政（即以后的秦始皇）回到秦国，太子丹便到秦国去做人质，以表示秦、赵两国交好。但政被立为秦王后，却对太子丹很不好，太子丹十分气愤，伺机逃回了燕国。接着，秦国又攻下了燕国西部邻国的许多城池，直接威胁到燕国。太子丹想报仇，但国小势弱，无能为力。这时，秦国的大将樊於期得罪了秦王，逃到了燕国，秦王政就杀了他一家老小，并发了悬赏文书，追捕樊於期。太子丹收留并善待樊於期，太傅鞠武认为这很危险，因为秦国早就想攻打燕国而找不到借口，一旦得知樊於期在这里，立刻就会加兵于燕。于是，鞠武建议把樊於期送到匈奴去。但太子丹认为樊於期困窘来投，绝不能让他毙命，坚持把他留在燕国，令樊於期十分感动。鞠武见太子丹不肯赶走樊於期，就对他说："燕国有一位处士田光，深沉多智，何不让他想想办法呢？"太子丹就要鞠武把田光介绍给他。他以晚辈和学生的礼节接待了田光。田光听完太子丹介绍的情况，说："您只听说了我壮年时候的声名，却不知我现在已经老迈无用了。不过，我还是可以想想办法，把您的事托付给荆卿。"太子丹在送田光出门时小声说："你我所谈之事乃是国家机密，还望先生不要泄露。"田光听完笑了笑，俯身答道："好吧！"田光见了荆轲，对他说了太子丹的事，并希望他能去拜望太子丹。他对荆轲说："我听说，长者做事，不应使人怀疑，现在太子丹说'还望先生不要泄露'，那是怀疑我了。做事使人怀疑，不是有节义的侠士的作为。"说完，他想以自杀来激励荆轲，说："希望你能马上去拜望太子丹，说我已经死了，好让他知道我不会泄露秘密了。"说完自刎而死。

荆轲马上晋见太子丹，说了田光死的情形，太子丹大哭。两人商议来商议去，觉得燕国根本不可能阻挡秦国的进攻，而现在秦国的大将王翦正在邻国攻城略地，当务之急，似乎唯有刺杀秦王方可保住燕国，于是，荆轲答应太子丹刺杀秦王。

太子丹给荆轲以优厚的待遇。他每天都到荆轲那里拜望，并不断送金钱美女给他，但过了一段时间，还不见荆轲有动身的意思，就问荆轲说："现在秦将王翦马上就要渡过易水了，那时我就是想长期侍奉您，也做不到了。"荆轲说："您不说，我也正想找您呢。我这样空手而去，秦王必不相信。如果能将樊於期的人头和燕国最肥沃的督亢之地的地图献给秦王，他必定相信，我就可以趁机刺杀秦王了。"太子丹认为杀樊於期不义，不愿照办。

荆轲就私下来见樊於期说："秦王杀了您全家，并悬以千金和万户侯的赏格悬赏您的头颅。我有一计，可为您报仇，就是借您的人头一用，骗取秦王的信任，然后趁机刺杀他。"樊於期听后自刎而死。

太子丹闻讯，驰往大哭，但樊於期已死，太子丹也只好把他的头颅用匣子封好，又准备好了督亢之地的地图，交给荆轲。

于是，荆轲就让太子丹访求天下最为锋利的匕首。太子丹用百金买到了赵人徐夫人的匕首，让工匠在匕首上淬上毒药，用之试人，只要见血，人立毙。荆轲又让秦舞阳当副手，秦舞阳是燕国的勇士，十三岁就杀过人，燕人都不敢正视。这样，一切准备齐全，可以出发了。

荆轲想同一个人一起赴秦，但那人住得很远，一时未能赶到，故误了行期。太子丹以为荆轲变了主意，就对他说："日子不多了，荆卿还有意入秦吗？请让我先把秦舞阳派去吧！"荆轲大怒道："你催什么？去了而不能回来复命的，是没出息的家伙，现在我就提着匕首去那形势难料的秦国。我之所以停留几天，是想等一个人一同赴秦。既然太子以为我走得太迟了，那就此告辞吧！"

太子以及凡是知道此事的人，都穿上白衣服，来到易水边送行。祭祀送行完毕，取道上路，高渐离击筑，荆轲和而歌，为高亢悲壮之音，送行的士人尽皆流泪。荆轲又上前高歌道："风萧萧兮易水寒，壮士一去兮不复还！"歌罢，高渐离击筑又为羽声，声调慷慨。

于是，荆轲上路，不再回头。

荆轲来到秦国，把匕首卷在地图之中，进入王宫。他因献上了樊於期的头颅而得到秦王的信任，荆轲就借秦王展看地图之机从地图中取出匕首，抓住秦王的袖子，欲刺秦王。秦王起身而逃，绕柱奔走，最终拔出剑来，砍断了荆轲的腿。荆轲见追不上秦王，便以匕首投掷，匕首撞在铜柱上，掉在了地下。荆轲的身上被砍了八剑，自知不能成事了，便倚着柱子笑道："我之所以没能刺杀成功，是因为我想劫持你拿到契约来报答太子丹的缘故！"

荆轲刺秦王的行动本身是失败了，在今天看来这一行动也不一定具有进步的意义，但在当时却被认为是正义的行动，尤其是荆轲重承诺、图报答和以死酬知己的精神，更令后人称赞不已。

在春秋战国时期，行刺之事屡有发生，为什么只有专诸、荆轲、聂政等人能够名垂青史呢？其根本原因就在于此。"为报黄金台上意，提携玉龙为君死。"千金不能得死士，一言可以酬知己，即所谓知人得死士也。其中关键，在于给人以真正的尊重和尊严。

（参见《晏子春秋》《战国策》《史记》等）

"中国的脊梁"

鲁迅先生在《中国人失掉了自信力了吗？》一文中这样说："我们从古以来，就有埋头苦干的人，有拼命硬干的人，有为民请命的人，有舍身求法的人，虽是等于为帝王将相作家谱的所谓'正史'，也往往掩不住他们的光耀，这就是中国的脊梁。"

鲁迅先生在这里所说的"中国的脊梁"，毫无疑问，指的就是中国古代的优秀知识分子。

自古文人多强项。在中国古代历史上，究竟哪类人最有骨气呢？请翻开历史认真地查一查，你会发现，最有骨气的恐怕还应算是文人。

可是，在我们的观念中，文人是什么"德性"呢？他们"四体不勤，五谷不分"，不知稼穑之艰难，只会做些无病之呻吟；满口酸臭迂腐之语，一肚子无用之学。这还算好的，那些高等文人，往往自命清高，指指画画，或是装出多情种子的模样，弄出令人作呕的造作之态；更有甚者，摇着鹅毛扇，替统治阶级出谋划策，充当狗头军师的角色，公然与劳动人民为敌！即使在元朝的蒙古人那里，中国文人也只有"九儒十丐"的地位。呜呼，中国古代文人的遭遇之坏，莫此为甚！

然而，历史事实却并非如此。古代的文人虽然有这样那样的缺点乃至缺陷，或是由于历史的局限他们做了许多阻碍社会进步发展的事情，但总的来说，他们当中的优秀分子是社会的良心，是民族的脊梁。每当社会黑暗的时候，往往是他们奋起抗争，每当民族危亡的关头，也往往是他们奋起拯救。甚至可以说，没有中国古代文人，就没有中国传统文化，甚至没有中华民族。这是对中国古代文人的整体认识，而不是指哪一个"大儒""小儒"或是作家、诗人。至于部分品格低下的"小人儒"，不足以改变中国古代文人的整体特点。

总而言之，**正直强硬和敢为天下先，恐怕是中国古代文人的两大传统特点**。东汉的两次"党锢之祸"就是很好的证明。

其实，中国历史上的知识分子运动一直没有间断，这种运动并非自"五四运动"始，而是从东汉时期就开始了。东汉桓帝永兴元年（153年），冀州刺史朱穆在任上严惩贪官及为非作歹的宦官势力，结果被宦官权贵诬告下狱。京师太学生刘陶等人极为愤慨，他们联络京师乃至全国各地的太学生几千人围集到宫门外，上书诉冤，要求释放朱穆。当时，京师的太学生有三万多人，桓帝觉得众怒难犯，只好释放了朱穆。这恐怕应当算作中国学生运动的开始，中经两次"党锢之祸"，直到清朝末年的"公车上书"运动，可以说，中国古代的学生运动不绝如缕。

东汉这次声势浩大的、以正直的官吏和优秀的文人相结合而与祸国殃民的朝廷奸党展开的你死我活的斗争，是中国知识分子运动史上光辉的一页。这场运动导致了两次宦官伙同皇帝迫害正直的官吏尤其是官僚文人的事件，史称"党锢之祸"，在这两次正义与邪恶的斗争中，官僚文人的表现确实是可歌可泣的。

汉桓帝依靠五个宦官把专权二十余年的大将军梁冀除掉了，梁冀是外戚，把握大权二十年，朝野上下遍布他的耳目，连皇帝的一举一动他都很清楚，因此，桓帝要想除掉梁冀，只能靠身边最贴近的人，所以这些宦官立了大功。不过，前门送走了专权的外戚，后门又迎来了专权的宦官，整个东汉就是在这种非外戚即宦官专权或是外戚宦官俱操实权的不正常状态下走完其痛苦的历程的。

桓帝封除梁冀有功的五个宦官为"五侯"。单超为新丰侯，食邑两万户；徐璜为武原侯，具瑗为东武阳侯，各食邑一万五千户；左悺为上蔡侯，唐衡为汝阳侯，各食邑一万三千户。这五人同日封侯，立即大权尽归，不仅在当时引起了很大的震动和影响，后人也倍加重视，唐朝诗人韩翃的《寒食》诗写道：

> 春城无处不飞花，寒食东风御柳斜。
> 日暮汉宫传蜡烛，轻烟散入五侯家。

他们的弟子亲朋也纷纷升官。这些人独霸一方，为非作歹，多是强盗行径。其生活骄奢淫逸就更不用说了，他们养的狗也戴上金银首饰，铺上贵重的地毯，披着华贵的衣服。太监们纷纷娶妻，有的甚至三妻四妾，收拜干儿，弄得乌烟瘴气。他们外出竟敢僭用皇帝的仪仗，后面跟着豪仆马队，肆无忌惮。至于朝政，更为他们所把持，弄得小人趋进，贤士引退，政治一片腐败混乱。

在梁冀当权的时候，官僚文人就没有间断同梁冀的斗争，以致李固、杜乔被杀；梁冀既除，官僚文人集团绝没有加入宦官一边来，而是站在正义的一边，开始了同宦官集团持久不懈的斗争。

初期的斗争以李膺为代表。李膺，字元礼，颍川襄城人，生于官僚地主家庭。生性高傲，不喜与人交往。但他很有学问，为人又刚正不阿，在社会上名气很大，极受人们的推崇，一般的士人很难得到他的接见，有人如能有幸与他会谈，立刻就会身价百倍，所以，当时的人把李膺的家门比作"龙门"，把士人跨进李膺的家门叫作"鲤鱼登龙门"。荀淑是李膺的好友，荀淑的第六个儿子荀爽因为有父亲的引荐经常见到李膺。一次，他回到家里，逢人便说："我今天替李君赶过马车！"将此引为很大的光荣。李膺的名声由此可见一斑。

李膺饱读诗书，可谓文能安邦，武能定国。他不仅能收徒讲学，精辟地讲解经史子集，还能带兵打仗。他历任青州刺史和渔阳太守之职，曾在乌桓校尉任上打击过鲜卑人的入侵，作战时亲冒矢石，身先士卒，在军队中建立了很高的威信，也使鲜卑人感到畏惧。后来曾一度被免官，回家后开馆设坛，跟他学习的多时竟达近千人。不久，鲜卑人屡屡侵扰云中郡，桓帝被迫起用李膺，让他做度辽将军，鲜卑人慑于李膺的威望，竟不敢入侵。

汉桓帝延熹二年（159年），李膺被任命为河南尹，他联合耿直的官吏如廷尉冯绲、大司农刘佑等人一起打击宦官势力。羊元群在北海任上罢官回家，带走了许多财宝，甚至连厕所里的东西也带了回去。李膺上表请桓帝惩处羊元群，谁知羊元群用贪得的赃物贿通了宦官，反把李膺、冯绲、刘佑及郡太守等地方官一起逮捕入狱，经大臣陈蕃及司隶校尉应奉求情，李膺三人才被罚做苦工抵罪，后解免回家。

后来，李膺因名声太大又被起用为司隶校尉。司隶校尉是主管京城军事和治安的官员，在任上，他更加不畏权威，惩处宦官。野王县令张朔，是掌管宫门的权监张让的弟弟，他倚仗哥哥横行残暴，竟至杀孕妇取乐。李膺当了司隶校尉后，张朔十分恐惧，逃到张让的家里以躲避惩罚。李膺闻讯，立即派兵搜捕，张让也知李膺不好惹，吓得连忙让张朔藏在特制的空心柱子里。

李膺搜查时发现了这根柱子，让人劈开，捕获了张朔，稍经审讯，就将他处死了。

张让跑到桓帝那里去喊冤，桓帝把李膺叫来，说他杀人太快，未经请示就擅自处决。李膺满腹经纶，当时又时兴经义决狱，他就引用孔子《春秋》中肯定晋文公处置卫成公之例，证明自己做得并不过分。李膺还说："孔子当了鲁国司寇才七天就杀了少正卯，我上任已十多天了，才干了一件事，我以为皇上会因为我没有尽快地惩治坏人来责备我，没想到因为把该杀的人及早地杀了受到责难。我自知有失职守，还当更加勤勉，请陛下再宽限我五天，让我把大坏蛋都杀光，那时再来听从陛下的处分，就是死也甘心了。"

李膺的这番话，说得桓帝左右为难，无法辩驳，只好回过头对张让说："这全怪你的弟弟有罪，司隶校尉没有错。"从此以后，太监们怕了李膺。有时连桓帝也感到奇怪，桓帝曾问那些很有权势的太监："现在为什么你们休假也不回家呢？"这些人流着泪磕头说："我们怕李校尉啊！"桓帝终于明白了，这些太监作恶太多，恐怕一出了宫门，就会被抓住杀头。

在当时的官僚文人集团中，还有许多人积极地打击宦官势力，东海相黄浮杀死徐宣就是一个著名的事例。"五侯"之一的徐璜把弟弟徐宣安排当了下邳县令，徐宣曾经向汝南太守李暠的女儿求过婚，遭到了拒绝。李暠的家乡恰巧在下邳，徐宣到任时，李暠已死，徐宣就在上任的头一天把李暠的女儿抓到衙门，一边说笑，一边将李女射死，并把尸首埋在衙门的院里。黄浮知道此事后，立即逮捕了徐宣，将其处死。

徐璜当然不会放过他，便到桓帝面前哀哭求告，结果，黄浮被逮捕罢官。

官僚文人集团的正直行为是不会为宦官们所容的，他们寻找时机，准备来一次大反扑，他们不仅要除掉李膺等人，还要把那些聚众清谈、抨击朝政的"党人"一网打尽。这样的机会终于来临了。

张成其人神通广大，结交宦官，横行不法，连皇帝都听说过他。他从宦官那里知道了皇上要颁布大赦令消息，就怂恿儿子杀人。李膺知道了，立即逮捕了张成的儿子，就在这时，大赦令也颁布下来。可是李膺知道张成预先得知了消息，加上十分仇视宦官集团，就没有遵守大赦令，杀了张成的儿子。这一下，宦官集团抓住了把柄，由张成的徒弟上书给皇帝说李膺不遵皇命，并诬告他交结京城的太学生和各郡的读书人，结党营私，诽谤朝政，败坏风纪。

在宦官们的唆使怂恿下，桓帝诏告天下，大捕所谓的"党人"，除李膺之外，还有二百多官僚文人和太学生被捕。这些人身戴刑具，囚在狱中，以被蒙头，受到严刑拷打。李膺不仅骨头硬，斗争的策略也很巧妙。他的供词多涉及宦官子弟，宦官们越审越觉得要引火烧身，也就不敢再行追问。

当时，太尉陈蕃极力反对逮捕迫害"党人"，他上书给桓帝，义正词严地指出："今天逮捕入狱加以刑审的人，都在海内外很有声望。他们都忠心耿耿地为国分忧，对这样的人，即使给他们子孙十代人以优厚的待遇也不算多，怎能随便逮捕审讯他们呢？"宦官集团要他在判决李膺等人的公文上签字，被他严厉地拒绝了。

桓帝皇后的父亲窦武平时很喜欢结交太学生，他为营救这些文人，以岳父的身份上书给桓帝。桓帝不许，他又以托病交印相要挟。在各方面的压力之下，桓帝觉得再搞下去会尽失人心，只好释放了这些人，但做出了明确规定，禁锢终身，不得再做官。

这就是东汉时期的第一次"党锢之祸"。

第一次"党锢之祸"不久，桓帝就去世了，灵帝年幼，就由窦太后临朝听政。当初，窦太后之所以能被立为桓帝的皇后，官僚文人集团的首领出了很大的力，窦太后掌权之后，陈蕃、窦武等人当然备受重用。陈蕃与大将军窦武共参政事，李膺等人也陆续得到起用。这样，陈蕃、李膺与窦太后、窦武所代表的官僚文人和外戚势力就更为紧密地结合在一起。

为了澄明政治，陈蕃、窦武等人极力主张铲除宦官势力，并采取了一定的措施，先起用志同道合的尹勋为尚书令，刘瑜为侍中，冯述为屯骑校尉，又授李膺等十九人以官职。到了第二年的五月，陈蕃劝窦武说："过去萧望之死于宦官石显之手，不久以前李固、杜乔又遭了灭族之祸。现在灵帝乳母赵娆及女官们又与宦官串通一气，迷惑窦太后。我为大将军考虑，除祸从速，千万不可迟疑。"

于是，窦武向太后提出建议说："宦官的职责在于管理宫中杂务，绝无权力过问朝政，而现在宦官们手握重权，爪牙遍布朝野，天下人情沸腾、怨声载道，正是为此，应将这些作恶的太监一并铲除。"太后不听，陈蕃亲自劝说太后道："我知道言不直则行不正，上欺苍天，下负人望，所以不敢不说。冒险直言，必然遭忌，但我宁愿被杀头，也不敢有负天下人。现在京师里喧哗吵嚣，全在议论宦官侯览、曹节、王甫及夫人宫女等乱政之事，已到了顺他们者昌，逆他们者亡的地步。您前一段时间杀了宦官苏康、管霸，可谓人神共庆，但不久又宽容了曹节等人，那可太危险了。"窦太后还是不听。

陈蕃、窦武准备以武力消灭宦官，他们先逮捕了郑飒拷问，供词中牵扯到曹节等人，窦武上书请求逮捕曹节和王甫，他交上奏章就回家去了。主管传送奏章的太监朱瑀看到奏章后，又惊又怒，故意破口大骂："有罪的太监当然可以杀头，像我们这样的人怎么也要全家抄斩呢？"于是，他大声呼喊道："陈蕃和窦武上书太后，要废掉灵帝，杀尽宦官，要造反！"朱瑀召集了十七个身强力壮的太监，歃血盟誓，准备杀掉陈蕃、窦武。曹节听到后，也哄骗灵帝，让他持剑带兵出宫，下令紧闭宫门，收拢印信符节，威逼中书省起草诏令。他们救出郑飒，软禁了太后，并抢走印玺，拿着圣旨去抓窦武。窦武跑进兵营，大声传令说："太监造反，平反者封侯重赏！"窦武集合了数千士兵，杀了前来抓他的人，准备抵抗。

到了天明，两军对垒，王甫假传圣旨，对士兵们喊话说："窦武造反，你们是保卫皇帝的禁军，不能听他指挥，谁先投降过来有赏！"士兵见王甫手拿圣旨，平素又怕惯了太监，就纷纷跑了过去。到了早饭的时候，窦武手下的兵都跑光了。窦武骑马奔逃，但被追得走投无路，最后自杀身亡。

陈蕃得知消息很晚，他集合了八十多名学生和部下，手持武器冲进承明门，正与王甫相撞。王甫立命逮捕陈蕃，但士兵们谁也不敢上前，虽然陈蕃已七十多岁，可威望素著，不可逼视。最后王甫让人把他围了十几层，才算把他抓住，当天即杀死了。

窦武、陈蕃的家人、学生及有牵连者都受株连，或杀或贬，无一逃脱。

至此，官僚文人集团被彻底击败，宦官势力更为猖獗。

但宦官对官僚文人的迫害并不就此结束。在宦官们杀死陈蕃、窦武之前，朝野名士及一些有志气的太学生密切联合，相互标榜，乃至互立雅号，在一起清议朝政，有很大的社会影响。他们称李膺、荀昱、杜密、王畅、刘祐、魏朗、赵典、朱寓为"八俊"；称郭泰、宗慈、巴肃、夏馥、范滂、尹勋、蔡衍、羊陟为"八顾"；称张俭、岑晊、刘表、陈翔、孔昱、苑康、檀敷、翟超为"八及"；称度尚、张邈、王考、刘儒、胡毋班、秦周、蕃向、王章为"八厨"。他们认为，"八俊"是"人之英"，"八顾"能"以德行引人"，"八及"能"导人追宗"，"八厨"能"以财救人"。

在这三十五人中，数李膺的名声最大，除了所谓的窦武、刘淑、陈蕃"三君"之外，李膺可谓独占鳌头。第二次"党锢之祸"，就是由朱并告发"八及"之一的张俭引发的。

张俭是山阳高平人，曾被任命为山阳督邮。大宦官侯览的家乡在山阳防东，侯览纵容家人横行不法，残害百姓，罪不容诛，张俭就上书请求诛杀其中罪大恶极者。奏章到了侯览那里，他隐藏不报，虽未发案，可从此怀恨在心。朱并是张俭的同乡，曾遭张俭废弃，这次，朱并见宦官毁了官僚文人集团，正在大肆排斥异己，就想借此机会复仇，并捞取官职。

于是，朱并诬告张俭与同郡的二十四人结成私党，分别立号，并与"八俊""八顾"联络，一同密谋，"图危社稷"。那真是一告一个准，灵帝立即以图谋不轨罪下诏逮捕张俭，宦官曹节又暗中使人说服灵帝再扩大逮捕范围。就这样，李膺、范滂、杜密等人被捕处死，此外死于狱中的还有一百多人；六七百正直的官僚文人或是纯粹的文人被禁锢，一千多名太学生被逮捕。

宦官们为了不让正直的文人东山再起，形成势力，长期不懈地追捕搜查，这种迫害，一直延续了十五年，到灵帝中平元年（184年）才最后停止。这就是东汉时期第二次著名的"党锢之祸"。

在这次党锢之祸中，被杀的不仅有名士，还有一些没有被记入正史的，他们的事迹也非常感人。例如：李膺因党锢之祸死在狱中，他的弟子和原来的下属官员都受到牵连，被削官为民，终身禁锢，不得再次当官。当时，侍御史景毅的儿子是李膺的学生，因为名册上没有他的名字，便没有被贬。景毅慷慨地说："本来因为李膺有才有德，我才把儿子送去做他的学生，哪里能因为名册上漏掉了我儿子的名字，就让他逍遥苟且呢？"于是就上书说明情况，拒绝让儿子回家。

高城（今河北盐山）人巴肃被列入党人名单以后，主动坐车到县衙去投案。县令很感动，打算扔掉官印和巴肃一起出逃。但他甘愿赴难，不同意逃走。

征羌（今河南郾城东南）人范滂免官在家，后来朝廷下诏迅速将范滂逮捕入狱，本郡督邮（负责代表太守督察乡县、宣传朝廷命令、捕捉逃亡等事的郡吏）吴导拿着诏书来到范滂所在的县，把诏书揣在怀里，在驿馆痛哭。范滂听说以后，主动来到县衙的牢里。县令郭揖赶快出来，扔掉官印，准备领范滂逃走。范滂说："只有我死了，祸患才会停止。哪里敢因为我的罪过使你受连累呢？"（注：此已列入正史，《后汉书》有《范滂传》）

张俭因为党祸逃亡在外，处境艰难、窘迫，但他每到一处，人们总是冒着家破人亡的危险收留他。张俭经过的地方，因窝藏他而被处死的有十多人。后来流亡到东莱（今山东境内），藏在李笃家里，外黄（今河南民权县）县令毛钦，带着兵器来到李笃家。李笃对毛钦说："张俭逃亡在外，不是他的罪过。即使找到他，难道你忍心抓他吗？"毛钦抚着李笃的肩膀说："你为什么独自讲求仁义而不让别人也为君子呢？"说完，叹息着走了。张俭因此而幸免于难。

在这次"党锢之祸"中，李膺、范滂、张俭等许多官僚文人或是纯粹的文人所表现出的气节是十分令人感佩的，他们的行为对后人产生了深远的影响。每当奸佞当道、朝政黑暗的时候，他们就被后人引为榜样，成为激励后人抗争黑暗势力的力量源泉。

官僚文人集团被连根拔除以后，宦官就更加肆无忌惮了。灵帝时期形成了以张让、赵忠为首的"十常侍"，"十常侍"包括十二个太监，几乎控制了朝中的所有大权，连灵帝都很怕他们，灵帝经常说："张常侍是我爹，赵常侍是我妈。"至于朝内外官员对"十常侍"的趋奉，那就更不用说了。

扶风地方有一个叫孟佗的人，家里很富有。为了升官，他就尽力结交张让的仆人。后来张让的仆人吃得饱了，孟佗还是没有提出要求，倒是张让的仆人沉不住气了，主动问孟佗说："您有什么为难的事，我们一定替您办！"孟佗说："没有什么事，只需要您给我磕个头。"张让的仆人答应了。第二天，孟佗去拜见张让，故意去晚，等候在张让门前的起码有一千人。张让的管家远远地看到孟佗，就率领一群仆人，来到孟佗的面前，一齐跪下磕了个头。来拜见张让的那些人全都惊呆了，以为孟佗肯定极受张让的重视，就都纷纷给孟佗家送礼。孟佗把收到的一小部分礼转送给了张让，张让很高兴，就任命孟佗为凉州刺史。

后来，"十常侍"把政治搞得极端混乱，引起了社会普遍的反抗，何进、袁绍等人密谋除掉宦官集团，但何进反被张让杀死。袁绍带兵冲进宫去，见宦官就杀，甚至连没有胡须的男人也杀了，一气杀了两千多人。"十常侍"胁迫日后的汉献帝刘协逃走，被袁绍追至黄河边上，"十常侍"全部跳河自杀。从此东汉进入了军阀割据混战的时期。

官僚文人集团虽败在宦官集团的屠刀之下，但其意义却永不泯灭。一是其坚强不屈、正直不阿的人格光彩，不论是谁都无法完全抹杀，这种精神保证了中华民族即使在最黑暗的时期也不会彻底丧失良心和导向，也不会完全沿着卑庸和无耻的道路滑落下去；一是他们开了官僚文人和书生学子联袂抗争的先河。

自秦始皇"焚书坑儒"，直到清朝"戊戌变法"的失败，中国历代统治者对官僚文人学子的迫害始终没有停止过。不论是宦官势力、外戚势力还是所谓正统的皇权势力，大都对官僚文人和书生学子讨厌有加，甚至进行迫害，只是方法不像秦始皇和汉代的宦官集团那样露骨，而是变得更加精致巧妙。风行近两千年的文字狱，就是其代表。

何以官僚文人和书生学子总是不讨封建统治者的喜欢？其实道理很简单，因为这些人代表了一种理想，一种不满足的要求。他们总是站在社会现实的前面去呼唤更好的现实出现，因而，无论在什么时候，他们又都是现实社会的批评者，他们不讨统治者的喜欢，是一种历史的必然。如果他们处处时时与现实同步，那社会就失去了前进的导向和精神动力，只能堕向平庸、无耻乃至倒退的深渊！

官僚文人和书生学子总是伸长了脖子去挑社会的刺，也许他们伸长了脖子本来就是为了挨杀。不过，也正是因为他们昂起了强硬不屈的头颅，中国的古代社会才得以延续发展！

（参见《后汉书》《资治通鉴》等）

至忠至勤的太平宰相

宦海浮沉，不败的真谛何在？

为人臣者有三忌：一忌功高震主，二忌权大欺主，三忌才大压主。据说，这是无数人宦海生涯的经验总结，谁若犯了这三忌，轻则削职为民，困顿终生，重则身首异处，甚至全族覆灭。现在想来，也确实不无道理。如果功劳太大，以致皇帝无法报答你，无论赏赐你什么都不嫌多，无论封你什么官爵都不嫌太高，那么，你就处于极其危险的境地了。因为天下是皇帝一家的，皇帝总不会跟你换个位置，让你做主人，他做臣子，把他的家产交付于你。这时候，就必然走向另一个极端，那就是皇帝一定要找个借口置你于死地才能舒服，即使你不居功自傲，即使你忠心耿耿，也是一样。因为皇帝总觉得你像一块大石头压在他的头上，总是要时时处处考虑你的功劳，还要担心你招揽人心，蓄谋造反，所以，皇帝会寝食不安，只有除之而后快。

西汉的开国功臣韩信，功劳可谓大了，智谋可谓高了，但最后还是被刘邦的老婆杀了。在楚、汉相争之时，韩信帮助项羽，则项羽可以统一天下；韩信帮助刘邦，则刘邦可以统一天下；如果韩信背叛刘邦，自树一帜，则可与项羽、刘邦形成三足鼎立之势。而且当时的具体情况为韩信提供了多次可以自立的机会，也有很多人极力劝告韩信自立为王。但韩信思来想去，还是跟刘邦干了下去。所以，韩信对于刘邦建立西汉政权，功劳应是第一位的，如果要论功行赏的话，别说只封他一个王侯，就是裂土并立，共同为帝，也不算太过分。但封建社会的铁律是一山容不得二主，刘邦绝不可能和他并立为帝，最多只能封他为王。而韩信多少又觉得委屈，用当时的话来说，是"心怀怨望"，用今天的话来说，就是"不满情绪"。这种情绪发展下去，必然导致反叛。因此刘邦为了防患于未然，就先下手为强，先削了他的爵位，解除了他的大部分权力，将他幽禁在都城，不久，刘邦的妻子吕雉又与萧何密谋，把韩信诓入朝堂，诬以谋反的罪名，伏兵将他当场杀死。看来，就是韩信这样中国历史上的著名军事家和杰出人物，也逃脱不了功高震主而无好下场的所谓规律。

在中国历史上，这一类的例子是举不胜举的。有一句话，叫作"狡兔死，走狗烹；高鸟尽，良弓藏；敌国灭，谋臣亡"。其意是说一旦安定了天下，那开国皇帝或是什么君王之类就要"卸磨杀驴"了。听起来让人生气，道理却很简单，在和平建设时期，那些功臣怎么处理呢？留着他们，说不定什么时候就要造反，或是出别的麻烦，尤其是开国皇帝死了，幼子继位，就更管不了那些久经沙场、素有威望又极有势力的老将了，还是杀了干净利索。如果碰上这种情况，就是功不太高，也不太震主，那也很不安全。

如果权大欺主，那就更加危险，这个道理不讲自明。权有两种：一是政权，一是军权。政权过大，就会使得别人只知道有你某某人而不知皇帝老子，时间长了，就会逐渐地积累私家势力，威胁皇权。况且，政权在一定情况下很容易转换成军权。至于军权，那是一个国家的命脉所在，谁掌握了军权，谁就掌握了国家，因此，皇帝一般说来是不会让你掌握过大的军权的。如果你的军权越来越大，那就要十分小心了，要么主动还权于君王，要么迅速攫取军权，使之足以抵抗皇帝的命令。如果老是停留在说大还不足以与皇帝抗衡，说小又对皇帝构成威胁的程度上，那是速死之道。

在中国历史上，因军权过大遭逐被杀的例子也比比皆是。春秋战国时期，燕昭王为了报齐国的入侵之仇，筑了一座求贤台，里面贴满了黄金，作为招纳贤士之用，人称黄金台。天下贤士见燕昭王求才心切，就纷纷前去投奔，魏国的乐毅也来到了燕国。燕昭王很器重乐毅，乐毅也把燕昭王引为知己，于是，燕昭王就派乐毅带兵进攻齐国。乐毅以其卓越的军事才能率兵攻齐，结果势如破竹，攻下了齐国的七十多座城池，连齐国的国都临淄都攻了下来。齐王跑到了莒城，乐毅奋力攻打莒城和即墨，由于两城防守坚固，三年没有打下来。这时，燕昭王死，他的儿子燕惠王即位，燕惠王由于跟乐毅素有嫌隙，又怕乐毅势力太大做了齐王，再回兵攻打燕国，就在阵前撤换了乐毅，让骑劫代替了乐毅的职务。乐毅知道临阵换将，必无善意，就没敢回燕国，跑到赵国去了，总算免去了一场杀身之祸。

至于才大压主，那就更有意思了。所谓文人相轻，恃才傲物，普通人之间尚且互相瞧不起，更不用说君臣之间了。其实，在中国历史上，绝大多数皇位是从祖宗那里继承来的，几乎没有几个是靠自己的真本领争来的。即便有几个所谓的雄才大略的开国皇帝，也多是流氓或豪强出身。至于文采智计，君王通常也并非样样都能高人一等。然而，嫉妒是人的本性之一，如果臣下不懂得谦逊退让，不懂得韬光养晦，而是处处张扬自己的才华，弄得君主或是上司经常难堪，那也就好景不长了。

在官渡之战中，袁绍杀田丰的例子也极有意味。当时，袁绍带领冀、青、幽、并等州的人马七十多万，前往官渡，进攻许昌，谋士田丰从狱中上书给他说："现在应当静守，以待天时有利于我，不可随便兴兵，否则恐有不利的事情发生。"田丰分析当时的情况，敏锐地看到袁绍兵虽多，但人心不齐，长途征讨，如果被破袭了粮草，局面是不堪设想的。关于这一点，袁绍的另一位谋士沮授也曾提出过，可是袁绍骄横粗蛮，根本不听。田丰的对头逄纪又趁机进谗言说："主公征伐曹操，是仁义之举，田丰为什么要说这种不吉祥的话呢？"袁绍大怒，就想杀了田丰，众官苦苦哀求，方才作罢，他还是愤恨不休地说："等我破了曹操，再来治田丰的罪！"

果然不出所料，袁绍被曹操劫烧了乌巢粮仓，又中了曹操的许多计谋，被杀得大败而回，去时带了七十万人马，回时只引八百余骑。看守田丰的狱吏听说袁绍吃了败仗，心想袁绍一定会放了田丰，便来与田丰贺喜说："袁将军大败而归，您将来一定会被袁将军重用的。"田丰苦笑了一下说："我是死定了！"狱吏吃惊地问道："人们都在替你高兴，你为什么说死定了呢？"

田丰说："袁绍外表显得很宽厚，实际上内心里忌恨刻薄，不爱考虑别人的忠诚和恩惠。如果他这次打了胜仗，心情好，又证明我是错的，他是对的，也许能赦免了我；如今彻底失败，他一腔怨怒，再加上事实证明我的话是正确的，他的做法是错的，他怎能忍受别人比他高明呢？我岂不是死定了吗？"狱吏们都不相信。

不久，袁绍派的使者来到狱中，带着袁绍的剑和信，要取田丰的首级，狱吏们这才相信。田丰说："大丈夫生于天地之间，不识其主而事之，是无智也！今日受死，复何足惜！"于是自杀而死。

在历史上犯了"三忌"的忠臣良将固然大有人在，但只要得遇明主，又能恰到好处地处理自己和君主的关系，还是完全可以善始善终的。这样的人也为数不少，唐初的宰相房玄龄就比较典型。

房玄龄做了近二十年的太平宰相，直至七十岁病逝。他是一位至忠至勤的能相，其善始善终，尤为难得。房玄龄生于北周宣帝大成元年（579 年），齐州临淄（今山东淄博）人，曾祖和祖父都曾在北魏和北齐为官，其父房彦谦是当时著名学者，与朝野之间的才俊多有交往。他虽长期在隋朝做官，但以自己的政治敏感觉察到隋必定长久不了，就想辞官不做。在任上他曾积极地为民众谋福利，深受当地群众的爱戴。

房玄龄出身于这样的家庭，自小耳濡目染，逐渐确立了治国安民、造福民众的志向，也养成了敏锐的政治洞察力。还是在隋文帝时期，大多数人都称颂隋朝的功德，房玄龄却看出了其中潜藏的危机。他说："隋朝本是篡夺了人家的权位，对百姓并没有建立什么功德，只不过一味欺骗百姓而已。现在兄弟之间又互相争夺皇位，贵族们竞相享乐，钩心斗角，甚至骨肉相残，这样的王朝，其灭亡翘足可待。"后来的事实证明，房玄龄的看法是极有预见性的。

房玄龄的个人品德也极为人们所称赞。他是一位孝子，就是对继母也是至孝。继母病了，他请医抓药，每当医生过门，他都哭泣着垂手侍立；继母死了，他居然因伤心而不能进食，以至骨瘦如柴。对父亲就更不用说了，他的父亲卧病一百多天，俗语说，"久病床前无孝子"，房玄龄却始终如一服侍父亲，从来都是和衣而卧，其尽心尽意，是可以想见的。房玄龄的这种个人品德，对他日后能有大的成就起到了重要的作用。

当时，隋朝的吏部侍郎（专管选拔调整官吏的人事工作）高孝基就评论说："我见过的年轻人多了，从未见过像他这样的，房玄龄将来一定会成为了不起的人。"

李渊在太原起兵反隋时，房玄龄正任隋朝的隰城（在今山西汾阳）尉。李渊派其子李世民（后来的唐太宗）带兵去平定渭水以北地区，房玄龄经过分析比较，认为隋朝灭亡只是迟早的事，而在诸支起义军中，唯有李唐政权深明大义，极得民心，又能礼贤下士，将来必定能据有天下，于是，他就毅然抛弃了隋朝的官位，投奔了李世民。当时，李世民距他有八百里之遥，他"杖策谒于军门"，拜见了李世民。一谈之下，大为投机，李世民即委他以渭北道行军记室参军的重要职务，把他当作重要谋士看待。从此，李世民与房玄龄结下了不解之缘，在此后的三十年中，两人密切合作，李世民成为一代明君，房玄龄也成为一代名相。

房玄龄跟李世民一起参加了许多次战斗，在平定隋朝大将王世充的战斗中，房玄龄积极出谋划策，为取得这场关键性战役的胜利立下了功勋。在战斗的间隙，房玄龄陪同李世民去拜见一个叫王远知的道士，据说此人道行高深，能上知一千年，下知五百年。他们化装成普通人，"微服"私访，那王知远却一看即知，告诉李世民说："方作太平天子，愿自惜也。"从这以后，房玄龄更加尽心尽力地辅佐李世民，坚定地追随李世民，辅其为天下英主。

李世民因赫赫战功而被封为秦王，又官居唐朝特设的"天策上将"，势力很大。他还极其善于招揽人才，在秦王府中有所谓的十八学士，房玄龄、杜如晦多谋善断，陆德明、孔颖达精通经学，姚思廉擅长文史，虞世南以书法名世，其余十余人也是当时的人杰才俊。在这十八学士当中，房玄龄居其首。在秦王府的数年中，为秦王李世民招揽人才，是房玄龄的重要任务之一。

据《旧唐书·杜如晦传》记载，起初，杜如晦做李世民的兵曹参军，其职责是帮助训练士兵，不是一个十分重要的职位。后来，秦王府中的人派往各地的越来越多，杜如晦也要被调到外地去。房玄龄听说了，赶忙跑去对李世民说："王府中的英俊才杰被调出的越来越多了，别的人我都不觉得可惜，只有杜如晦不能调走，他是个智能识大局、才可安天下的大才，您如果还想经营四方，取得天下的话，非此人不可。"

李世民听了以后，十分感激地说："如果不是您提醒我，我差点儿失去了这个人才。"随后立即撤销了调令，重用杜如晦。以后多年的实践证明，房玄龄的认识是正确的，杜如晦在评断大事上极有见地，以至有了"房谋杜断"这一说法。二人密切配合，为唐代的安定和繁荣做出了重要贡献。

在随李世民的东征西战中，房玄龄每到一处，都十分注意搜集当地的民情习俗及前代的文献资料，为以后制定决策准备了丰富的材料。在平定各地的起义军以后，房玄龄被李世民封为临淄侯，升任为秦王府记室，掌管一切军政文书，有许多文件需要他亲自起草。他才思敏捷，文辞优美，气度恢宏，史书上称他"在秦府十余年，常典管记，每军事表奏，驻马立成，文约理瞻，初无稿草"。

后来，太子李建成在唐高祖李渊的支持下与齐王李元吉联合，共同迫害秦王李世民。一次，李建成请李世民赴宴，于酒中置毒，李世民饮后腹中暴痛，被送回家里，呕血数升才保住了性命。还有一次，李建成借陪父皇打猎的名义，特意为李世民准备了一匹烈马。等到李世民骑马追逐一头麋鹿时，烈马狂性发作，把李世民甩出了一丈多远，李世民差点儿摔死。后来，李建成又与李元吉密谋，准备在替李元吉出征饯行的宴会上杀死李世民。兄弟相残已到了水火不相容的地步，房玄龄极力主张当断则断，先下手除掉李建成和李元吉。在房玄龄等人的极力催促下，李世民在秦王府召开了紧急军事会议，决定在玄武门埋伏兵马，趁李建成上朝之机杀死他。

在"玄武门之变"中，李世民杀死了李建成和李元吉，自己当了太子，不久又当了皇帝。

李世民当了皇帝后，曾经论功行赏，史书有一段很有意思的记载，兹摘译如下：

　　九月二十四日，皇上亲自确定了长孙无忌等人的爵位、封邑，叫陈叔达在殿下唱名宣示给大家，并且说："我叙定你们的功赏，可能有不恰当的，应该各自谈谈。"当时，诸将争功，乱哄哄地闹个不停。淮安王李神通（李世民的叔父）说："臣在关西举兵，首先响应起义的大旗。而房玄龄、杜如晦等人专靠耍笔杆子，功劳在我上面，我心里不服气。"皇上说："叔父虽然首先响应起义举兵，大概也是为了免祸。后来，窦建德吞并山东时，叔父全军覆没；刘黑闼再度叛乱来攻，叔父又被打得望风而逃。而房玄龄等人如同张良一样运筹帷幄，坐在那里就安定了社稷，论功行赏，本来该在叔父的前面。叔父是国家至近的亲人，对于您，我还有什么可以吝啬的呢？只是不能凭私情而随便封赏罢了。"诸将这才说："皇上真是公道极了，即便是对淮安王也没有私心，我们难道还敢不安分吗？"于是都心悦诚服。

　　629年，即唐太宗李世民登基后三年，房玄龄被提升为尚书左仆射，行宰相之职。在其后的近二十年中，他一直任相职，直至七十岁病逝。

　　在任相职期间，房玄龄可谓至忠至勤，而且成绩卓著，堪称能相。史书上这样称赞他："任总百司（总管政府中的各个衙门），虔恭夙夜（日日夜夜地谨慎虔诚地处理各类问题），尽心竭节，不欲一物失所（不让一件事办不妥当）。"

　　在选拔人才方面，房玄龄十分谨慎。唐太宗曾经说过："选用官吏是一件不可掉以轻心的事。用一君子，则许多君子就会慕名而来；若用一小人，许多小人也就会钻营而来。"房玄龄知人善任，常向太宗推荐合适的人才，委以重任。

　　太宗的太子李治的府中有一位太子右卫率（主管太子的保卫），名叫李大亮，房玄龄很看重他，说他为人耿直，有西汉忠臣王陵、周勃的气节，可以委以重任。不久，李大亮就被任命为房玄龄的副手。房玄龄在用人方面，既不拘一格，又不求全责备，能够扬其长而避其短。但如果一时找不到合适的人选，他也坚持宁缺毋滥的原则。如管理财政申报开支的部门，很长时间没有人选，但房玄龄认为这个部门关系到"天下利害"，是"民力所系"的地方，"宁虚其位，而不以与人"。

他这样做，有时会招致别人说闲话，说他在授权方面十分吝啬。但他为了国家的利益，从不计较个人的声誉。对于朝廷上的一些琐事，他几乎事无巨细，一概过问，不仅定期审查吏治、司法的得失优劣，甚至连宫室的营造、武库里的存储数目，都要一一过问。史书说他"事无巨细，咸当留意"，其认真负责的精神，着实令人感动。

在对李世民的进谏方面，他也做得很突出，虽未能像魏征那样屡屡犯颜直谏，但也能坦陈己意。其实，魏征对他也是很佩服的，魏征曾经说过，在事必躬亲、言无不尽方面，自己不如房玄龄。

一次，唐太宗忽然问周围的大臣说：自古以来，草创开国的皇帝，把皇位传给了子孙，多出败乱的原因何在呢？房玄龄直言不讳地说：那都是因为皇上宠爱子孙，而子孙生长深宫，自幼享惯富贵，不识人间情伪，不懂国家安危，不能磨炼才干的缘故。

唐太宗也有过不少荒唐之举，如对高丽发动战争，不仅给高丽人民带来了灾难，也给本国人民带来了惨重的损失，在多年的战争中，仅战马一项，就损失了十之七八。贞观二十二年（648年），唐太宗又要侵犯高丽，当时房玄龄已重病卧床，听到这一消息后，立即给太宗上书，并对儿子们说："当今天下安定，各得其所，唯有东征高丽，必会成为国家的大患。我虽不久于人世，但知而不言，也会衔恨入土，死不瞑目。"太宗览表以后，十分感动地说："此人危笃至此，尚能忧我国家，实在是难得啊！"

房玄龄心地一片赤诚，为人胸怀宽广，善于团结同僚，容易与人共事，并且注意发挥别人的长处。如经他推荐的杜如晦，是一个很有才能的人，史书上称杜如晦"时军国多事，剖断如流，深为时辈所服"。房玄龄就注意发挥他善于决断的长处，每和太宗有所谋划，都要等杜如晦前来定断，用房玄龄的话来说，就是"非如晦莫能筹之"，而杜如晦的很多看法，往往与房玄龄不谋而合。"房谋杜断"，相得益彰，他们两人的密切工作，与钩心斗角的官场习气形成了鲜明的对照，成为流传不绝的佳话。

房玄龄自幼就爱总结前朝灭亡的教训，因而在任相职期间，他主持编撰了各类图书，比如《晋书》以下至隋的六朝史的编写。

贞观二十二年（648 年），房玄龄病危，太宗不断派人看望，并亲去探望，于房玄龄临死前与他握手叙别。房玄龄死时，"太宗对之流涕"，足见君臣感情之深。

房玄龄能善始善终的原因有三：一是极早投奔李世民，历史清楚，无查不清的问题；二是他至忠至勤，李世民确实离不开他；三是他虽有大权，但绝对构不成对李世民的威胁，多是办理事务，为李世民提供咨询，并无独当一面的真正权力。有这三条，只要不是生于桀、纣之世，就能保全首领；生逢明君，则可成就一番事业。

太平天子易做，太平宰相难当，盖因伴君如伴虎也。但房玄龄稳稳地当了二十年的太平宰相，且身后哀荣无限，这也是中国仕宦史上很少见的了。

有人说，骗人的最高境界是真诚，这话未必完全正确，但如果说做人的最高境界是真诚的话，应该没有人反对。只不过，真诚要诚之有道，而不是没有策略，没有策略的真诚其实是傻子！

善始而不能善终的开国宰相

历史往往上演着同样的剧目。三四千年的中国古代史，三十四个异姓王朝，帝王将相、文臣武将、圣贤奸恶、才子佳人充斥其中，乍一看，令人眼花缭乱，像一个万花筒，只能由它变幻，后人不知所以。其实，如果能静下心来细细品味，我们还是不难窥见其中的门径的：**在这纷纭复杂的历史中，虽然你争我夺，变来更去，但许多地方却是万变不离其宗，只是在各个时期略有不同而已。**

改朝换代可谓古代史上的大事了，如果稍加梳理，就会发现各个朝代的开国方式多有相似之处。特别有意思的是，开国皇帝的文臣武将也多有相似之处。就拿西汉、唐、明三代的文臣来说吧，西汉的刘邦有萧何、张良，唐朝的李世民有房玄龄、杜如晦，明朝的朱元璋则有李善长和刘基。这三个朝代都是用大规模战争的方式取得的政权，又都在中国历史上产生过巨大的影响，都是十分重要的朝代，因此具有很强的可比性。如果把这些文臣稍加比较，就会看出历代开国皇帝所需要的人才大致是相同的。

萧何既是西汉的开国功臣，也是汉初名相，他同刘邦既是患难之交，又是贫贱之交。在刘邦当泗水亭长时，萧何是沛县的主吏掾，由于他比刘邦的官位高，曾时常给刘邦以各种各样的照顾。后来刘邦押送修长城的夫役去北方，夫役沿路逃走，刘邦不能交差，就索性放了夫役，和愿意留下的人一起逃到芒砀山中当了草寇。不久，陈胜、吴广的起义军威胁到沛县，沛县县令怕城破被杀，萧何就给他出主意：召回刘邦，让他来聚众保卫县城。县令先是同意，但等刘邦到来后，他又后悔了，并要加害萧何。萧何急忙逃出城外，和刘邦一起攻占了县城，杀了县令，与众人公推刘邦为沛公。

萧何是刘邦起兵的主要促成者、策划者，从此，他就一心一意地辅佐刘邦。他的功绩主要表现在两个方面：一是制定取得天下的策略，二是保障后勤供应。萧何每到一处，十分注重收集法令制度等图书文献，而不像其他将官一样急于抢掠财物。在刘邦攻陷洛阳之后，萧何帮助刘邦制定了法令制度，完善了刘邦的"约法三章"，安定了汉中一带。到项羽把刘邦分封为汉中王，萧何更是劝刘邦要暂忍屈辱，韬光养晦，积聚势力，在时机成熟以后再同项羽决战，而不能激于一时的义愤去自寻死路。在萧何的劝阻下，刘邦终于安心汉中，整顿军备，为消灭项羽做好了准备。

在四年的楚汉之争中，萧何有两大贡献：一是推荐了大将韩信，二是保障了汉军的后勤供应。刘邦在汉中时，将士思归，东逃者很多，萧何不去追别的将领，却偏偏"月下追韩信"，并劝说刘邦筑拜将台，拜他为大将，终于使韩信为刘邦取天下立下了大功。刘邦在东方与项羽激战，萧何在汉中安抚百姓，颁布法令，把军粮源源不断地运往前线，把军需工作做得井井有条。可以说，没有萧何的后勤保障，刘邦是无法打败项羽的。

刘邦建国后，萧何为相，他在诛戮频繁的西汉初年，不仅得保性命，还有所建树。萧何采取了三条策略：一是不要封赏；二是协助刘邦、吕后处置军国大事，不违上意，为了取得刘邦的信赖，甚至送子侄做抵押；三是设法自污，让刘邦觉得自己无所作为，威望也不高。这样，萧何得以寿终正寝，善始善终。

刘邦把萧何称为"镇国家，抚百姓，给馈养，不绝于道"的"人杰"。另一位重要的文臣，则当数张良了，刘邦对他的评价是"运筹帷幄之中，决胜千里之外"。

张良本是韩国贵族，他与力士一起在博浪沙行刺过秦始皇，可以说他自小就立下了反秦的志向。张良曾自己拉了一支几百人的小队伍，后归附刘邦，又随刘邦一起归附过项梁，最后，他选择了刘邦。张良貌雅神秀，有似妇人，但他却胸有韬略，胆识具备，为刘邦军事上的胜利做出了巨大贡献，也是我国古代著名的军事家。

在鸿门宴上，张良果断地掩护刘邦脱身，面对项羽对刘邦可能实施的军事攻击，张良屡施计策，使项、刘之间的矛盾趋于缓和，保全了刘邦。在楚汉相争的前期，刘邦指挥不当，在彭城战役中惨败，张良在这关键时刻为刘邦提出了正确的建议：充分调动韩信、彭越、英布三股力量，扩大统一战线。刘邦听取了张良的建议，使楚汉相争的局势得以扭转，刘邦渐趋主动。

公元前204年，刘邦固守荥阳以待援，形势危急，郦食其提出分封六国后代以解荥阳之急，张良竭力阻止，指出分封六国必然军心瓦解，免去了汉军的一场灾难。公元前203年，韩信破齐，想要刘邦封他为假齐王，刘邦大怒，但张良劝说刘邦封韩信为真齐王，稳住了韩信，也稳住了汉军的优势地位。最后，项羽见打不过刘邦，就提出以彭城的鸿沟为界，以东归楚，以西归汉。刘邦犹豫不定，还是张良坚决反对妥协，主张乘胜追击，把项羽一举消灭。在建国以后，张良又建议刘邦扩大分封，以免诸将不满而相聚谋反，并从地理、经济、政治基础等方面分析，主张定都长安。

其后，张良功成身退，托病在家，致力于古代军事著作的研究，于公元前186年病逝于长安。张良一生坎坷，而终以三寸不烂之舌为帝王师，所筹谋划策皆关系到战事成败或是国事的治乱，可谓千古难得之良臣。尤其能急流勇退，不执着于功名利禄，更属不易。

唐高祖李渊做皇帝虽在其子唐太宗李世民之前，但其开国之功比起李世民来却是相差甚远，不仅在南征北战、文韬武略方面比不上李世民，就是当初起事，也是受李世民等人的促迫。所以，一般说来，人们都把李渊和李世民并列为开国帝王。在唐太宗执政之后，有三位文臣非常有名：魏征、房玄龄、杜如晦。其中魏征是在李世民杀掉太子李建成以后从李建成幕府中归顺过来的，房、杜二人则是从始至终跟随李世民的。

朱元璋与李世民相比，则是起自布衣，其奋斗历程也更为曲折复杂。在他消灭元军、扫荡义军的过程中，武将数徐达、汤和、常遇春立功最多，文臣当数李善长和刘基（刘伯温）。

刘基其人具有浓厚的传奇色彩，民间传说他是一位上通天文、下知地理，前知一千年、后知五百年的奇人。事实上，他也的确博闻强记、知识渊博，诸子百家、天文地理无所不学，在辅佐朱元璋夺取天下的过程中，起到了一个政治家、军事家的作用，为明朝的建立立下了大功。由于他见事透辟又不愿屈身仕途，开国后他急流勇退，过着半隐居的生活，最后总算逃过了朱元璋的残酷诛戮，落得个寿终正寝。

另一位文臣李善长虽然开国前立功甚多，开国后位居一人之下、万人之上，但因他见事不明，终落得个被皇帝赐死的下场。与萧何、张良、房玄龄、杜如晦和刘基相比，他是一位只能善始，却不得善终的开国宰相。

李善长，字百室，出身于衣食无忧的小地主家庭，早年读过一些书，虽不能说深通文墨，但却懂得治乱之道。他为人很有心机，也很能干，在地方上颇有威望。据记载，他从小就有雄心大志，想干一番事业。

朱元璋投奔郭子兴后，因作战有勇有谋，被郭子兴提升为身边侍卫九夫长，后又把义女马氏嫁给了他，从此，朱元璋声威日振。朱元璋很重视文人的作用，对同乡故人尤为关注。1354年，朱元璋率领自己的部队进军滁州，正路过李善长的家乡，李善长慕名往投，朱元璋很热情地收留了他。

李善长给朱元璋上的第一课是把朱元璋的一位同乡抬出来做榜样，要朱元璋成就一番大业。

李善长说，汉高祖刘邦家乡与朱元璋的家乡相去不远，那位古代的同乡起自布衣，与朱元璋的出身极其相似，只因他能看清天下大势，又豁达大度，能招纳天下豪杰贤士，且能忍辱负重，所以最后推翻了暴秦，打败了项羽，建立了汉朝。他鼓励朱元璋学习刘邦，代元朝而立。

朱元璋此时尚无明确志向，经李善长一讲，他的眼前豁然开朗。从此，朱元璋树立了当皇帝的信念，李善长也因此得到了极大的信任。

李善长在朱元璋的幕府里做记室长，可谓百事烦扰，但他总是事必躬亲，尽心尽力，忠谨之至。郭子兴虽把义女嫁给了朱元璋，但他生性忮刻，易于猜疑，又加上他的两个儿子从中挑拨，多次险些把朱元璋置于死地。在滁州时，朱元璋因打仗纪律严明，不掠财物，没有东西献给郭子兴，郭子兴就怀疑朱元璋私吞财物，不敬长上，对他倍加冷落，把他身边的人抽调一空。一次，郭子兴要调走李善长，李善长闻讯，忙跑到郭子兴面前，表示坚决不离开，除朱元璋外，他谁也不从，并且声泪俱下，十分感人。朱元璋深受感动，虽结识不久，但朱元璋已对他倍加信赖。

李善长知道，要想成大事，就必须树立威信，否则只能成为流寇。所以他十分重视军队的纪律，屡次催劝朱元璋整治军纪。1356年前后，朱元璋的军队既攻占了许多地方，又连续苦战，所以易发生抢掠现象。在进入太平府时，朱元璋下令凡抢掠者斩首，并派出巡查队进行监督，虽杀了一些违犯军纪的将士，但未能完全禁绝抢掠。

在取镇江时，李善长估计军队又要抢掠，就帮朱元璋和徐达演出了一出双簧。朱元璋故意说徐达的部下有抢掠之事，把徐达捆绑起来，号令三军，准备处斩，经李善长再三说情，朱元璋才放了徐达，命他戴罪立功，攻取镇江城后必须严守军纪，否则两罪俱罚。这一出双簧果然有效，战功赫赫的徐达都不肯放过，朱元璋还肯饶恕无名小卒？于是，大家怵然自惕，无人敢犯。

李善长不仅在文治方面确实"善长"，在武功方面有时也能偶出奇迹。一次，朱元璋领兵外出，要李善长留守和州城，并嘱咐他如果元兵来袭，就坚守勿战。李善长料知元兵会出骑兵突袭，就于城外要隘之处设下了几路伏兵，元军一到，同时杀出，把元兵杀得大败而归。

朱元璋回来后也赞叹不已，连连称赞他能以少胜多、以弱胜强，比那些披甲执戈的武将也不遑多让。

在朱元璋与张士诚、陈友谅以及元军大战的时候，李善长一直被留在应天（现南京），替朱元璋经营好这块根据地。应天府形势极其险要，依石而建，易守难攻，有虎踞龙盘之称，让李善长留守此地，足见朱元璋对其忠诚和才能的极度认可。李善长真也不负所望，把应天府的政治、经济管理得井井有条，就像当年楚、汉相争之时萧何留守汉中一样，为朱元璋去除了后顾之忧。

值得一提的是，李善长既接受了其他军队的教训，又接受了朱元璋的忠告，极其注意调和文官和武将的关系。一般说来，文官在内，武将在外，文官谋士虽对战事的成败起着决定性的作用，但往往爱犯一个毛病，就是爱说将士的坏话，爱猜忌怀疑，弄得将帅离心，前后掣肘，很容易造成前线的失利。对这一点，李善长极为重视，他十分注意发挥将领的主动性，维护他们的团结，在治理地方时，他也采取了这种方式，同样效果显著。

1368 年，朱元璋在南京正式宣布登基，国号大明，李善长主持了整个仪式。至此，李善长由刀笔小吏而成为开国功臣，被封为开国辅运韩国公，同时赐以铁券，可免死罪两次。在封赏的诰命上，朱元璋对李善长的功劳作了如下评价："东征西讨，目不暇给；尔独守国，转运粮储，供给器杖，未尝缺乏；剸繁治剧，和辑军民，各靡怨谣。昔汉有萧何，比之于尔，未必过也。"

纵观李善长之从朱元璋，有三件大功：一是他一进军门即讲刘邦的故事，为朱元璋树立了榜样；二是他能竭心尽力，治理后方，保障供给；三是他能调和众人，维系人心。有此三功，虽少有智计创见，也足可称道了。

但李善长毕竟和萧何、张良不同，也远远比不上刘基，这倒不是说他对明朝开国的贡献不大，而是说他见识不高，不能免俗，终致杀身之祸。

也许是李善长被赐死的缘故吧，《明史·李善长传》对他多有贬词，对其性格上的缺点说得较为苛刻，说他外表宽和，内实狭隘，性格执拗，爱记恨人等。这些话虽不能全信，但从李善长开国以后做的一些事也确实可以看出他的许多缺点。

开国以后，李善长曾任丞相，势力很大，其亲信中书省都事李彬犯有贪污罪，当时任御史中丞的刘基调查这件事，李善长多次从中说情、阻挠，最后，刘基还是奏准了朱元璋，将李彬处死。李善长怀恨在心，就阴设计谋，令人诬告刘基，自己还亲自弹劾刘基擅权，结果刘基只有回家避祸。参议李饮冰、杨希圣对他有冒犯之处，李善长就罗织罪名割了李的胸乳和杨的鼻子，导致二人一死一残。

这倒还罢了，他培植淮人集团的势力，将一个知县出身的胡惟庸一手提拔为丞相，后来胡惟庸擅权不法，贪污受贿，弄得朝野皆怨，引起了一些正直朝臣的反对。由于朱元璋用法残酷，胡惟庸害怕被杀，就秘密组织了一场谋反活动，企图把朱元璋骗出宫来杀掉。谋反败露后，胡惟庸一党被株连杀死的有三万多人。李善长既是胡惟庸的故旧，又是他的推荐者，还与他有亲（李善长之弟跟胡惟庸是儿女亲家），本当连坐，朱元璋念他是开国旧勋，便免死贬谪，后来还是以星相之变须杀大臣为借口赐死了李善长。李善长死时七十七岁，所有家属七十余人，也尽行赐死。

李善长以功始而以罪终，这在中国历史上是极有代表性的。别说朱元璋对开国功臣大加杀戮，就是换一位"仁慈"的开国皇帝，像李善长那样居功自傲、擅权自专，也必定是多行不义必自毙。**自古以来，善始者多，善终者少，或是由于自己的原因，或是由于其他原因，总之，善始善终的人实在是凤毛麟角。古人说"靡不有初，鲜克有终"，就是这个意思。**

与房玄龄相比，李善长无论在才能、见识、志向还是在结局方面也都差得远了，但有一点是相同的，那就是都为开国宰相。**然而，有其运而无其才，实际上也是惹祸之道。因此，真正有自知之明者往往是量才而取其运。**

（参见《旧唐书》《新唐书》《资治通鉴》《明史》等）

年龄·经验·政治家

"人非生而知之者。"也许，失败的原因都是相同的，但每个成功的故事背后，似乎都有自己的特点。

春秋时期，齐国的齐僖公生有公子诸儿、纠、小白。僖公派鲍叔辅小白，鲍叔不愿干，推说有病不来。管仲与召忽去看望鲍叔，说："为什么不愿意出来干事呢？"鲍叔说："先人讲过：'了解自己儿子的莫过于父亲，了解臣子的莫过于国君。'现在国君知道我不行，才让我辅佐小白，我知道不应该去辅佐他。"召忽说："既然您坚决不干，就不要出来，我暂且说你快要死了，国君就一定把您免掉。"鲍叔说："您如果能这样做，哪还有不免的道理呢？"管仲说："不行。主持国家大事的人，不应该推辞工作，不应该贪图安闲。将来继承君位的，还不知道是谁，您还是出来吧。"召忽说："不行。我们三人对于齐国来说，就好比鼎的三足，去掉一个就不能立起了。既然我们没有一起辅佐小白，那么小白一定做不了国君。"管仲说："并非如此。全国人都很憎恨纠的母亲，以至连带纠本人都坐收了憎恨，而人们却都同情小白没有母亲。诸儿虽然是长子，但品质卑贱，前程如何还不一定。所以统治齐国的，除了纠与小白两人外，无人能承担。小白的为人，性格急躁，但有远虑，在这世上除了我管夷吾，没有人理解小白。如果不幸上天降灾祸于齐国，让公子纠继承了国君的位置，也将一事无成，不是您（与我们一起转而辅佐小白）来安定国家，还有谁呢？"从管仲的这段话来看，他后来能够辅佐小白，实在是事出有因啊！

召忽听说了这番话，就说："国君过世之后，如果违反他的命令并废弃我所辅佐的纠的君位，那么就算小白得了天下，我也不愿活着了。何况，参与齐国政务，受君令而不能改变，事奉所立的君主而保他不被废除，这是我义不容辞的任务。"管仲说："我的想法不一样，我是受君命、奉国家以主持宗庙的，岂能为纠一个人而死呢？我只会为国家灭亡、宗庙被毁、祭祀无人主持这三件事而死，如果没有发生这三件事，我就要活下去。我活着对齐国有利，又为什么要死呢？"

鲍叔听了他的这一番话觉得十分有道理，就说："那我该怎么办呢？"

管仲对他说："您出来接受国君的安排就是了。总之，对待国君是不可有二心的。"

这三位齐国的股肱之臣就这样各自表达了自己的志向，并确定了齐国的大计。

公孙无知是齐僖公的侄子，当时十分受国君的宠爱，僖公死后，诸儿即位，是为齐襄公。他取消了公孙无知的特殊待遇，这就引起了公孙无知极大的恼怒。后来，齐襄公派管至父和连称二人到一个地方去驻守，并和他们约好了日期，说是等来年瓜熟了就可以换班回来。约期到了，齐襄公还是不派人来换班，两人要求回去，齐襄公又不同意。他们自然十分生气，于是，两人就和公孙无知联合起来，准备造反。

鲁桓公的夫人文姜是齐国女子。鲁桓公要去齐国，准备与夫人同行。申俞劝止说，女有夫家，男有妻室，双方都不能轻慢，这是一种礼仪。但他被拒绝了。

原来，文姜是齐僖公的女儿。文姜长得非常漂亮，又兼通经史，她的异母哥哥诸儿就爱上了她，两个人有了私情。后来，文姜嫁给了鲁桓公，诸儿也继承了君位，就是齐襄公。十五年后，鲁桓公带着文姜前往齐国探望，齐襄公大喜，立刻放下了手头的军国大事，招待文姜。齐襄公给鲁桓公安排了一间房子，就把妹妹文姜带到宫中，住了一宿，直到第二天早上太阳升得老高了，才回来见鲁桓公。鲁桓公早已打听到文姜是跟哥哥齐襄公住在一起，就责骂文姜。文姜反而撒泼耍赖，同鲁桓公大吵大闹。鲁桓公因身在齐国，不敢怎样发作，只好准备向齐襄公辞行。有人把鲁桓公和文姜吵闹的情况告诉了齐襄公，齐襄公便邀鲁桓公上牛山游玩，设宴灌醉了鲁桓公。于是，齐襄公令大力士公子彭生抱着鲁桓公坐车回去，路上公子彭生一使劲，就挤死了鲁桓公，谎称说是他饮酒过多，中风死了。

齐襄公和文姜的丑闻立刻在齐、鲁两国哄传开来，文姜也无脸回去见两个儿子，但又不能赖在齐国不走，就一步步地挨出齐国，等到了齐鲁边境时，就不再走了。

齐国的大臣对齐襄公说："彭生作为公子，地位仅次于国君，不听劝告，还逢迎戏弄国君，使国君失了亲人间应有的礼数，现在又给国君闯了大祸，使两国结怨，彭生岂能免罪呢？大祸原因，归于彭生。君上一怒而酿成了大祸，因为默许了彭生的行为而导致恶名远播，这是无耻。这就不是彭生一个人所能了结的了。鲁国如兴兵问罪，也一定以彭生为理由。"

二月，果然鲁国告诉齐国说："我们的国君仰望您的威望，不敢待在家里，而到齐国修好。但完成了外交之礼后没能生还，无处归罪，只好由公子彭生来解决这个问题。"于是，齐国杀了彭生，谢罪于鲁国。

五月，齐襄公在贝丘打猎，看见一头野猪，侍从说："这是公子彭生。"齐襄公大怒，说："彭生怎么敢来见我？"说罢用箭射去。这头野猪像人一样站立起来吼叫着，襄公吓得要死，从车上掉下来，伤了脚，丢了鞋。返回住地以后，向一个名叫费的侍从要鞋，有一只当时没找到，齐襄公就用鞭子抽打费，打得他浑身是血。费跑出来，在大门口遇到造反的人，便脱掉衣服让他们看被打伤的后背，叛贼相信了他，让费先进去捉齐襄公。费把齐襄公藏起来以后，又跑出去，与叛贼战死在门里。侍从石之纷如也死在阶下。另一侍从孟阳冒充齐襄公躺在床上，结果被叛军杀死。后来，叛军发现他的相貌不像齐襄公，就又到处寻找。他们在床下看到一只脚，拖出来一看，是齐襄公，就把他杀死了。随后，公孙无知被立为齐王。

这样一来，齐国原来的公子就不能留在齐国了。鲍叔牙事奉公子小白逃到莒国，管夷吾和召忽事奉公子纠逃到鲁国。鲁庄公九年（公元前685年），公孙无知因为虐待人而被杀害，齐的局势才算暂时稳定下来。

过了些日子，齐国派来了使臣，请他们回去办丧事，这是不能不回去的，更重要的是谁先回到齐国，谁就极可能登上君位。按理说，公子纠居长，应是公子纠即位，况且齐国的大臣本来也准备接公子纠回去即位的。只是莒国离齐国近，公子小白很可能先他们而到，那可就说不定了。因此，鲁庄公亲自出马，以曹沫为大将，率领军队护送公子纠回国，打算即位不成就抢位。在军队出发的时候，管仲对鲁庄公说："莒国离齐国太近，万一公子小白先到就麻烦了。不如让我带一支轻骑，前去截住他。"鲁庄公同意了，管仲就带了几十辆兵车火速前进，等到了即墨，听说公子小白的队伍刚过去，他就率军拼命追赶，不久就追上了。两军相遇，管仲告诉公子小白说："你如果想回齐国即位，那是不应当的；如果想回国办丧事，那就不必了，因为有你的哥哥公子纠，他很快就会到的。"鲍叔十分生气，虽然两人是好朋友，但各为其主，忠字当先，他直斥管仲多管闲事，旁边的士兵也呐喊助威。管仲看看自己带的兵太少，抵不过人家人多势众，就没与他们多作口舌之争，而是偷偷地射了公子小白一箭。这一箭正中公子小白腰间，公子小白哇地吐了一口鲜血，倒在车上，眼见活不成了。

管仲一见射死了公子小白，就赶紧带兵逃走。逃回公子纠那里以后，觉得反正对手已死，也无人争位了，就不慌不忙地慢慢行军。

其实管仲射中的只是公子小白的带钩。古人的衣带又长又宽，要用铁或铜制的钩子系住，钩子长约三市寸，宽约一市寸，这带钩替公子小白挡了一箭，使他免于受伤。公子小白十分机灵，当时为了迷惑管仲，他就假装受伤，口吐鲜血，倒在车上。等鲍叔等人一哭，他才睁开眼睛。于是，鲍叔率领大家抄走近道，日夜兼程，很快就到了齐国的都城临淄。

鲍叔要立公子小白为国君，但大臣仍不太同意，一是因为公子纠是长子，二是由于他们已派人前去迎接。鲍叔却提出了数条理由说服大家立公子小白为国君：其一，齐国已经历了两次连年的内乱，弄得国库空虚、国力衰弱、民不聊生，需立一位既贤明又有能力的君王来拨乱反正，治理国家，公子小白正是这样的人物；其二，如果立公子纠为国君，鲁国必定索要报酬，齐国现在国库空乏，已无法满足鲁国的要求。过去郑国让宋国立了公子突，结果宋国年年索贿，弄得郑国疲于应付，齐国一定不要重蹈郑国的覆辙。齐国大臣们觉得有理，就同意了鲍叔的意见，立公子小白为国君，是为齐桓公。

齐国立君后，鲍叔就派人去对鲁国说："齐国已立了新君，请交出公子纠来。"鲁庄公非常气愤，况且鲁国的军队已到了齐国的地界，怎肯罢休。齐、鲁两国就在乾时（临淄附近）开仗，结果鲁军大败，并丢失了汶阳等国土。齐军还不肯罢休，接连进逼，要求杀死公子纠，交出管仲。

齐桓公问鲍叔说："将怎样安定国家呢？"鲍叔说："得到管仲和召忽，国家就安定了。"齐桓公说："管仲和召忽是我的敌人呀！"鲍叔便把他们三人从前的情况告诉了桓公。桓公说："那么，我能得到他们吗？"鲍叔说："要赶快召回就可得到，不然就得不到。鲁国的施伯了解管仲的才干，他会献计让鲁国把大权交给管仲的。管仲如果接受，鲁国将来就能战胜齐国了；管仲如果不接受，鲁国知道他要返回齐国，就一定会把他杀掉。"齐桓公说："那么，管仲是否会接受鲁国的大权呢？"鲍叔回答："我了解管仲，他是不会接受的。管仲不会为公子纠而死，是为了安定齐国；要接受鲁国大权，就是削弱齐国了。管仲对齐国没有二心，虽明知要死，也肯定不会接受。"齐桓公说："他对我也肯这样吗？"鲍叔回答说："不是为了您，而是为了齐国先代的君主。他对您当然不比对公子纠更亲，对公子纠他都不肯牺牲，何况您呢？您若想安定齐国，就赶快把他迎回来。"齐桓公听了他的这一番话，觉得十分有道理，说："恐怕来不及了，怎么办呢？"鲍叔说："施伯的为人，聪颖但是怕事。您要是及早去，他害怕得罪齐国，是不敢杀管仲的。"

施伯果然对鲁君说："管仲是有智谋的，只是他的事业未成，您应把鲁国大权交给他，就可以削弱齐国；如果他不接受，就杀掉他。杀他可以向齐国讨好，表示与齐国同样恼恨他。"鲁君说："好。"鲁国还未来得及任用管仲，齐桓公的使臣就到了，说："管仲和召忽，是我国的叛贼，现在鲁国。我想得到他，鲁君您如果不给，就是和我国的叛贼站在一起了。"鲁君问施伯，施伯说："您可以给他。我听说齐君性急而且傲慢，即便得到贤才，就一定能任用吗？不过，如果齐君真的能用他，那管仲的事业就成了。管仲是天下的大圣人，现在回去从政，天下都会归服他，岂止是鲁国？现在您若杀了他，他是鲍叔的好友，鲍叔会因此和鲁国作对，您一定不能应付他，还不如交给齐国。"鲁君便把管仲和召忽捆起来准备交出。管仲对召忽说："您害怕吗？"召忽说："有什么可怕的！我没有早死，是等待事情平定下来。现在既然平定了，让您当齐国的左相，让我当齐国的右相，霸业可成了。但是，杀了我的主人而用我，这是再一次侮辱我。我做死臣，您做生臣好了。"于是，二人被放回。

管仲坐在囚车里，心想齐桓公不让鲁庄公杀死自己，肯定是鲍叔的主意，鲁庄公用不了几天就会后悔，万一追上来可就麻烦了。他就编了一支歌，让士兵们愉快地唱着，消除疲劳。他们日夜兼程，终于越过鲁国的边境，来到了齐国。鲁庄公果然后悔了，急忙派人去追，但已经晚了，等追兵来到边境，管仲等人刚刚过去。在齐国的堂阜，鲍叔把管仲放出囚车，迎入国都。据说桓公为了表示对管仲的尊重，在接见管仲之前，斋戒了三天，沐浴了三次，足见其虔诚和隆重。不久，齐桓公就正式拜管仲为相国。

在到达齐国的时候，召忽说："我明知道我可以掌握万乘之国的大权，还要自杀，公子纠可以说有死的忠臣了；您活着使齐国称霸于天下，公子纠可以说有活着的忠臣了。死者完成德行，生者完成功名，生死各得其所，您自勉吧！"说完，就自杀了。听说了这件事的人都评论说："召忽的死，比活着更贤；管仲的活，比殉主更贤。"

桓公召见管仲，管仲到，桓公问："国家可以安定吗？"管仲回答说："如果您能建立霸业，国家就能安定；如果您不能建立霸业，国家就不安定。"桓公说："我可不敢有那么大的抱负，只求国家安定就行了。"管仲再次请求，桓公还说："不能。"管仲就向桓公告辞说："您免我于死，是我的幸运，然而，我之所以不为公子纠而死，是为了国家安定。国家不安定，要我掌管齐国大政而不去殉主而死，这是我不敢接受的。"说完就走了出去，刚走到大门，齐桓公又召管仲。管仲回来，桓公流着汗说："您既然坚持要建立霸业，那就勉力成霸吧！"

过了一段时间，桓公告诉管仲说："我想趁现在诸侯之间没有战事的时候，稍稍加强军备。"管仲说："不可以。百姓有困难，您应该先亲百姓而后考虑军备。与其厚爱军队，不如厚爱百姓，只有百姓安定了，军队才能可靠。百姓尚未安定，您不把百姓放在首位而先扩充军备，这是于外对诸侯不亲，于内对百姓不亲。"桓公说："好。"这件事于是没有能实行。

后来，国家混乱，桓公又对管仲说："我想加强军备。"管仲说："不行。"桓公不听，增加了军备。一次，桓公与宋夫人在舱中饮酒，宋夫人晃起船来吓唬桓公。桓公十分生气，把宋夫人休了。宋国接受了宋夫人，并让她改嫁给蔡侯。第二年，桓公很生气地对管仲说："我想讨伐宋国。"管仲说："不行，我认为我们的内政还没有治理好，对外作战不会成功。"桓公不听，出征伐宋。结果各国都来救宋，把齐军打得大败。桓公回来以后，大怒，对管仲说："请您替我加强军备。我的战士缺乏训练，我的兵力又不充实，所以诸侯国才敢援助我的仇敌。"管仲说："不行。这样就更危险了。对内夺取民用物品，鼓励兵士参战，这是国家大乱的原因。对外攻打诸侯国，招致各国的怨恨，行义之士也不肯到齐国来，国家怎能没有危险？"鲍叔也说："您一定要采纳夷吾的意见。"

齐桓公不听管仲的话，增加税收，加强军备。鲍叔对管仲说："从前，您想建立霸业，而现在，国家是如此之乱，您打算怎么办呢？"管仲说："齐公的性格急躁，主意经常改变，还不够成熟，我们要耐心地等待他的觉悟。"鲍叔说："这样一来，国家不是受损失了吗？"管仲说："不要紧的，国家的政事我还在暗中办理，我们还有时间等待。既然诸侯国的卿相没有比我们更贤能的，我们也暂时不怕别人的攻打。"

又过了一年，宫廷里因为争权夺利杀了许多人，鲍叔又对管仲说："这难道不是齐国的损失吗？"管仲说："这怎么是齐国的损失呢？他们都是一些势利之徒，死了正好。我所忧虑的是别的诸侯国的义士不肯到齐国来，齐国的贤人也不肯为我所用。"

桓公又在国内整顿军队。桓公二年（公元前684年），桓公将讨伐鲁国，说："鲁国本来与我接近，是我的邻国，却那么快出兵救宋，我一定要讨伐它。"管仲说："不可以。我听说有志之士不常用兵打仗，不增加自己过错，这样国家就能安定；相反，经常用兵打仗，忌恨小辱，增加自己的过错，就危险了。"齐桓公不听，兴师伐鲁，到了长勺。鲁庄公出兵抵抗，大败齐兵。

齐桓公还没有认识到自己的过错，反而说："我若以三倍兵力包围它，它怎么能阻挡我？我的兵力还是太少了。"

桓公五年（公元前681年），他整顿军队，已有训练齐整的十万甲士、五千乘兵车。桓公说："这次军队已经练好了，兵也增多了，我要征服鲁国了。"管仲叹息说："这样齐国就危险了。您努力致力于战争，天下拥有十万兵甲的国家并不少，我们要用小的兵力征服大的国家，国内失掉了民心，诸侯又有戒备，我们只好行诈，而不实行仁义之法，在此情况下，想不让国家危险，办得到吗？"

齐桓公不听，果然出兵于鲁。鲁国不敢迎战，只在离国都五十里的地方设关防卫。鲁国请求服从齐国，齐国也不要再入侵鲁国。桓公答应了鲁国的要求。鲁国要求会盟，说："鲁是小国，当然不带兵器，也希望您也不带兵器，否则，诸侯各国还以为我们是在打仗。"齐桓公同意了。管仲说："不行。各诸侯国对您都很忌恨，您还是就此告退为好。如果您一定要削弱鲁国，那么，诸侯就会说您太贪了。以后有事，小国会更顽抗，大国也会增加防备，这些对齐国都是十分不利的。"桓公不听。管仲再次建议说："您千万不能去同鲁国人会盟。鲁国人怎么能不带兵器？曹刿的为人，坚忍而又阴毒，不是可以用盟约取胜的。"桓公不听，果然与鲁君相会。

鲁庄公怀中带着剑，曹刿也带着剑。到了会盟坛后，庄公从怀里抽出剑说："鲁国边境离国都只有五十里了，也不过一死而已。"左手举剑指着齐桓公，右手比着自己说："让我们一块死了吧！我死在您的面前。"管仲见此情景，跑向桓公，曹刿马上抽出剑站在两个台阶之间，说："两位国君将要改变原来的计划，谁也不可进前！"管仲说："君主请把鲁国的土地还给鲁国，以汶水为界好吧！"桓公答应，同意以汶水为界，这才回到了齐国。

回国以后，齐桓公有些成熟了。努力整顿政治，再增加军备，自守边疆，不干涉他人，停止过分的行为，并且息兵停战。

齐桓公五年（公元前681年），宋国伐杞国。桓公对管仲和鲍叔说："宋国本来是我要讨伐的，无奈诸侯国都来援助它。现在，宋国讨伐杞国，我想去救，这可以了吗？"管仲回答说："自己的内政还没治理好，向外推行仁义就没人信服。您现在要通过派兵救助杞国来推行仁义，诸侯国会依附您吗？"桓公说："此时不救，以后就没有讨伐宋国的机会了。"管仲说："作为君主，不应该贪图土地。贪图土地必然勤于用兵打仗，勤于动兵必然使百姓辛苦，君主就要行欺诈。当然，如果能保守秘密，对敌人进行欺诈还是可以取胜的，但对百姓实行欺诈就不会取得成功，而国家也会发生动乱，一旦发生了动乱，就会危及君王的生命。因此，历代的明君都不在军事上下功夫！"齐桓公听了，说："那应该怎么办呢？"管仲说："依我之见，您可以去同宋国交涉，如果交涉不成，您再接受杞国并对杞国加以赐封。这样一来，您就是对外行仁义之道了。"齐桓公问鲍叔牙说："您觉得怎么样？"鲍叔牙说：

"您完全可以照这个意见去做。"

桓公便派遣孙宿出使宋国。宋国不听，桓公便送给杞国兵车千乘，战士千人。第二年，狄国讨伐邢国，邢国国君逃至齐国，桓公又为之修筑夷仪，也送兵车百乘，战士千人。又过一年，狄国讨伐卫国，卫国国君逃到虚这个地方，桓公还要封他。有的大臣说："不行。这三个国家之所以灭亡，只因为小。现在您只想赠给他们土地，国土用尽了怎么办？"桓公问管仲说："你看怎么办？"管仲说："您有了推行仁义的名声，又得了实际的好处，还应该干下去。"桓公又问鲍叔，鲍叔说："您可按夷吾的意见办事。"齐桓公就把丘城封赐给卫君，并送兵车五百乘，战士五千。

封赐了卫国以后，第二年，桓公问管仲还应该干什么事，管仲回答说："您在国内治理好政事而且劝勉百姓，就可以取信于各国诸侯了。"于是，齐桓公就减轻赋税，放宽关卡市场的税收，建立赋税和赏罚制度。实行了这些以后，管仲又请求说："您还应该实行慰问病人的制度。我愿您实行有赏而无惩罚，实行五年，就可使各国诸侯依附于您。"齐桓公说："好。"

实行上面的制度以后，管仲又请求说："在对待诸侯国的礼节问题上，我们要做到齐国送豹皮给诸侯国，小的诸侯国以鹿皮回报就行了；齐国送马给别国，小国以狗回报就行了。"桓公同意并做到了。管仲请求在国内和诸侯国实行奖赏措施，桓公也做到了。

管仲负责在国内行赏的事，齐桓公负责对诸侯国行赏的事。如果有的诸侯国国君做了好事，就以重礼祝贺他；国内各种士民有做好事的，就送他衣服和食物。凡诸侯国的大臣有给君主提建议并且建议正确的，就送印章去慰问，以示赞许。

桓公实行了这些措施后，又问管仲说："还应该做什么？"管仲说："隰朋聪明敏捷，可命他管理东方各国；宾胥无很精明，可以管理西方各国；卫国的教化，危薄而好利，公子开方十分敏捷，办事不能持久但喜欢创新，可以派他出使卫国；鲁国的教化，好艺而有礼，季友为人精细，博文而知礼，多行小的信用，可出使鲁国；楚国的教化，巧文饰而好利，不好实行大道而喜好小的信用，蒙孙政法广博而辞令美巧，不好实行大的道义而喜小信，可出使楚国。当小的诸侯国已经服从，大国诸侯已经亲附时，就可以开始叫他们实施政令了。"齐桓公说："好！"于是，派遣公子开方到卫国，派季友到鲁国，派蒙孙到楚国。五年后，果然各国诸侯都亲附了。

不久，狄国又要讨伐别的国家，桓公通告各国诸侯说："请出兵救援被讨伐的国家。如同意，大国请出兵车二百乘，士卒二千；小国出兵车一百乘，士卒一千。"各国诸侯都答应了。齐国出了一千乘，士卒若干先到了缘陵，待各国人马到齐后出兵会战，打败了狄国。这是对齐国国际威望的第一次成功检验。

狄国的车甲与物资，都分给了小的诸侯国；大诸侯国就近分了狄国的县，但没有践踏狄国的都城。北州诸侯没有来参战，齐桓公就对南州诸侯说："狄国无道，违犯天子命令而征伐小国，我们由于服从天子，才救援被讨伐国家。但北州诸侯未到，这是上不听天子命令，下对诸侯无礼，我请求大家惩罚他。"各诸侯都同意。桓公于是北伐令支国，攻取孤竹国，拦阻山戎国。

在取得了这些成绩以后，桓公看着管仲，又问道："还要做些什么？"管仲回答说："您可教诸侯为百姓积聚粮食。至于军备不足，您可发兵相助。这样，您就可以对他们施加政令了。"桓公照办，便告示各诸侯，要求备足百姓三年的口粮，用余力整顿军队。军备不足的，把情况报告齐国，齐国可发兵相助。

办完这件事以后，桓公又问管仲说："还做什么？"管仲回答说："您考察他们君臣的关系，就可以施行政令了。"桓公问："用什么办法考察呢？"回答说："不准擅自立妾为妻，不准擅自诛杀大臣，对国家没有功劳的人不准擅自给予禄赏，士和庶人不准擅自抛弃家室，不准随意修筑堤坝，不准囤积粮食，不准滥砍木材。实行一年后，您对那些不服从的人就可以实施惩罚了。"于是，齐桓公就向诸侯公布，诸侯都同意并且执行。

满一年，吴国讨伐齐国的谷城，桓公尚未普遍通告，各诸侯国的军队就都来等待桓公。桓公率兵车千乘在边境与诸侯会合，但军队尚未开到，吴国就逃跑了，诸侯国也罢兵。

桓公回来以后，就问管仲说："我们还做什么事？"管仲说："可以对诸侯施行政令了。"还说："今后的两年，诸侯中的嫡长子不孝父母、不爱护兄弟、不尊敬国家的良臣，这三条罪状中有一者，皆可以诛杀。诸侯的大臣管理国家大事，三年中没有好的政策，可以惩罚。国君有过失，大夫不劝阻，可以惩罚。士和穷人做善事，大夫不举荐，可以处罚。官吏了解的士和庶人中，有贤良和孝悌的要赏赐。"桓公接受并实行了这些建议，邻近齐国的诸侯没有不请求侍奉的。

从此以后，齐国有兵车的集会有六次，和平友好乘车的集会过三次，桓公享国达四十二年。

孔子说："微管仲，吾其被发左衽矣！""如其仁，如其仁！" 孔子连自己都不敢自称"仁"，在整部《论语》中也极少称赞别人为仁人，但他却在《论语》中两次称赞管仲为"仁"，可见孔子对管仲的评价之高。

管仲虽然不能殉主，虽然在有些地方不拘小节，却为当时的社会做出了巨大的贡献。对于管仲，当时就存在着两种评价。孔子的有些学生就认为管仲不守礼仪，应属不仁；然而，孔子是"君子儒"，不是"小人儒"，以管仲为仁，这一评价和赞扬，委实恰如其分。

作为春秋五霸之首的齐桓公，能够"一匡天下，九合诸侯"，全赖管仲之力。而管仲的力量，则来自我们所谓的仁义道德。**由此看来，民族的精魂是不可辱没的，它的力量是永恒的，纷乱的历史和现实无非是它暂时消隐的阶段而已，时机一到，它自然会以新的姿态展现在历史舞台上。而无论在何时何地，它都是主宰民族命运的精核。**

（参见《管子》等）

"天将降大任于是人也"

孟子曾经说过这样一段著名的话，意思是说如果上天要把治理天下的大任交给你的话，那么，一定要先使你的精神、肉体受到磨难，只有这样，才能增长你的智慧和才干。这段话不仅成为儒家的经典言论，也成为人在逆境中激励自己自强不息的精神力量。

然而，孟子是在特殊的历史条件下说这段话的。当时孟子的学问很大，影响也很大，学生众多，但总是不能实现他的理想。孟子认为，一代帝王兴起，上天会赋予他五百年的国运；一旦过了五百年，无论怎样都保不住这个朝代，无论这个朝代是否有德，都将被新的朝代所代替。为了证实他的理论，孟子还列举了一些所谓的历史事实：由尧舜到商汤的时代，汤有五百余年，由商汤到周文王又有五百余年，由文王至孔子有五百余年。然而，孔子是有命无运的人，所以没有能够成为事实上的帝王，尽管这样，他的学说成为万世法，已经是没有王冠的帝王了，这就是所谓的"素王"。但到了孟子生活的时代，周代已经延续七百多年了，仍然没有改朝换代，应该怎样来解释这一现象呢？对此，孟子的解释是，虽然在时间上周朝是过了五百年的期限了，但这是因为上天没有想使人间治平，如果上天想使人间重新换一个有道德的朝代的话，除了自己，又有谁能够担负这个责任呢？

孟子说上述的话也许是自强不息，或许是自我解嘲，这些都不去管它了。**值得注意的历史事实是，凡是有作为的人，没有不是经过了一番艰难曲折的磨炼的，**所不同的是，他们经受磨炼的方式有所不同罢了。

就拿春秋时期的五霸来说，首霸齐桓公是经历了许多次失败才听从了国相管仲的建议，逐渐走上称霸之途的；而晋文公的称霸就更为典型了，几乎完全是由于他个人遭遇的原因，才使他即位以后就成为一个比较成熟的政治家，他的经历似乎可以看作是孟子那段话的活注脚。

让我们来简单地看看晋文公的称霸历程。

在春秋五霸中，晋文公是最为独特的一个，他即位于多事之秋，受命于危难之际，但他能明察世事，洞烛幽微，在六十多岁时即位，于短短的几年内就使晋国强盛起来。

在春秋时期的首霸齐国逐渐衰落、宋襄公称霸美梦彻底破灭之际，晋文公重耳登上了晋国国君的宝座，不久即成为继齐桓公之后的第二霸主，但自晋国兴起至终成霸业是经历了一个漫长而又复杂的历史过程的。

重耳之所以能够迅速取得这样的成就，主要得益于他曲折丰富的人生经历。他成功的最大特点是以退为进。第一次以退为进是为避祸在外逃亡了十九年，后来终于回国当了国君；第二次以退为进是在与楚进行城濮之战时退避三舍，终于赢得了战役的胜利，确立了他的诸侯霸主地位。这种靠以退为进而成就千秋霸业的事例，在中国历史上恐怕是绝无仅有的。

在晋文公的父亲晋献公之前，晋国就经历了近七十年的战乱，晋文公的爷爷、晋献公的父亲晋武公终于统一了晋国，取代大宗为列侯。晋献公也是一位比较有为的国君，他在参与父亲的平乱过程中看到了各支族公子对君位的威胁，因而在即位后立即着手清除旁系支庶宗族的诸公子，巩固了君位，专力向外扩张领土。公元前 672 年，晋献公灭掉了骊戎，公元前 661 年，又建立上下两军，自己统治上军，太子申生统治下军，将军队的数量扩大了一倍。接着，晋国又灭掉了虢国和虞国。这时，晋国的领土西到黄河与秦国相接，西南到今三门峡一带，南到晋豫交界之地，东达太行山麓，北与戎狄相接，成了北方的大国。

如果晋国能够这样顺利地发展下去，晋国成为霸主的趋势恐怕是无可阻挡的。但晋献公的晚年犯了一个巨大的错误：唯夫人之言是听。这虽是一般国君爱犯的通病，但对晋国来说其带来的灾难尤其深重，不仅使晋国遭受了二十年的动乱之苦，还差点土崩瓦解。最后总算重耳成为国君，继承了父王的未竟事业。

晋献公有五个儿子：齐姜生了太子申生及秦穆公夫人，后来在灭戎人时又收了戎人的两个女儿为姜，大戎狐姬生重耳，小戎子生夷吾。伐骊戎时又得到了两个女子，骊姬生奚齐，骊姬的妹妹生卓子。因为晚年的晋献公十分宠爱骊姬，就立骊姬为后。骊姬与献公的宠臣梁五、东关嬖五等人互相勾结，企图立骊姬之子奚齐为太子。

骊姬先是借守卫边防重地为名把太子申生派到曲沃，把重耳派到蒲，把夷吾派到屈，一个个地排斥出了国都，这样，诸公子的力量就分散而不能互相救援，形不成气候，只有骊姬和她妹妹两人的儿子奚齐、卓子留在献公的身边。那么，骊姬的第二步措施就是逐个除掉诸公子了。

为了做好铺垫工作，骊姬就曾使用蜜蜂计加害太子。一次，骊姬对献公哭诉说申生调戏她,献公不相信,虽说儿子调戏父亲的姨太太是司空见惯的事,但申生十分忠厚老实,不会做这种事的。骊姬见献公不信,就让他第二天在花园门口偷偷观察。第二天骊姬邀请申生一起去游花园,申生老实,没有多想,也就答应了。骊姬在自己的头上预先涂上了一些蜂蜜,又故意把申生往有蜜蜂的地方引,不一会儿,许多蜜蜂就飞到她的头上。骊姬求申生用长袖替她扑打,自己又躲躲闪闪,还不时地惊叫。晋献公老眼昏花,从远处看去,果真像是调戏,献公当时就要处死申生,亏骊姬讲情,才未施行,但无论如何,申生在献公的印象里已不是一个有德行的人了。

一次,献公梦见了申生的母亲,就叫申生前去祭祀。祭祀完毕后,按照习惯应把祭物送给父亲先吃。送肉时晋献公出外打猎未归,就由骊姬收下了。过了六天,献公回来,正要吃肉,骊姬却阻拦说:"外边送来的肉不应马上就吃,应先试一试。"骊姬把肉给狗吃了,狗被毒死,后又强逼一个丫鬟吃,丫鬟也毒发而死。骊姬对献公哭道:"太子要谋害您啊!"

其实这个骗局十分拙劣,一眼就可看穿,但太子申生却是个忠诚而又十分懦弱的人,他明知骊姬想害他,但他认为父亲年纪已长,离不开骊姬的服侍陪伴,也就不必去辩白乃至反抗了,他干脆逃回曲沃守地自杀了。因为有上次的事情,申生在献公的印象里已不是一个有德行的人,所以,骊姬诬陷申生,献公就毫不犹豫地相信了。

骊姬害死了申生,重耳和夷吾看到骊姬如此阴险狠毒,就赶紧逃离国都。骊姬则诬陷他们也参与了此事,献公立即派人追杀。追杀重耳的一个阉人十分卖力,提前赶上了重耳,砍下了他的一条袖子,但还是被重耳挣脱逃走了。重耳一直逃到了他的外祖母家狄国,公子夷吾则逃到了梁国。

不久,晋献公病死,由太子奚齐即位。不想大臣里克和邳郑在吊孝时把十一岁的奚齐杀了,拥立奚齐的大臣荀息为报答献公的知遇之恩,又立卓子为国君,里克又杀了卓子和荀息。到了此时,骊姬的一番心血完全付诸东流,她在彻底的绝望中自杀。

晋献公的五个儿子,死了三个,跑了两个,晋国成了一个没人管的国家。

秦穆公的夫人是太子申生的妹妹，她担心父母之邦灭亡，就天天催促秦穆公帮助晋国快立新君。秦穆公极有心机，他想试探夷吾和重耳哪一个更合适，就派公子絷去向这两位公子吊孝。公子絷先去狄国慰问重耳，对他说："现在晋国无君，你应赶快回去即位，去晚了就被夷吾抢去了。"重耳流着泪说："父亲去世了，做人子的悲伤还来不及，哪能丢先人的脸呢？"他谢绝了秦国的好意。公子絷又去见夷吾，夷吾没有流泪，而是对公子絷说："敝国的大臣里克和邳郑答应帮助我，事成后我分别给他们上等田一百万亩和七十万亩。贵国如果能帮助我，我愿把河外的五座城当作谢礼。"公子絷回去对秦穆公描述了这番状况，大家一致认为重耳贤良，如立夷吾为君，他一定会把国家弄糟，秦国可从中捞到好处。恰巧齐桓公也愿立夷吾为君，于是，秦、齐两国就共同出兵送夷吾回国即位，是为晋惠公。

夷吾果然十分狡诈残忍，他先杀了大臣里克，又杀了邳郑等十多人。在安定了内部后，他认为重耳在外总是一个心腹大患，就派上次刺杀重耳的那个阉人杀重耳。

重耳在狄国住了十二年，晋国一伙较为有才能的人也跟他跑到了狄国，其中比较著名的有狐毛、狐偃、赵衰、胥臣、狐射姑、先轸、介子推、颠颉等人，他们大都在狄国娶妻生子，看样子要长期住下去。

一天，狐毛、狐偃接到了在晋国做大臣的父亲狐突的信，说是上次刺杀重耳的那个大力士勃鞮在三天内要来刺杀重耳。重耳听后急令从人收拾东西，准备逃走。重耳对他的妻子季隗说："如果过二十五年我不来接你，你就改嫁吧。"季隗说："好男儿志在四方，你就走吧。我现在已经二十五岁了，再过二十五年就是五十岁的老太婆，想嫁也没人要。你不必担心，尽管走吧，我等着你。"重耳正要启程，忽报那个阉人提前一天赶来。重耳十分惊慌，转身就逃，但掌管行李的人携物逃走，使得重耳一行人不得不到处求乞。

他们准备到齐国去，但去齐国必须先经过卫国。卫国当初造楚丘时晋国没有帮忙，卫君心生怒愤，况且重耳是个落难公子，何必帮忙，卫君就吩咐城门卫兵不让重耳进城。重耳一行只好忍饥挨饿，绕城而去。在经过五鹿这个地方时，看到几个锄地的农人正蹲在田头吃饭，重耳就叫狐偃去跟他们要一点儿。农人们看见是一群官老爷，心中有气，说农民们成天饿肚子，没有东西伺候他们，就从地里拿起一个土块送给狐偃。随行的一员武将，脾气暴躁，提起马鞭要打，狐偃却连忙拦住说："老百姓送土地给我们，就象征着我们将来一定会重回晋国，得到国土，这可是吉兆啊！"重耳这才与大家一起前行。

当重耳饿得头晕眼花的时候，介子推却拿来一碗肉汤，重耳也不管三七二十一，一口气喝了个精光，喝完了才知道那肉是从介子推的腿上割下来的。重耳感动得不知怎样报答才好，介子推却说只要重耳能回国干一番事业，自己腿上疼一点儿毫无关系。

重耳一行忍饥挨饿来到了齐国，齐桓公却是热情地招待，桓公送给他们二十辆车，八十匹马，不少房子，把这一行人安排得很舒服，并把自己的一个本家姑娘嫁给了重耳，他们就在齐国住了下来。

齐桓公死后，他的五个儿子争位，把齐国弄得一团糟，齐国霸主的地位从此丧失，甚至还归附了楚国。重耳等人本是希望借助齐国的力量回国，眼见没了希望，重耳的随从就打算离开齐国，到别的国家去想办法。但这时重耳正跟齐姜如胶似漆，不愿离开，重耳的部下就嫌重耳太没出息，商议着借打猎的机会把重耳骗出城去，强行挟走。这话被齐姜的丫鬟听见了，报告了齐姜。齐姜却很关心重耳的事业，主动找到狐偃等人商量，说把重耳灌醉后抬出城去挟走。等重耳在大醉中醒来时，发现自己躺在行进中的车上，立即明白了是怎么回事。但事到如今，他也只好听从部下的安排了。就这样，重耳来到了曹国。

曹国国君只让他住了一夜，而且很不客气，还戏弄他们，要看重耳身上的"骈胁"（一种肋骨长在一起的生理畸形），唯有曹国大夫见重耳手下人才众多，日后必成大事，就暗暗地施以饭食，赠以白璧。重耳一行又来到宋国，宋襄公虽刚打了败仗，但对重耳还是十分欢迎，就送他们每人一套车马，只是没有力量帮助重耳回国。不久，他们又到了楚国，楚成王把重耳当贵宾接待，重耳对楚成王也十分尊敬，两人成了好朋友。当时，楚国大臣子玉要杀掉重耳，以除后患，但被楚王阻止了。

在一次宴会上，楚王开玩笑说："公子将来回到晋国，不知拿什么来报答我？"重耳说："玉石、绸缎、美女你们很多，名贵的象牙、珍奇的禽鸟就出产在你们的国土上，流落到晋国来的，不过是你们的剩余，真不知拿什么来报答您。如果托您的福能回到晋国，万一有一天两国军队不幸相遇，我将后退三舍来报答您。如果那时还得不到您的谅解，我就只好驱兵与您周旋了。"

不久，秦穆公派人去请重耳到秦国，说是要送他回国即位。原来，晋惠公对秦国多次忘恩负义，秦穆公当初打算立个坏国君自己可弄点儿好处，结果事与愿违。晋惠公即位不久即发兵攻打秦国，秦国兵强势大，打败了晋国，并俘虏了晋惠公，后来秦穆公还是将晋惠公放了回去，但让他把儿子公子圉送到秦国当人质。秦穆公善待公子圉，把自己的女儿嫁给了他。后来秦灭梁国，梁是公子圉的外公家，他怕自己失去了靠山无法即位，于是在父亲病重时偷偷地跑回晋国当了国君，秦穆公十分生气，决定送重耳回国即位。

秦穆公非常重视重耳，要把过去曾嫁给公子圉的女儿改嫁给重耳。当时，公公娶儿媳、儿子娶后母的情况很普遍，更不用说堂伯父娶侄媳了，况且重耳一行人都极想跟秦国交好，就答应了这门亲事。这时，公子圉已即位，他觉得自己的最大敌人就是流浪在外的伯父重耳，于是下了一道命令，让重耳及其随从的家属写信召他们回来，过期三月，都有死罪。狐偃、狐毛的父亲狐突因不愿写信已被杀害了。

公子圉还在国内屠杀大臣，弄得人心离散。秦穆公知道这一情况后非常生气，又见时机已到，就决定派兵护送重耳回国。

公元前 636 年，秦国大军到了秦晋交界的黄河。

过河的时候，给重耳掌管行李的人把过去落难时用的物品全搬到了船上，重耳见了，就让他扔到河里。狐偃一见，心里"咯噔"一下，赶忙跪下说："现在公子外有秦军，内有大臣，我们放心了。我们这帮老臣就不必回去了，就像您刚才扔掉的旧衣服旧鞋子一样，还是让我们留在黄河这边吧。"

重耳一听，恍然大悟，立刻让人把破衣服、鞋子、瓦盆等搬上船去，并把玉环扔到河里。行过祭祀河神之礼后发誓说："我重耳一定暖不忘寒、饱不忘饥，不忘记旧臣。"这样，狐偃等人才跟随他过了河。

重耳过黄河后攻下几座城池，因为公子圉已众叛亲离，晋国的大臣们就不再抵抗，迎立了重耳，就是晋文公。

晋文公四十三岁逃往狄国，五十五岁到了齐国，六十一岁到了秦国，即位时已六十二岁了。他在外流浪了十九年，虽说也有一段安定的生活，但总的来说过的是寄人篱下、颠沛流离的日子，尝尽了世间的酸甜苦辣，见识了各国的政治风俗，锻炼了各方面的才能，到这时，他已成为一个成熟的政治家了。

晋国经过近二十年的折腾，到了这时，人心思定，晋献公的五个儿子中也只剩重耳这一个了，又加上重耳有好名声，所以，重耳即位确实是理所当然，人心所向。

重耳即位后的第一件事就是安定人心。他下了一道布告，说是惠公、怀公时的乱党头子全已消除，其余概不追究，并做出了示范，使众人相信。

重耳要做的第二件事是大封功臣。他从狄国接回了季隗，从齐国接回了齐姜，从秦国接回了文嬴，跟他逃难的那帮大臣各表功绩，论功封赏。唯有介子推未言割肉煮羹之功，文公就忘了封赏他。介子推也不争辩，和老母一起到介山隐居去了。

重耳要做的第三件事是安定周王室。他率领晋军赶走了狄人，杀了王子带，迎回周襄王。重耳因此立了大功，在诸侯中建立了威信，且有了挟天子以令诸侯的方便。

接下来，晋文公要做的事就是争霸诸侯了。他首先扩大军队的编制，实行军政合一的制度，并首开以法治军的先例。楚国本想挫败晋国而成就霸业，可现在晋国却争取了那么多的国家，楚王就派大将子玉统率军队进攻晋国。晋文公忧心忡忡，他看到楚军来势很凶，就连忙下令让晋军"退避三舍"。当时，每天行军三十里为一舍，退避三舍即后退九十里。晋军军士很不理解，狐偃就让人向军士广为宣传，说这是文公为了报答楚王的恩惠，兑现以前的诺言。而实际上，这是激将之法，激励晋军士气，树立文公的威望。从军事学角度看，晋军后退可使楚军疲惫，避开楚军的锐气。因此，晋文公"退避三舍"以退为进的策略，实在是一箭双雕的高明之举。其结果是楚军大败，子玉畏罪自杀。

晋文公听到这一消息后，如释重负，长吁了一口气说："没有人再能妨碍我了！"至此，晋文公的霸主地位真正确立了。

纵观晋国由乱到治的过程，确是引人深思的。首先，晋文公及其随从十九年的磨炼，为他创造霸业准备了良好的主观条件，所以，晋文公称霸并非偶然的现象，是各方面因素积累的结果。

其次，晋文公善于以柔克刚也是十分重要的。中国人对以退为进的处世方式历来是很重视的。在客观条件不允许的情况下，如果蛮干，那只能变成一个莽汉，结果也只能是自讨苦吃。如果能够尊重客观事实，采取策略上的让步，取得喘息、休整、积蓄力量的机会，往往能够收到极好的效果。当然，"以柔克刚"的目的是"克"，而不是一味地"柔"；"以退为进"的目的是"进"，而不是一味地"退"。如果只讲"柔"和"退"，那就变成了逃跑主义和失败主义了。重耳在流浪中始终窥伺时机，以求一逞，在城濮之战中以后退的方式鼓励了士兵，制造了舆论，让敌军懈怠，都是为了"克"和"进"，是很高明的制胜之道。

然而，要达到这样的境界，确实是需要经过孟子所说的那种精神和肉体的磨炼历程的。

（参见《史记》等）

人性如水

中国有一句俗话，叫作"千穿万穿，马屁不穿"。这是说人的本性爱受奉承，有人好像不爱听拍马奉迎的话，其实是由于你没有挠到痒处罢了。这句俗话说得很绝对，听来让人感到有些悲凉，好像人性卑微，难以改变，人也就没有什么希望了。

迎合与蒙蔽永远是封建官场两大不败的法宝。只要行之有术，这两大法宝无论何时何地都会显出神奇的效力。如果你能力欠缺、祭不起这两大法宝，那就怨不得别人了。有这样一则笑话，可谓意味深长：有一次，玉皇大帝正开御前会议，关公持刀守门，长须飘拂，大义凛然，令人望而生畏。忽有一人趋前而拜，关公问道："尔乃何人？"来人倒是直言不讳，颇具实事求是的精神，昂然答道："鄙人马屁精是也。"关公又问："尔来何事？"马屁精道："特来看看上界神仙可吃马屁。"关公怒道："上界神仙不同凡人，你的马屁怎能得售？快快回去，莫惹怒了我，赏你一刀！"马屁精道："关公是义中圣人，仙凡各界无不敬仰，自然是不吃马屁的。安知别人都像你一样，也不吃马屁？况且当年关老爷华容道上连曹操都能放，今天放我进去，试上一试，又有何妨？"关公一听有理，便放他进去。须臾，马屁精出来，关公问道："你拍上了何人？"马屁精道："普天之上，只一人可拍。"关公大觉奇怪，急问何人，马屁精笑道："只是足下。"关公听了，愕然无语。

噫吁嘻，虽圣人亦吃马屁也！孟子曰："君子可以欺之以方"，今可改成"君子可以拍之以方"乎？

如果真的是这样，那人类的确就没有什么希望。**而实际上，并不是所有的帝王将相都吃马屁的。有的时候，某些帝王将相不仅不吃马屁，还要将马屁当场揭穿，实在令人肃然起敬。**晋武帝司马炎应该属于这样的一个人。

司马炎是西晋王朝的第一个皇帝，他的祖辈和父辈都没有夺取曹魏政权，到他才代魏自立，并由他结束了七十年的三国鼎立的局面，国家不再分裂，完成了统一大业。司马炎在位二十六年，是西晋最有作为的皇帝，这与他的正直性格有很大关系。

由于晋武帝司马炎平时喜欢大臣与他讨论问题，有些性格直爽的大臣有时候也就显得有些大胆，敢逆龙鳞。右将军皇甫陶是个性急敢言的大臣，晋武帝泰始八年（272 年），司马炎同皇甫陶议论政事，这次由于意见不同，皇甫陶抢着说话，结果和晋武帝争了起来，弄得皇帝当时下不了台。

事后，散骑常侍郑徽觉得皇甫陶竟敢和皇帝争论，皇帝肯定会非常讨厌他，便上表请求依法处治皇甫陶，想借以讨好皇帝，求得升迁。不料拍马屁拍到了马蹄上，晋武帝司马炎看了郑徽的奏章后，勃然大怒。他对大臣们说："敢于讲真话，是我对身边人的希望，只有这样，才能博采众长。我最痛恨的就是那些讲假话的人！没有比欺蒙君主罪过更大的了。君主常常因为有人阿谀奉承而深深感到忧患，哪里会因为有了正直的诤臣而觉得受到损害呢？郑徽越权上表，无理指控，这哪里是我的本意啊！"于是就罢免了郑徽的官职。

在没有民主监督机制的封建社会，司马炎的自我监督精神实属难能可贵。他不仅不吃马屁，度量也十分令人佩服。一次，晋武帝在南郊祭天，他自我感觉良好，礼毕，问身边的大臣刘毅说："您认为我可以比作汉朝的哪一个皇帝？"他的意思无非是想听听奉承的话，若在这个时候阿谀逢迎，肯定会大讨皇帝欢心的，就是再笨的人也能看出这一点来。但刘毅居然回答说："可以比作汉桓帝、汉灵帝。"

周围的人大吃一惊，因为这两个皇帝都是汉朝的无道、无能的亡国之君，如此比喻，确实不当，刘毅岂不是找死？但晋武帝没有立即发怒，而是耐心地说："我的德行虽不及古人，然而还能克己为政；况且我还平定了东吴，统一了天下。把我比作昏庸的汉桓帝、汉灵帝，这太过分了吧？"

更令人想不到的是，刘毅居然又用讥讽的口吻说道："桓帝、灵帝卖官，得钱尚且放入官库；陛下卖官，钱却进了私门。这么看来，陛下还不如桓帝、灵帝呢！"周围的大臣听了，莫不为之震颤变色，晋武帝反而高兴得大笑起来，说："想当初桓帝、灵帝的时候，哪能听到这样尖锐的话啊！现在我却有如此正直敢言的臣子，所以和桓帝、灵帝才大不相同啊！"

这倒使人想起了长孙皇后劝谏唐太宗的事。有一次，唐太宗在宫廷上被魏征毫不客气地顶撞了，他嫌魏征总是与他过不去，下朝后说："早晚杀了这个乡巴佬！"长孙皇后听说后，立刻换上一身朝服，给唐太宗道喜说："我听说，君明臣直，陛下有魏征这样的直臣，正说明陛下是明君啊！"唐太宗听了她的话，转怒为喜，魏征因此避免了一场大祸。

如此看来，唐太宗这位千古明君还不如司马炎。唐太宗尚且需要别人的巧妙谏言才能容忍直言敢谏的大臣，而司马炎却能闻过则喜，在封建帝王中，实在是难能可贵了。

然而，人性虽善，到底也只如一泓清水，往往容易随物赋形。如果没有外在制度的约束，这泓清水也会一泻如倾，搅成一团烂泥。道德的力量是永恒的，只有"法制"而没有道德的社会将会变成无源之水、无本之木。但仅靠道德又是十分危险的，孔子说，"听讼，吾犹人也，必也使无讼乎"，不过只是强调了重视道德建设的重要性，是一种文化理想，如果照此办理，往往会造就暴君政治，中国数千年的封建社会就是明证。

道德是内容，民主与法治是形式，只有使这种内容与形式较好地结合起来，才能发挥人性之善，保证人性之善。如果只有所谓的民主与法治，而没有道德，人就可能会成为一个空洞的外壳，这似乎还不用过多地担心，因为人类毕竟还是缺乏这些东西的。问题是，**在人类的历史上，以道德来代替民主与法治的历史太长了**，这种泛道德主义往往造就君主集权，而无限的权力会对人造成无限的腐蚀，否则，历史上哪来那么多的昏君暴君、贪官污吏呢？封建皇帝"以国为家"，责任到人，尚且极易堕落，如果只有权力而没有责任，再无民主监督，人性的弱点就会极大地膨胀，不仅人人爱吃马屁，恐怕人也就只剩下"食""色"二性了。

（参见《晋书》《新唐书》等）

"巧忠"良相

中国有一句古训，"忠臣不事二主，烈女不嫁二夫"，这听起来好像是很难辩驳的。然而，中国的古语实在太多，与上面那句话相对的名言就有"良禽择木而栖，良臣择主而事"。二者针锋相对，给人以是非难辨之感。其实，各种事情都不是绝对的。三国时期的关羽应该是义的典型了，曹操许以高官厚禄，送去美女金钱，想笼络他，可他不为所动，只想寻找结义兄弟刘备，最后千里送嫂，历尽艰难曲折，终于找到了刘备。关羽之所以被后人歌颂敬仰，主要是因为人们把他看作一位道德英雄，是"义"的化身。这"义"就是千金一诺，"言必信，行必果"。从人的品德修养上来说，讲究"义"或是

"义气"，应该是一种美德，无论如何，信守诺言、维护正义的君子总比反复无常、唯利是图的小人好；但话又说回来，如果一切都为了"义"，不知通权达变，不知为了"大义"而去牺牲个人的"小义"，那就很不足取了。所以，孟子就针锋相对地提出："言不必信，行不必果。"孟子当然不是教人胡说八道，他是说为了"大义"可以放弃所谓的"信"和"果"，用今天的话来说，就是既要坚持原则，又要具体情况具体分析。

其实在中国历史上，这样的例子是非常多的，但最突出的，莫过于唐代的名臣魏征了。

魏征，生于北周时代的静帝大象二年（580 年），其时，天下大乱。他出生于书香世家，父亲是一位博学多才的人，曾经出仕隋朝，做过地方官，但很早就去世了，所以魏征年轻时候的家庭生活十分清贫。但他胸怀大志，总想干出一番事业来，于是就刻苦读书，勤奋学习，在学问和政治才干上打下了良好的基础。

当时，隋炀帝荒淫无道，天下英雄豪杰纷纷起兵反隋。魏征先是参加了元宝藏的起义军，但又觉得看不清楚天下大势，心中茫然，不知所从，便出家当了道士，以避一时之乱。后来，另一支起义军的首领李密非常赏识他，很快派人把他请去，让他掌管军中的文书，这时的魏征已经三十八岁了。

在李密的军中，魏征的地位很低，没有任何发言权。当时，李密的瓦岗军声势浩大，占领了隋朝最主要的粮仓——河南的洛口仓、回洛仓和黎阳仓，并开仓救济饥民，使起义军发展到了全盛阶段。然而，隋朝大将王世充据守洛阳，拼死抵抗起义军。魏征清醒地看到了起义军中的许多不足，曾经主动进谏说："起义军虽有重大胜利，但伤亡也很大，军中费用紧张，储备有限，且赏罚不均，不宜于同隋军硬拼硬打。目前之计，在于深沟高垒，以待敌军粮尽，等敌军撤兵，再行追击，可获大胜。"李密决定速战，大军列营而不设垒，结果被王世充火攻加奇袭，惨遭失败。经此一役，瓦岗军彻底覆灭。

李密被迫率残部投降了李渊，开始他尚受重用，后来渐被冷落。李密心有不甘，又到洛阳一带招抚旧部，重新起兵，反对李渊，不久，即兵败被杀。

魏征认为李唐政权较有前途，就向李渊请求前去招抚李密的旧部，取得了很大的成功。后来，他在征得了李渊的同意之后，以国君之礼安葬了李密，并为李密撰写了《唐故邢国公李密墓志铭》，把他比作垓下失败的项羽，意即虽然失败，也还是一位大英雄。魏征如此评价李密，竟不怕李渊的追究。对李密，魏征也不以屡次被拒纳正确建议为忤，而是实事求是地描述其一生，这种态度和精神得到了时人和后人的赞扬，并没有人指责他背叛李密，投降李渊。后来，魏征又受到起义军首领窦建德的器重和胁迫，在其军中历时一年半。随后，窦建德、王世充被李世民打败，魏征就又与人一起再次投奔李渊。

魏征原先招抚李密旧部有功，但被胁入农民军中一年半，再度归唐后就很难被重用。太子李建成听说魏征既有才华又有才能，就把他找来，给了他一个小官，管理图书经籍，叫作洗马。在这一阶段，魏征虽有文名，实际上并未发生多大的作用，只是给李建成提过一个建议，让他带兵去攻打不堪一击的刘黑闼，既可建立军功，又可暗结豪杰，太子采纳了他的建议，结果取得了圆满的成功。

李唐政权把握天下大势之后，李世民发动"玄武门之变"，杀死了哥哥太子李建成、弟弟齐王李元吉，自己当了太子。李世民也知道魏征既是李建成的心腹，又非等闲人物，就立刻召见了他，责问他说："你为什么挑拨我们兄弟间的关系呢？"魏征没有巧言机辩，而是据理回答，他说："人各为其主。如果太子早听信了我的话，就不会有今天的下场，我忠于李建成，又有什么错呢？管仲不是还射中过齐桓公的带钩吗？"

李世民听他说得既坦率又有理，尤其他举出了管仲射小白的历史故事，自己不能没有气度，就赦免了他，并封他为主簿，至此魏征结束了他不得其主的生涯。

李世民即位为皇帝不久，就提升魏征为谏议大夫，这真是得其所哉！唐太宗善于听取别人的意见，成就了魏征的名声；魏征敢于犯颜直谏，促成了唐太宗善于纳谏的美名。魏征的进谏和唐太宗的纳谏同样名垂青史，这在中国历史上是绝无仅有的。

谏议大夫的职责是向皇帝提意见。这是个很奇特的官，既无足轻重，又重要无比；既无尺寸之柄，但又权力很大。而这一切都取决于谏议大夫的意见皇帝听还是不听。唐太宗任命魏征为谏议大夫，表现了唐太宗对他的才能的认可和对他本人的信任与尊重，后来又把他提升为尚书丞，就更能使他随侍左右，时时处处提醒规劝自己了。

在政治方面，魏征坚决主张怀柔招抚，反对镇压。当时，太子李建成的部下遍布全国，"玄武门之变"过后，人心惶惶，许多人准备造反。魏征向李世民建议说："要不计私仇，对他们要以公处之，否则杀之不尽，有无穷之祸。"李世民听信了他的话，就派他为特使，给以便宜行事的权力，让他去太子势力较为集中的河北一带安抚人心。魏征到了河北，见到两辆去长安的囚车里面装着"玄武门之变"中逃走的李建成的部下李治安和李思行。魏征说："我离开长安以前，朝廷就已下令赦免了李建成和李元吉的部下，如今又把他们逮捕，岂不是自食其言、失信于人吗？如今，我来招抚还恐怕人家不愿相信我，怎么能把人押送长安呢？临行的时候，太宗让我便宜行事，把李治安和李思行放了，让他们跟我一起去招抚其他人，一定会有很好的效果。"众人都同意魏征的意见，于是就放了那两个人，并给唐太宗写了报告。魏征用正确的做法，很快就安抚了河北一带，出色地完成了任务。唐太宗很赞赏魏征的做法，也就越发器重他。

在治理国家的方略上，魏征主张轻徭薄赋、休养生息。他认为，隋朝灭亡的教训在于扰民太多，国家赋税极重，徭役繁多，以致民不聊生。"静之则安，动之则乱。"因此，在整个贞观年间，朝廷的赋税和徭役都不算太重，这是贞观年间社会安定、经济发展的基本保障之一。

在治理国家的整体方略上，尤其是在大乱之后拨乱反正方面，魏征主张宜快不宜慢，宜急不宜缓。唐太宗即位之时，天下初定，百废待举。一天，他问魏征说："贤明的君主治理好国家也该需要百余年的时间吧？"魏征不同意他的想法，他认为："圣明的人治理国家，就像声音立刻就有回音一样，一年之内就可见到效果，三年见效就太晚了，怎么要等百年才能治好呢？"尚书仆射封德彝认为："自古以降，人心日下，日趋奸诈，秦用严刑，汉用霸道，都没把人心教化成功，魏征想用这些满是书生气的话来治理国家，那必然败亡。"魏征则针锋相对地说："大乱之后治理国家，就像饿极了的人要吃东西一样，来得更快。如果人心是如流水一般向下堕落，今天的人也都成了鬼怪，还谈什么治理国家呢？行帝道则帝，行王道则王，事在人为，而不是人民是否可以教化。"唐太宗基本听从了魏征的意见，积极采取有效措施，只过了两三年，唐朝就出现了贞观之治的局面，这在中国历史上是极为少见的。

在执法方面，魏征主张宽缓明确。他坚决反对像秦朝那样实行严刑峻法，把人民当作鱼肉来宰割；但同时又坚决主张明正典刑，反对徇私枉法。一次，唐太宗任命卢祖尚为交州刺史，卢祖尚开始答应了，但又反悔托病辞命，唐太宗当面劝他，他还是不肯去。唐太宗一怒之下，当时就把他杀了。事后，唐太宗觉得自己做得太过分了，认为没按法律办事，魏征就借议论北齐皇帝高洋批评唐太宗说："高洋觉得自己理亏了还能向别人认错，这也是他的长处。"唐太宗也借机表示后悔。

濮州刺史庞相寿是唐太宗做秦王时的老部下，在任上因贪污被人告发，受到了追回赃物、解除职务的处分。庞相寿向唐太宗求情，唐太宗觉得心不忍，就送给他一百匹绢，让他继续去做刺史，只是告诉他以后千万不可再贪污了。魏征知道后，就对唐太宗说："您这是徇私枉法。庞相寿犯了罪，您还给他优厚的赏赐，让他留任原官。您做秦王时的部下很多，如果他们都照庞相寿的样子犯罪，那您怎么办呢？"魏征还对唐太宗说："奖赏的时候，不要忘了疏远的人；惩罚的时候，不要给亲贵留情。要以公平为规矩，以仁义为准绳，才能让人心服。"在魏征的坚持下，唐太宗不得不同意原来的处理方案。

魏征还主张取信于民，不要朝令夕改，让人无所适从。唐朝原定政策是十八岁的男子才能参加征兵服役，有一次，为了多征兵戍守边境，唐太宗要求十六岁以上的男子全部应征，魏征不同意。按照当时的规定，皇帝的命令要等与会的大臣全部签字以后才能生效，魏征认为这个法令与唐朝以前的法令相冲突，而且过于苛刻，便屡次拒签。唐太宗十分生气，当面责问他为什么阻挠皇帝的命令，魏征回答说："涸泽而渔，焚林而猎，是杀鸡取卵的做法。兵不在多而在精，何必为了充数，把不够年龄的人也弄来当兵呢？况且这也失信于民。"唐太宗问自己是否有失信于民的事，魏征列举了一串例子，证明他办了不少出尔反尔、失信于天下的事，把唐太宗弄得张口结舌。最后，唐太宗不得不同意了魏征的意见。

唐太宗知道自己很容易受情绪的左右，就提醒周围的大臣注意纠正他偏激的决定，并把批评朝政制度化。他建立了前朝所没有的新制度，即允许谏官、史官参加政事堂会议。这种制度不仅能够保证谏官、史官及时了解朝政的内幕，使其有所劝谏，还起到了一定的监察作用，使宰相及其他官员不敢谎报政绩。这种制度还规定，在会议之上，不管是皇帝还是大臣，如有过失和不当之处，谏官可当面指出，予以辩论。再者，史官也了解皇帝大臣的许多情况，根据第一手材料写出起居注，对他们也是一种监督。

魏征就是在这种相对宽松开明的环境里做谏官的，他劝谏的内容从长治久安的军国大计，到皇帝个人的起居生活，涉及许多方面，对唐太宗及唐朝贞观年间的政治产生了很大的影响。

在使用人才方面，魏征主张不同的时期要对德才有所取舍。他对唐太宗说："在天下未定之时，用人的标准是重视才能，不过多地考虑他的品德操行；天下平定以后，则非德才兼备不可用。"在魏征的影响下，唐太宗"内举不避亲，外举不避仇"，有一次，他还主动地对魏征说："选择任用官吏，是不能轻率马虎的。用一个君子，那么君子就会纷纷而来；用一个小人，那么小人也就会钻营投奔而来。"

尤其在个人享乐方面，魏征紧紧跟踪唐太宗，经常犯颜直谏，不让他大兴土木。有一次，唐太宗想去南山打猎，车马都准备好了，最后还是没敢去。魏征问他为什么没有出去。唐太宗说："我起初是想去打猎，可又怕被你责备，就不敢出去了。"

贞观四年（630年），唐太宗决定修建洛阳宫，中牟县县丞皇甫德参上书劝阻，言辞激烈。唐太宗发怒，要治皇甫德参的罪，魏征连忙拿汉朝的贾谊为皇甫德参辩护，证明自古上书言辞不激烈就不能打动君主的心，唐太宗这才作罢。后来，河南、陕西一带大雨，泛滥成灾，偏在这时，唐太宗又要修建洛阳的正山宫，魏征听说了，赶忙上奏说："隋朝所以很快灭亡，其主要原因就是隋炀帝大修亭台楼榭，百姓不堪役使，才起义反对他。如今，现有的宫观楼台已经足够居住的了，如果反省隋朝的灭亡，甚至还应该拆掉宫殿；如果舍不得拆掉，起码不该再修大的宫殿了；如果忘记得天下的艰难，不断地扩大宫殿建筑，追求华丽和享乐，增加百姓的劳役，那就会像隋朝一样灭亡。"唐太宗接受了魏征的建议，停修宫殿，把材料运到了水灾区，帮灾民建造了房屋。

贞观十二年（638年），公卿大臣都请求太宗登泰山封禅，只有魏征认为现在举行封禅仪式不妥。太宗对魏征说："我希望您把自己的想法都说出来。难道是我的功业不高吗？是我的德行不淳厚吗？是国家还没有平定吗？是远方的异族人不仰慕大唐的高义吗？是吉祥尚未降临吗？是农业没有丰收吗？为什么我不能封泰山呢？"魏征说："陛下的功业虽然是极高的，可是百姓并未感受到陛下的恩惠；陛下的德行虽是淳厚的，但陛下的德政尚未传及全国各地；全国虽然安定，但并不能为兴办事业提供足够的资财；远方的部族向慕陛下的高义，但朝廷却没有能力满足他们的要求；吉祥的征兆虽然出现，但法网仍然密集；虽然连续几年农业丰收，但粮仓仍然空虚。这些是我认为目前不宜封禅的原因。我不能用遥远的东西打比方，姑且用人做比喻。现在有个人患了十年的重病，到将要治愈时，已经瘦得皮包骨头，若马上让他扛起一石米，每天走一百里路，他一定不可能做到。隋朝天下大乱已经不止十年，陛下平定了全国的混乱局面，虽然现在天下已经平定，但国库尚不充实，在如此情况之下，向天地报告事业已经成功，我暗自对如此做法持怀疑态度。况且陛下若东封泰山，各国的使者都要聚集到那里，周边各国人，无不奔走相告。现在西起伊水、洛水流域，东到泰山、东海、荒草滩、沼泽地，苍茫千里，人烟断绝，鸡犬之声不闻，道路萧条，行进艰难，岂可招来城外部族之人，把我国的虚弱状况展示于他们？即使我们用尽财物赏赐他们，也不能满足远方之人的愿望；即使连续两年免除徭役，也不能抵偿百姓的劳苦。如果遇到水旱灾害，风雨之变，服役的民夫横加议论，到时候即使您后悔，也无法挽回损失。岂止是我一个人恳请陛下免去封禅之事？成千上万的百姓都乞望陛下恩准。"太宗听了魏征的一番话，也深感国家虽然初步安定，但生产远未恢复，国库仍然空虚，如此严峻的形势，有何功德告慰天地？遂将封禅泰山之事搁置了下来。

有一次，唐太宗由长安去洛阳的显仁宫，因为当地供应的东西不好，便很气愤。魏征觉得如此下去将不好收拾，便对唐太宗说："隋炀帝就是因为无限制地追求享乐而亡国的。现在因为供应不好就发脾气，以后必然上行下效，拼命供奉陛下，以求陛下满意。供应是有限的，商人的奢侈欲是无限的，如此下去，隋朝的悲剧又该重演了。"魏征的这一番话使唐太宗悚然心惊，从此以后很注意节俭。

对于唐太宗个人的品德修养，魏征也很重视。

魏征曾直言不讳地对唐太宗说："居人上者，其身正，不令而行；其身不正，虽令不从。"魏征还引用荀子的话对唐太宗说："君主似舟，人民似水，水能载舟，亦能覆舟。"这句话对唐太宗震动很大，他牢记在心，并用它垂诫太子，让他永志不忘。有一次，唐太宗问魏征怎样才能做一个"明君"，而不要成为一个"暗君"，魏征就给他讲了隋朝虞世基的故事。隋朝的虞世基投隋炀帝所好，专说好听的话，不讲逆耳之言；专报喜，不报忧，结果隋朝灭亡。由此，魏征得出了一个著名的结论："兼听则明，偏听则暗。"

最著名的是魏征关于忠臣和良臣的辩论。有一次，唐太宗听信了其他人的谗言，批评魏征包庇自己的亲戚，经魏征辩论，唐太宗知道自己错了。魏征趁机说道："我希望陛下让我做一个良臣，不要让我做一个忠臣。"唐太宗听后很吃惊，就问："难道良臣和忠臣有什么区别吗？"魏征说："区别很大。良臣身享美名，君主也得到好声誉，子孙相传，流传千古；忠臣得罪被杀，国破家亡，君主得到的是一个昏庸的恶名，忠臣得到的只是一个空名。"唐太宗听了以后，十分感动，连声称赞魏征的话很对，并送给了他好绢五百匹。

当然，唐太宗是人不是神，对魏征的劝谏并不是每一次都能愉快地接受，有时是既恨又怕，甚至还想干脆杀掉他。

有一次，唐太宗得到了一只好的鹞鹰，非常喜欢，就把它架在手臂上玩，远远地看到魏征来了，十分紧张，赶紧把鹞鹰揣在怀里，怕魏征看到或是听到。其实呢，魏征早就看到了，他为了不让唐太宗贪恋声色犬马，就故意没完没了地禀奏公事，估摸着鹞鹰差不多憋死了，他才离开。等魏征走了，唐太宗赶忙从怀中取出鹞鹰，拿起一看，鹞鹰早已闷死了。他十分窝火，但又说不出来。

还有一次，唐太宗罢朝回来，气冲冲地对皇后说："我一定要杀了这个乡下佬！"皇后非常贤德，赶忙问要杀谁，唐太宗说："魏征这家伙老是在朝廷上折辱我。"皇后听了这话，连忙回去换了一身朝服，恭恭敬敬地站在庭院里。太宗见了，十分惊讶，问她这是在干什么，皇后说："我听说只有圣明的君主才能有正直的臣下。现在魏征正直敢言，全是由陛下的英明所致呀！我怎敢不表示我的祝贺呢？"太宗听了，觉得很高兴。

魏征年老病重，太宗送医送药，使者相望于道路，来往不绝。太宗还和太子一起去他家探望，把衡山公主许配给他的儿子魏叔玉。魏征去世后，太宗命朝中九品以上的官员都去吊唁，并亲自为之撰写碑文，刻于石上。太宗对他思念不已，跟左右的大臣说了如下的名言："人以铜为镜，可以正衣冠；以古为镜，可以见兴替；以人为镜，可以知得失。魏征没，朕亡一镜矣！"这恐怕是历代大臣中所享受的最大的哀荣了！

人言"忠臣不事二主，烈女不嫁二夫"，如果以这种观点来看，魏征当然不是忠臣，然而，他却是名垂千古的良臣！因为他不是为了个人的名利或是苟延残喘而朝秦暮楚。他的心中有一个准则，那就是上安君国，下报黎民。他是"大忠"，而不是"小忠"。**孟子说："闻诛一夫纣矣，未闻弑君也。"就是说忠国不忠君，忠民不忠人。察魏征之忠，可谓圣人之徒矣！**

（参见《旧唐书》《新唐书》等）

仁者真的无敌吗

中国历史悠久，文化灿烂，可谓应有尽有。既有温情脉脉的经典著作，如《论语》《孟子》，也有不讲任何感情、唯功利是求的经典。《孙子兵法》

就是一部只有冰冷的理性，只讲铁血法则的著作。《孙子兵法》的信条是：只要能够取胜，就无所不用其极。不过，那倒是一种公开了的平等的竞争，即使失败了，人们也很难发什么怨言。

《孙子兵法》最推崇的战略战术是以外交取得胜利。《孙子兵法·谋攻》一篇中写道："不战而屈人之兵，善之善者也。"意思是说不用通过战争的手段，只通过外交的方法，或者治理好自己的国家，树立起国家的威望，使别的国家主动归附，这才是达到了战争的最高境界。在孙子看来，能够拼力打败敌人，实际上算不了什么，仅是战争中的胜利者而已，谈不上有什么境界；能够完整地攻取敌人的一座城市，而没有太多的杀伤，也算不了什么，只是战术策略运用得比较好而已；至于战争中的最高境界，是不用动刀枪就能使对方投降，实际上就是没有战争。从这一点看来，**孙子虽是大军事家，但他的根本目的是消除战争，否定战争**。这的确充满了古代人文主义色彩，听起来是十分动人的，但真正能达到这一境界的又有多少呢？

几千年的中国历史证明，战争的主动者往往必欲置对方于死地而后快；战争的被动者也往往不愿不做抵抗就束手就擒，一定要被打得走投无路才肯投降。因此，孙子的这种"不战而屈人之兵"的战争境界无非是一种理想，很难在实践中实现。

尽管理想无法完全实现，但毕竟为我们提供了精神支柱和力量，否则，人类也就只能永远处于茹毛饮血的时代。

无论如何，"修明政治、以民为本"是一个国家立国的根本。孟子就给我们讲过这样一个故事。在鲁国和邹国的一次大规模的冲突中，邹国的官吏死了三十三个人，而士兵百姓却没死一个，邹穆公十分不理解，既气愤又无奈，向孟子问道："这些人不为上司去拼死，如果杀他们，实在是人太多，法不责众，杀不胜杀；如果不杀他们，他们仇恨地看着上司被杀而不去拼死解救，实是罪不容诛。这该怎么办才好呢？"孟子回答说："您知道您的国家是什么样子吗？每逢凶年饥岁，您知道您的百姓是什么样子吗？年纪大的饿死后被埋在沟里坑里，年轻的逃散到别的国家去，这样的有几千人。而您的仓库十分充实，府库里也堆满了钱财，您的官吏都不禀告您，这是欺骗国君，残害百姓。这样的官吏还不该死吗？"这就是曾子说过的"出乎尔者，反乎尔者也"，意思是说，你怎样对待别人，你就会得到怎样的回报。看来，邹国的失败并不是由于哪一种具体的原因，而是由于国家的政治腐败这一根本的原因造成的。

更为典型的例子是齐鲁长勺之战。春秋战国时期，齐桓公是个有雄才大略的国君，他听说管仲贤能，就设法从鲁国的手里骗走了管仲，任用管仲为国相。鲁庄公听说后，认为自己受到了愚弄和污辱，就厉兵秣马，准备同齐国干一仗，出出这口窝囊气。齐桓公听说后，也积极准备，并想先发制人。管仲认为齐桓公刚刚即位，国内人心未稳，不宜打仗，但恰好相反，桓公正想出出风头，显示一下自己的能耐，压服人心。如果按照管仲的想法，先把国内的政治、军事一步步按部就班准备好，还不知要到哪年哪月，桓公可没有这个耐心。于是，他派鲍叔牙为大将，带兵一直挺进到鲁国的长勺（今山东曲阜市北）。

鲁庄公十分气愤，决心同齐国决一胜负。庄公有一个大臣名叫施伯，为人谨慎细心，先劝庄公不要急躁，然后向他保举了一个文武双全的人——曹刿。

公元前 684 年，齐国派大军攻打鲁国。鲁庄公准备率军迎战。曹刿听说鲁庄公要与齐军作战，便要进宫为庄公出主意。有人劝曹刿说："庄公身边谋臣很多，要你参与干什么？"曹刿说："他们都是一些鄙陋不通之人，没有远见卓识。"别人都暗地里嘲笑他的狂妄自大。

曹刿入宫见鲁庄公，问鲁庄公根据什么决定与齐国作战，鲁庄公说："我有好衣服和好食品，从不敢独自享受，一定要分给周围的人。"曹刿说："您这是小恩小惠。小恩小惠是不能使全国人得到好处的，所以百姓不会跟从您。"鲁庄公又说："我在祭祀神灵的时候非常虔诚，祭祀所用的牲畜物品从不敢虚报，祭祀时所祷告之词全都是真实情感。"曹刿说："您这是一己之诚，并不能代表一切，神灵也不会庇佑您。这些都没有什么现实意义。"

鲁庄公想了想，又说："还有一点，对于国内所发生的大大小小的案件，我虽不能一一洞察清楚，但是，只要经我处理，我一定要使其结果合情合理。"

曹刿赞许道："这才是打胜仗靠得住的前提。因为您这样做，表达了一种为百姓尽力的心意，凭这点，可以与齐国打一下。我请求您让我和您一同前往。"

鲁庄公答应了。

曹刿便与鲁庄公同乘一辆战车来到前线。齐、鲁两国军队在长勺这个地方摆开阵势，鲁庄公便要击鼓作战。曹刿劝阻道："还不到时候，等等再说。"这时，齐国军队开始擂鼓作战。等齐军擂完三遍鼓时，曹刿才说："是时候了，可以擂鼓迎战。"结果，鲁国军队一鼓作气，将齐军打败。齐军打了败仗，向后撤退。鲁庄公准备下令追击。曹刿说："请等一下。"说完，走下战车，仔细观察齐军的车辙，然后又登上车前的横板极目远望，最后说："可以追。"这一战，鲁军大获全胜。

战斗结束之后，鲁庄公问曹刿为什么在齐军三鼓之后才击鼓迎战，曹刿说："作战是要靠士兵的勇气的。当齐军擂第一遍鼓时，其军勇气正盛，第二遍鼓，其勇气就减弱了，到第三遍鼓时，他们的勇气就没有了。齐军勇气竭尽，而我军勇气正盛，所以会一战而胜。"

鲁庄公又问："为什么齐军败后，你不让士兵马上追击呢？"曹刿说："齐国是个大国，大国作战，难以琢磨。我怕他们退中有诈，设下埋伏。所以仔细看过他们撤退时的车辙，发现其车辙杂乱不堪；又登高远望他们的旗子，发现其战旗已经倒下。由此断定他们是真的溃败了，所以才下令追击。"

鲁国获胜主要靠两条：一是曹刿能够正确地掌握和利用战士的心理和情绪，把握住了作战的规律，再加上他的谨慎和果断，处处不失时机，就在具体的战略战术上掌握了主动权；其二是他认为人心可用，长勺之战一方面是鲁国的保卫战，带有一定的正义色彩，更重要的是鲁国统治者较为廉明，有一定的威望，人们愿意替国君打仗。在这两方面因素共同作用下，鲁人才获得了长勺之战的胜利。

其实，仁者无敌虽是最为根本的原因，但有时并不能发挥直接的作用。

在战争中，真正起到最为直接作用的，是双方的军事力量的对比。战国时期，最著名的以军事制衡而吓退敌人的战例莫过于墨子与公输盘的桌面交锋了。

公元前 447 年至公元前 431 年间，楚惠王发愤图强，连续吞并了陈国、蔡国、杞国、莒国，使楚国在经历了动乱与衰落之后又重新强大起来。楚国要想同晋、秦等北方强国较量，就必须首先征服楚、晋之间的宋国。于是，楚王决定向宋国进攻。楚王起用一位在当时最有本领的工匠，即鲁人公输盘，公输盘制造了云梯、撞车、飞石、连珠箭等新式攻城武器。这些武器在当时看来确实具有极强的威力，用来攻打当时的城墙防守应当是十分有效的。楚国一面制造这些武器，一面大肆宣扬，制造舆论，实行恫吓战术。这种战术果真有效，宋国遭受楚国的侵略最多，这次吓得宋人惊慌失措，求救无门。这个消息传到了墨家的创始人墨子那里，墨子主张"兼爱""非攻"，反对战争，听到宋国危难的消息，他立刻挺身而出，带了三百弟子来到鲁国，先把弟子布置在宋国的城墙上，然后徒步跑向楚国。他走了十天十夜，脚磨破了，用布包上再走，终于来到楚国的都城郢都。

他去楚国的使命就是要劝说楚王不要攻打宋国，但楚王认为公输盘的器械很好，一定能攻下宋国，就不肯同意墨子的要求。墨子直率地告诉楚王说："你能攻，我也能守，你是攻不下来的。"于是，楚王就叫来公输盘，要两人比画对阵，看看谁能赢。墨子解下自己身上的皮带，围在桌上当作城墙，再拿一些木块当作攻城的器械，两人演示起来。公输盘攻，墨子防守。公输盘挖地道，墨子用烟熏；公输盘用撞车，墨子用滚木礌石；公输盘用云梯，墨子就用火箭。公输盘一连换了九种攻城方法，均遭到了墨子有效的抵抗，不能取胜。公输盘的攻城方法使完了，墨子的守城方法还有几种未使出来。楚王很清楚公输盘是输了，但公输盘却说："我知道战胜你的方法，但我不说。"墨子也说："我知道你能胜我的方法是什么，我也不说。"楚王感到迷惑不解，就偷偷地去看望墨子，问他到底公输盘要用什么方法战胜他。墨子直言不讳地告诉楚王说："公输盘的意思很清楚，他是想让您杀了我，他以为杀了我就没有人会知道抵御他攻城的方法了，其实不然。我来时就做好了这方面的打算，已经委派我的大弟子禽滑厘率领三百弟子帮助宋人守城，我已把这些方法全部教给了他们，他们每个人都可以用这些方法来抵抗公输盘的进攻，因此，杀了我也是没有用的。"墨子见楚王听信了他的话，就又坦诚地对他说："楚国土地方圆五千里，真是地大物博，你们如果用心治理，一定会富甲天下。而宋国呢，土地不过五百里，物产也远不及楚国丰富，我真不明白你为什么要去攻打宋国。这难道不是扔掉自己华贵的马车去偷别人破旧的车子吗？难道不是扔了自己锦绣的长袍去偷别人家破旧的短袄吗？"楚王听了，羞红了脸，决定不去进攻宋国。

墨子终于为宋国免去了一场灾难，但这绝不是因为楚王忽然良心发现或是因墨子的一番训导而有所悔悟，根本的原因在于军事力量的对比。墨子之所以敢公开教训楚王，也在于有不可忽视的军事力量做后盾。如果没有这些，要想让楚王止戈息兵，是不可想象的事情。因此，军事力量制衡，是发动和平外交的根本条件。但必须看到的是，墨子的和平外交仅是使宋国暂时避免了一场战争灾难，并未能"屈"楚国之兵，也不能从根本上消除宋国亡国的危险。若想在战争中真正占有主动地位，只有富国强兵一条路。

墨子的行动可谓极为正义的了，尚且以不可轻视的军事力量做后盾，如果只是一味地强调仁义，或者想用"仁义"去打倒"武力"，那就会自取败亡了。春秋时期还出了这么一位"奇才"，那就是大搞"仁义"之师的宋襄公。

宋襄公本是想当霸主，却没想到在诸侯大会上被楚国捉了去，幸亏公子目夷设法营救，才把他迎回宋国重登君位。宋襄公回国后十分气愤，可又不敢去惹楚国，就想去攻打郑国，因为郑国在诸侯大会上曾首先倡议让楚国当盟主。虽然公子目夷等一帮大臣不同意宋襄公攻打郑国，但他还是一意孤行，带兵出发了。

郑国立刻向楚国求救，楚王率兵直接攻打宋国，这样，宋襄公就不得不回师救宋。宋、楚两军在泓水相遇，隔河相望。公子目夷等人认为，楚军兵势强盛，宋军不必去硬碰，况且楚人无非是为了救郑，既然宋军已经撤回，这仗就更不必打了。宋襄公却独有妙招，他认为楚人是蛮夷之族，兵力有余，仁义不足，蛮兵是敌不过仁义之师的。于是，他命人在大旗上绣出了"仁义"两个大字，妄图以"仁义"打倒武力。宋襄公自欺欺人，心里似乎有了降魔的法宝，但蛮夷之人真是不懂中原的文明，居然没被吓倒，反在大白天大摇大摆地渡过河来。

公子目夷对宋襄公说："楚人白日渡河，是没把我们放在眼里，我们正好趁他们既骄傲又未渡完河的时候出击，一定能获得胜利。"宋襄公已迂腐到了家，他认为既是"仁义"之师就不该投机取巧，击半渡之师，那会给"仁义"之师丢面子的。就这样，宋军失去了进击的绝佳机会。

等楚军渡完河，尚未完全列好队的时候，公子目夷又及时向宋襄公提出建议，要求趁楚军列队未完出击，亦可获胜。宋襄公却认为考验他的时候到了，如能坚持到底，就是真正的"仁义"之师。宋襄公骂公子目夷道："你真是个不懂道义的人，别人尚未列好队，怎么能打他们呢？"

楚军列队完毕，立即发动进攻，宋军无法抵挡，只好败退。公子目夷等人拼死保护宋襄公，可他还是受了几处伤，腿上还中了一箭。公子目夷责备他大搞"仁义"之师，他还毫不悔悟地说："打仗就要以德服人，比如说，看见受伤的人，就不要再去伤害他了；看见头发花白的人，就不要再去俘虏他了。"

爱护百姓，增加国力，加强军备，就可不战而胜，这是一条千古不易的真理，但如果只图虚名，或是迂腐自误，那不仅不能克敌制胜，还会不战自败。

毫无疑问，在战争中，除了民心向背和战争性质正义与否是决定战争胜负的重要因素以外，具体的战略战术的应用也是决定战争胜负不可忽视的因素。《孙子兵法》总结了各种战争的经验教训，其中绝大部分都是讲战略战术的运用的，由此可见，古人对此已有明确的认识。至于墨子与公输盘的较量、曹刿的指挥有方，更可作为典型例证。但像宋襄公一样的人也不是没有，直至今日，脱离实际的空头口号主义仍不绝如缕，甚至时有泛滥，是否也跟宋襄公大搞"仁义"之师有类似之处呢？

"仁者无敌"是一种基本的思想原则，而且极富理想色彩，它说明军事与政治密切相关，在中国尤其如此。拿破仑被囚禁海岛时曾看到过《孙子兵法》，他感叹自己若能早日见到这部奇书，一定不会惨败，不会受牢狱之苦。但实际上，决定战争胜负最根本的、内在的原因还不在军事本身，主要在于政治。因此，从军事斗争中可以看出，以民为本的思想应当是我们今天分析中国军事史的重要着眼点之一。

（参见《左传》《史记》等）

卷二

道家智慧

最高明的道家智慧

"将欲取之，必固与之。""夫唯不争，故天下莫能与之争。"黄老道术最突出的特点就是以心智王天下，因而也是一种趋吉避凶、圆融无碍的处世智慧。

总的说来，道家智谋的高明体现在其对人世间一系列利害转化关系的洞察，而在这种转化中，人为了获取最大的利益，可以没有原则。

"黄老道术"最突出的特点就是"以心智王天下"。 在黄老的论述中，我们可以十分清楚地看到，它处处流露出智慧的优越感，处处显示出对别的学派之愚蠢的鄙夷。黄老道术自以为是最聪明的学说，说穿了，其以心智王天下的内容主要包括三个方面。

一是天地万物皆由冥冥之中的"道"支配。 道是绝对的，永恒的，是不可改变和亵渎的，只可以体味、尊重和顺应。如果不能体察道，就不能"知常"，付诸现实就容易招致祸害。实际上，黄老的道是十分抽象的，并没有一定的标准。所谓"圣人无心，以天地之心为心"，说的就是这个意思。这样一来，黄老之道在付诸现实的过程中就没有了具体的价值标准。它唯一的价值标准是在不必遵循任何现有的或具体的价值标准的基础上去获得最大的世俗利益。**在其深入的阐述中，黄老之道作为一种源远流长的、现实的具体策略确实显得十分聪明，但其具体的社会效果就往往失去了正义感，其内核里除了对现实利益的关怀之外，没有任何的人文情怀，一片黑暗与冰冷。** 其实，中国历史上最黑暗的法家智谋就是在黄老道术的影响下建立并发展起来的。即便法家本身也早就认识到在法家智谋中有着那么多的不合理、非正义的因素，但既然社会"需要这样治理"，圣人也就不必有"心"，只管"以天地之心为心"就是了。法家没有自己深刻的哲学理论，他们从黄老之学那里为自己找到了依据，将自己神圣化了。另外，黄老道术主张顺应自然，但在现实操作中是无法顺应自然的，只有制定了严格完备的"法律"，然后把天下交给"法律"，君王自己才能做到"无为而治"。这其实也是诞生法家的一个重要因素。

二是"得道"。就是要对天地万物吉凶祸福的转化有一个清醒而又彻底的认识，即掌握道。但仅仅掌握了道还是不够的，还要使自己的精神修养与道相契合，即顺应道，实际上就是顺应自然（这里的自然是一个混沌的概念，指天地的自然和社会的自然的变化规律，而二者又是浑融不分的）。如何才能达到这种精神境界呢？黄老道术是有一套方法的，就是要做到四点：虚、静、一、守。《老子》中有一段十分著名的话描述了人的精神修养的过程。他说："致虚极，守静笃，万物并作，吾以观复。夫物芸芸，各复归其根。归根曰静，静曰复命；复命曰常，知常曰明。不知常，妄作凶。"这就是先实现"己虚"，由虚至"静"，由静而体会并遵循天地间的规律"一"，最后顺应这种规律，就是"守"。所谓虚，就是要破除个体的种种欲念，不要使自己的欲念充塞于心智，阻碍了体会道的通路。天下万物繁纷，但只要虚极静笃、神志清明，就能体会到万物流变自有根苗。所谓静，就是静观墨守，是与心浮气躁相对立的。如果不能沉潜，就不能静。虚为静的基础，而静又是观的基础，静观就是用自己感性的心智去体味。祸福轮转自有端倪，吉凶运作都明白清晰，此时，万物在个体的体味中归根返始。这样一来，个体的精神就达到了知命的境界。其实，同儒家一样，这也是一种修身，但不同的是，儒家的修身是为了达到更高的正义的人格境界，而黄老的修身只是精华内敛，体察天地，使自己消失于天地与现实之中。所谓一，就是要心无旁骛，心志专一，依道行事。所谓守，就是在已经达到了上述的境界之后坚守本心，"守中"而御天下。如果能四者合一，就达到了黄老之学的最高境界——"玄德"之境。

三是在得道之后要御道而行。就是要把道具体实施到现实之中，这属于应用的范畴，是"道术"。《老子》说："江海之所以能为百谷王者，以其善下之，故能为百谷王。是以圣人欲上民，必以言下之；欲先民，必以身后之。是以圣人处上而民不重，处前而民不害。"意思是说要想统治人民，就必须首先为他们服务，但这种服务实际上并不是像《老子》所说的那样以下对上，而是故意做出姿态，在顺应百姓的要求中使百姓主动地归顺自己。其实，这就是《老子》最著名的取予之道，如"将欲取之，必固与之""夫唯不争，故天下莫能与之争""圣人后其身而身先，外其身而身存，非以其无私邪？故能成其私"。老子也确实够坦荡的了。原来，所谓的"圣人"并不是不要，并不是无私，而是为了更大的私，彻底的私。对于人们的思想统治，黄老道术采取的是愚民政策。《老子》说："其政闷闷，其民淳淳；其政察察，其民缺缺。"这就有些卑鄙无耻了。在具体的方法上，往往采取的是以柔克刚、以智为愚、无为而治等策略。这些似乎都不用多说了，倒是其慈忍为怀的处世之道，颇值得注意。所谓慈，就是慈爱，这种慈爱就像父母对待儿女一样，是一种无私（甚至是无原则）的给予，对于收服人心来说，比儒家的讲究正义原则的以德为本又高明了许多。这是一种发自内心的情志，慈之服人，绝不在外在的收服，而是要让被收服者充分领受到慈和爱。它没有以理服人的外在性，因此也就避免了被收服者的内在情感的疏离，它会使那些被收服的人永远地、心甘情愿地报答和捍卫。与慈相关的就是忍。忍就是忍耐，但这绝不是一般意义上的忍耐，也不是一般意义上的策略，而是在洞察了一切世事变化的规律以后发自内心深处的一种情志。这种忍不仅包括忍受逆境、苦难和屈辱，还包括"乐之忍""富之忍""权之忍""安之忍""快之忍"，等等。总之，它是一种修养之忍，是一种趋吉避凶的深刻的智谋，是圆融无碍的处世智慧。同样是忍，儒家之忍是为了更大的正义的行动，而道家之忍则没有原则。

黄老道术对其智谋类型甚至整个中国文化都有很大的影响，它使中国的治人之术更加深刻、更加隐秘、更加容易被人们接受，它与法家智谋相表里，实在把传统的中国人牢牢地套住了。

当然，它并不是没有一丝可取之处。在一定的意义和程度上，它是有符合人性和人道的地方的，有时候也多少表现出了对人的尊严的尊重；在一定的历史时期，黄老之术确实也会使社会在一种较为宽松的环境中发展，对于人民和社会的休养生息都起过不小的历史作用。对这些，我们是不应该否认的。

萧规曹随

现代汉语中有一个由历史故事演变而来的成语，叫作"萧规曹随"。现在，这个词的一般含义是陈陈相因、无所创建，并不算一个褒义词。但这个成语的来历，却有很丰富的文化含义。

汉惠帝二年（公元前193年）七月，丞相萧何病死。吕后、惠帝遵汉高祖遗嘱，召齐国国相曹参入朝，要他继萧何之职为丞相。曹参奉诏入朝，面谒吕后、惠帝，接了相印，入主丞相府。

当时朝臣们都私下里议论，说萧何、曹参二人与刘邦一起起家，同是沛吏出身，原本十分友好，后曹参战功甚多，封赏反而不如萧何，两人遂生隔阂。现在曹参为丞相，必然会因前嫌而对人事做大的调动。为此，相府里的各级官员都感前途未卜，一时间人心惶惶。谁知曹参接印数日，相府依然如故，且贴出文告，一切政务、用人都依前丞相旧章办事。官吏们这才放下心来，守职理事。

数月之后，曹参已渐渐熟知属僚，对那些好名喜事、弄文舞法的人员，一律革除，另在各郡国文吏中，选那些年高忠厚、口才迟钝者，补上空缺。自此，曹参将自己关在府中，日夜饮酒，不理政事。

有些和曹参关系密切的官员、宾客看到这种情况，都感奇怪，入见曹参，想要问个明白。

然而，只要见到曹参的，还没等到发问，便被曹参邀入席中饮酒，一杯未完，又是一杯，直到喝醉方止，所以没有人能够明白曹参的真正意思。俗话说，上行下效。参既喜饮，属吏们纷纷仿效。相府后面有个花园，经常有些下属聚在园旁，饮酒为乐。饮到半醉，或舞或歌，声音传到了很远的地方。曹参明知，却装聋作哑，不加理睬。有两个侍吏实在看不下去，以为曹参不知，便寻机找了个借口，请他往游后园。曹参来到园中，赏景闻声，兴致渐高，遂命侍吏摆酒园中，自饮自歌，与园旁吏声相互唱和。侍吏见此，感到莫名其妙，也不好再问。

曹参不但不去禁酒，属下办事稍有小误，也往往代为遮掩。属吏感德，但朝中大臣往往不解，有的便把曹参的作为报告了惠帝。惠帝因母后吕雉专权，残酷地杀了戚姬，毒死了戚姬的儿子如意，心感愤怨和绝望，遂躲入宫中，不理朝政，借酒消愁，沉溺闺房，消遣时光。及闻曹参所为，心想："相国怎来学我？难道因我年幼，看不起我？"正在惠帝猜疑之时，中大夫曹窋入侍。曹窋乃曹参之子。于是惠帝便对曹窋说："你回家后，可替朕问问你父：高祖新弃群臣，皇帝年幼未冠，全依相国辅佐。现在，你的父亲为丞相，只知饮酒，无所事事，如何能治理天下？不过，你要记住，不要说是我让你问的。"曹窋辞别归家，把惠帝所说的话都告诉了他的父亲。

曹参听后，竟然勃然大怒，不问是非，取过戒尺，打了曹窋二百下，而且边打边说："天下事你知多少？还不快快入宫侍驾！"曹窋挨打，既觉委屈，又不理解，入宫后，向惠帝直说了此事。惠帝听后，心中更感到疑惑，翌日朝后，便将曹参留下道："你为何责打你的儿子曹窋呢？他所说的话，都是我的意思。"曹参忙伏拜在地，顿首谢罪，问惠帝道："陛下自思，您的圣明英武，可比得上高祖？"惠帝道："朕怎敢与先帝相比！"参又问道："陛下察臣才，与故丞相萧何比，谁优谁劣？"惠帝不知参所问为何，还是答道："恐不及萧丞相。"曹参这才说道："陛下所言圣明，确实如此。从前高祖及萧丞相定天下，法令、制度都完备，今陛下垂拱临朝，臣等能守职奉法，遵前制而不令有失，便算是能继承前人了，难道还想胜过一筹吗？"惠帝听了以后，才了解了曹参的真正意图，说："朕已知道你的意思了，请退下休息吧。"

曹参回去后，依然照旧行事。百姓经过大乱后，只求安宁，国无大事，徭役较轻，便算太平。所以曹参为政，竟得讴歌，歌云："萧何为法，顜若画一；曹参代之，守而勿失。载其清净，民以宁一。"曹参主持相府整整三年，于汉惠帝五年（公元前 190 年）八月病死。

曹参原本就擅长黄老之学，主张无为而治。汉初的社会在经过了长期战乱之后，也正需要休养生息，所以，曹参的"萧规曹随"政策与当时的社会需要十分吻合，与当时吕后专权、皇帝无能的朝廷状况也是十分吻合的。而这一切，似乎并不能完全归功于曹参，实在是由于刘邦和萧何的明智。

（参见《汉书》等）

"柔道"开国与"柔道"治国

以柔胜刚，是中国人处世的理想境界。

柔能克刚，是中国人处世的坚定信念。

柔中含刚，刚中存柔，刚柔相济，不偏不倚，这才是中国人处世的正宗。这一理想化的处世方式，一个小小的太极图表现得最为形象。一个圆圈中有一个白色的阳鱼和一个黑色的阴鱼，阳鱼头抱阴鱼尾，阴鱼头抱阳鱼尾，互相纠结，浑融婉转，恰成一圆形，无始无终，无头无尾，无前无后，无高无下。最妙的是阴鱼当中有阳眼，阳鱼当中有阴眼，相互包容、相互蕴涵、相互激发、相互转化而又相互促生。我们曾经对这一处世方式进行过轰轰烈烈的批判，但今天凝神谛视这个小小的太极图时，却不能不承认它包含了宇宙中的至理，同时也是我们处理人事的最高准则。

必须指出的是，不论在历史还是现实中，刚者居多，柔者居少，若能以柔为主，寓刚于柔，其表现方式往往就是"柔道"。然而，**尽管"柔道"是治国治民、为人处世的最佳方法，人们却常常由于贪婪、暴躁、逞一时之快、急功近利、目光短浅，一般不去施用，或是施行得不好。**中国历史上的许多以"柔道"处世、以"柔道"治国的成功事例，早已证明"柔道"比"刚道"更加行之有效，其事半功倍、为利久远之特点，更是"刚道"所远为不及的。

汉朝的开国皇帝刘邦偶尔也会施行"柔道"。在楚、汉相争之时，项羽曾任用季布去攻打刘邦，季布多次把刘邦打得狼狈万分，甚至差点儿抓住刘邦，所以刘邦十分憎恨季布。西汉刚刚建立，刘邦就急不可耐地发布了一道命令，悬赏一千两金子捉拿季布，有胆敢留藏季布的人，诛杀本人及其父兄全家。季布藏到了濮阳一个姓周的人家里，那人说："汉王搜查您非常急迫，快要搜到我家里来了。您如果愿意听我的话，我才敢献出我的计策，如果不听，我就自己先抹脖子算了，免得连累全家。"季布听从他的话，他就给季布剃光了头发，脖子上套上铁圈，穿着破衣服，装在卖棺材的车里，卖给了当时著名的大侠朱家。尽管朱家知道他是季布，但还是买下了，并将他安置在田间的屋舍里。之后，朱家到了洛阳，见到了汝阴侯滕公，劝他说："季布有什么罪过吗？臣子各为其主，那是做臣子的职责啊！项羽的部下难道都能杀干净吗？现在皇上刚刚坐稳天下，却为自己的私怨去搜捕一个人，这是向天下人显示皇上的胸怀是多么狭窄啊！而以季布的贤能，汉朝又搜捕得这样紧急，这不是逼迫他向北逃往匈奴，或是向南逃往越地吗？把豪壮而勇敢的人赶往敌国，这就是楚王的尸体遭到伍子胥鞭打的原因啊！您为什么不找机会跟皇上说说这件事呢？"

滕公心里知道朱家是个大侠客，季布一定藏在他的家里，但又觉得朱家说得很有道理，便在上朝议事的时候说了上述的话。刘邦果然被说服了，赦免了季布。

季布变刚为柔，能伸能缩，在当时也赢得了美名。刘邦还召见了季布，拜他为郎中。

刘邦因为赦免了季布而安定了人心，那些过去与刘邦为敌准备谋反的人都安下心来，侍奉汉朝，刘邦也得了个气度豁达的好名声。

当然，与东汉的光武帝刘秀相比，刘邦的柔道实在是"小儿科"。刘秀是一位以柔开国、以柔治国的皇帝。他以"柔"为主，在政治、军事诸方面都体现出了这种精神，应该说他把中国的"柔道"发挥到了很高的境界。

刘秀生于汉建平元年（公元前6年），是汉高祖刘邦的九世孙。其父刘钦是南顿县令，在刘秀九岁时病故，此后，刘秀与哥哥刘縯被叔叔收养。据说刘秀身长七尺三寸，美髯眉，大口隆准，生有帝王相。刘秀好稼穑耕佣，他的哥哥就经常讥笑他。一次到亲戚家做客，院中宾朋满座、贵客云集，主人蔡少公精通谶纬之学，在述及谶语时说道："将来刘秀必为天子。"原来王莽的大臣刘歆也精通谶文，故改名为刘秀，大家以为是大臣刘秀。谁知座上忽起笑声："怎见得不是仆呢？"大家回头一看，竟是刘縯的弟弟刘秀，不禁一阵哄堂大笑。

在刘秀二十八岁的时候，王莽的"新政"很不得人心，加上天灾人祸，各地的农民纷纷起义，尤其是绿林、赤眉两支起义军，声势浩大，可与王莽军一较高低。在这种风起云涌的形势下，刘秀借南阳一带谷物歉收，与兄刘縯谋划起义，得众七八千人。

刘秀起义后，逐渐与当地的其他起义军汇合，一度并入绿林军。地皇四年（23年）十月，绿林军为了号召天下，立刘秀的族兄刘玄为帝，年号更始，绿林军的势力得到了迅猛的发展，以致让王莽"一日三惊"。王莽纠集新朝主力约四十二万人，号称百万，派大司空王邑、大司徒王寻为师，直扑绿林军。

刘秀等人放弃阳关，率部退守昆阳。昆阳守军只有八九千人，敌人则连营百里，势力太过悬殊。有些人主张分散撤出，刘秀坚决反对，认为如果并力御敌，尚有保全的希望，如果分散突围，必被包围消灭。他亲自率领十三骑趁夜突出南门求救，说服了定陵、郾城等地的起义军，率精兵数千人偷渡昆水，突袭敌人，使敌人手忙脚乱、阵脚不稳，终至大败。

昆阳之战是中国军事史上以少胜多的光辉范例，也为起义军推翻新莽政权奠定了基础。自打败了王邑、王寻的军队以后，刘秀兄弟的威名日盛，这就遭到另一派起义军将领的嫉妒。加上刘縯当初曾反对立刘玄为帝，这些人正好借此进谗，说刘縯不除，终为后患。刘玄懦弱无能，并无主张，便听了人言，准备伺机发难。刘玄借犒军之机，大会群将，制造借口，不久起义军内部发生了分裂，刘縯被杀。

刘秀当时正在父城，听到哥哥被杀，十分悲痛，大哭了一场，立即动身来到宛城。他见了刘玄，并不多说话，只讲自己的过失。刘玄问起宛城的守城情况，刘秀归功于诸将，一点儿也不自夸自傲。回到住处，逢人吊问，也绝口不提哥哥被杀的事。既不穿孝，也照常吃饭，与平时一样，毫无改变。刘玄见他如此，反觉得有些惭愧，从此对他更加信任，并拜他为破虏大将军，封武信侯。

其实刘秀因为兄长被杀而万分悲痛，此后数年想起还经常流泪叹息。但当时他知道自己尚无力与平林、新市两股起义军的力量抗衡，所以隐忍不发。刘秀的这次隐忍，既保全了自己，又在起义军中赢得了同情和信赖，为他日后自立创造了一定条件。

等到起义军杀了王莽，迎接刘玄进入洛阳，刘玄的其他官属都戴着布做的帽子，形状滑稽可笑，洛阳沿途的人见了，莫不暗暗发笑。唯有司隶校尉刘秀的僚属，都着汉朝装束，人们见了，都喜悦地说："不图今日复见汉官威仪。"于是，人心皆归刘秀。

刘玄定都洛阳以后，便欲派一位亲近而又有能力的大臣去安抚河北一带。刘秀看到这是一个发展个人力量的大好机会，便托人往说刘玄。刘玄同意了这个请求，刘秀就以更始政权大司马的身份前往河北，开始了扩张个人势力、建立东汉政权的准备活动。

当时的河北有三股势力：最大的是王郎，他自称是刘邦的后代，号召力很强；其次是王莽的残余势力；再次是铜马、青犊等农民起义军。刘秀在河北每到一地，必接见官吏，平反冤狱，废除王莽的苛政，恢复汉朝的制度，释放囚犯，慰问饥民。所做之事，均都顺应民心，官民因此而喜悦。

当时，有一个叫刘林的人向他献计说："现在赤眉军在黄河以东，如果决河灌赤眉，那么百万人都会成为鱼鳖了。"刘秀认为这样太过残忍，定会失去民心，就没有采纳。刘秀初到河北之时，兵少将寡，地方上各自为政，无人听他指挥，虽能"延揽英雄，务悦民心，立高祖之业"，但毕竟没有大量军队。他为王郎所追捕，曾多次陷入窘境。后来，他逐渐延揽了邓禹、冯异、寇恂、铫期、耿纯等人才，又假借当地起义军的名义召集人马，壮大声势，并联合信都、上谷、渔阳等地的官僚集团，这才算站住了脚。由于他实行"柔道"政策，服人以德不以威，众人一旦归心，就较为稳定。

刘秀认为"柔能制刚，弱能制强"，他多以宽柔的"德政"去收揽军心，很少以刑杀立威，这一点，在收编铜马起义军将士时表现得最为突出。当时，铜马起义军投降了刘秀，刘秀就"封其渠帅为列侯"，但刘秀的汉军将士对起义军很不放心，认为他们既属当地民众，又遭攻打杀掠，恐怕不易归心。铜马起义军的将士也很不安，害怕因不能得到汉军的信任而被杀害。在这种情况下，刘秀竟令汉军各自归营，自己一个人骑马来到铜马军营，帮他们一起操练军士。铜马将士议论说："肖王（刘秀）如此推心置腹地对待我们，我们怎能不为他效命呢？"刘秀直到把军士操练好，才把他们分到各营。铜马义军受到刘秀的如此信任，就都亲切地称他为"铜马帝"。

在消灭王郎以后，军士从王郎处收得了许多议论刘秀的书信，如果究查起来，会引起一大批人逃跑或者造反。刘秀根本连看都不看，命令当众烧掉，真正起到了"令反侧子自安"的效果，使那些惴惴不安的人下定决心跟刘秀到底。

更始三年（25 年），刘秀势力已十分强大，又有同学自关中捧《赤伏符》来见，说刘秀称帝是"上天之命"，刘秀便在诸将的一再请求下称帝，年号建武。称帝之后，他便和原来的农民起义军争夺天下。此时，他仍贯彻以柔道治天下的思想，这对他迅速取得胜利起到了很大的作用。

刘秀轻取洛阳就是运用这一思想的成功范例。当时，洛阳城池坚固，李轶、朱鲔拥兵三十万。刘秀先用离间计，让朱鲔刺杀了李轶，后又派人劝说朱鲔投降。但朱鲔因参与过谋杀刘秀哥哥的事，害怕刘秀复仇，犹豫不决。刘秀知道后，立即派人告诉他说："举大事者不计小怨，朱鲔若能投降，不仅绝不加诛，还会保其现在的爵位，并对河盟誓，绝不食言。"

朱鲔投降后，刘秀果然亲为解缚，以礼相待。

建武三年（27 年），赤眉军的樊崇、刘盆子投降，刘秀对他们说："你们过去大行无道，所过之处，老人弱者都被屠杀，国家被破坏，水井、炉灶被填平。然而你们还做了三件好事：第一件，你们攻破城市、遍行全国，但没有抛弃故土的妻子；第二件事，以刘氏宗室为君主；第三件事尤为值得称道，其他贼寇虽然也立了君主，但在危急时刻都是拿着君主的头颅来投降，唯独你们保全了刘盆子的性命并交给了我。"于是，刘秀下令让他们与妻儿一起住在洛阳，赐给每人一区宅屋，二顷田地。就这样，刘秀总是善于找出别人的优点，加以褒扬。

刘秀极善于调解将领之间的不和情绪，绝不让他们相互斗争，更不偏袒任何人。贾复与寇恂有仇，大有不共戴天之势，刘秀则把他们叫到一起，居间调和，善言相劝，使他们结友而去。

对待功臣，他绝不遗忘，而是待遇如初。征虏将军祭遵去世，刘秀悼念尤勤，甚至其灵车到达河南，他还"望哭哀恸"。中郎将来歙征蜀时被刺身亡，他竟乘着车子，戴着白布，前往吊唁。刘秀这种发自内心的真诚，确实赢得了人心。

刘秀实行轻法缓刑，重赏轻罚，以结民心。他一反功臣封地最多不过百里的古制，认为"古之亡国，皆以无道，未尝闻功臣地多灭亡者"。他分封的食邑最多的竟达六县之多。至于罚，非到不罚不足以惩后时才罚，即便罚，也尽量从轻，绝不轻易杀戮将士。邓禹称赞刘秀"军政齐肃，赏罚严明"，不为过誉。

在中国历史上，往往是"飞鸟尽，良弓藏；狡兔死，走狗烹；敌国灭，谋臣亡"，但唯独东汉的开国功臣皆得善终，这一点就足以说明刘秀"柔道"治国的可取性。

刘秀在称帝之前就告诫群臣，要"在上不骄"，做事要兢兢业业、如履薄冰、如临深渊、日慎一日，等等。在后来的岁月里，刘秀始终如一地自戒、戒人，这种用心良苦的告诫，虽不能从根本上扭转封建官场的习气，但毕竟起了一定的作用。当时军中武将多好儒家经典，就是很好的证明。

刘秀"柔道"兴汉，少杀多仁，不论是军事、政治还是外交等方面都治理得很好。曹操以奸诈成功，刘秀以"柔道"而有天下，看来，儒、道理论并非迂腐之学，只要运用得当，完全可以比别的方法更有效、更好。

（参见《汉书》等）

为臣之道

在中国的传统社会里，为臣之道有很多种，其中最重要的就是不要权大压主，不要引起君主的怀疑和恐惧，否则就自身难保了。

具有经天纬地之才、匡世济时之略的管仲，得遇齐桓公这样一位千载难逢的明主，总算能够大展雄才。只是有一点，他未把内政权、外交权尤其是军权集于一身，才得以善终，否则，别说不能施行改革，帮助桓公"九合诸侯，一匡天下"，恐怕早就身首异处了。其实，齐桓公也不傻，历史记载清楚地表明了这一点。

齐桓公对管仲极为信赖，有一天，他在朝堂上对大臣们说："我想立管仲做我的仲父，不知你们有什么意见，现在来表决一下。同意我立管仲为仲父的人进门以后往左走，不同意的人进门以后往右走。"说完以后，群臣各分左右，入门后站定，唯有东郭牙既不往左走，也不往右走，竟然站在门的正当中。桓公感到很奇怪，问东郭牙说："我要立管仲为仲父，同意的人往左走，不同意的人往右走，先生为什么立在中间呢？难道没有听见我的话吗？"

东郭牙说："以管仲的才能可以谋划天下吗？"齐桓公说："当然能。"东郭牙又问："以管仲的决断能干大事吗？"齐桓公说："当然能。"东郭牙说："那好，管仲的智谋足以谋划天下，管仲的决断足以干大事，您现在又要把国家的大权交给他，如果他用自己的智谋才能，凭借着您的威势，来治理齐国，请问，您的政权能不危险吗？"齐桓公听后悚然而惊，对东郭牙说："您的意见很有道理。"于是，就不再立管仲为仲父，也不把所有的大权交给他，而是让隰朋治理内政，让管仲治理外交，使他们分权并立。

汉朝的开国功臣萧何是刘邦当泗水亭长时的相识，当时，亭长负责处理乡里较小的诉讼案件，遇有大事，便向县里详细汇报，因此与县中官吏十分熟悉。萧何是沛县功曹，与刘邦同乡，又十分熟悉法律，刘邦对他就格外尊重和信服。刘邦每有什么处理不当的事，萧何常从旁指点，也代为掩饰通融，两人的关系就越来越密切。刘邦斩蛇起义以后，萧何一直跟随，刘邦差不多对他言听计从。楚、汉相争乃至汉朝开国的大政方针，几乎无不出于萧何之手，萧何可谓劳苦功高。当然，刘邦对萧何也不是毫无防备之心，但他能较好地处理。楚、汉相争之时，刘邦离开汉中来到关东，与项羽展开了长达四年之久的战争，萧何留在汉中，替刘邦镇守根本之地，并兼供给粮草兵丁。萧何非常善于治理国家，不久就"汉中大定"，百姓皆乐意为萧何奔走，萧何对刘邦的粮草供应也充足而及时。但刘邦深恐如此下去人心归萧，于己不利，他就托人捎信，慰问萧何，称赞他把汉中治理得很好。萧何十分警惕，为了免除嫌疑，他把自己的子弟亲属凡能参军者全部送到刘邦的军中，说是要为汉王平定天下而效力。

刘邦一见，果然十分放心，因为汉中既无萧何的族党，萧何也就不会生出二心。从此，君臣之间再无嫌隙。史书上这样记载这段历史，楚、汉战争之始，汉王刘邦令丞相萧何留守关中，辅佐太子刘盈，治理郡县，征集军饷，己则自统大军东讨项羽。汉王三年（公元前204年），楚、汉两军在荥阳（今河南荥阳东北）、成皋（今河南荥阳汜水镇）一线对峙，战斗异常惨烈。但刘邦却接连派出数批使臣返回关中，专门慰问萧何。对此，萧何未加注意，而门客鲍生却找到萧何说："现今，汉王领兵在外，风餐露宿，备尝辛苦，反而几次派人前来慰问丞相，这是对丞相产生了疑心。为避免生出祸端，丞相不如在亲族中挑选出年轻力壮的，让其押运粮草，前往荥阳从军，这样一来，汉王就不会有疑心了。"

萧何听后，猛然醒悟，于是按计而行，派了许多兄弟子侄，押着粮草，前往荥阳。刘邦听说丞相运来了军饷，并派了不少亲族子弟前来从军，心中大悦，传令亲自接见。当问到萧丞相近状时，萧家子弟齐道："丞相托大王洪福，一切安好，但常念大王栉风沐雨、驰骋沙场，恨不得亲来相随，分担劳苦。现特遣臣等前来从军，愿大王录用。"刘邦非常高兴地说道："丞相为国忘家，真是忠诚可嘉！"当即召入部吏，令他将萧家子弟量才录用。刘邦对萧何的疑虑，也因此而解。

后来刘邦还曾多次对萧何有所疑虑，都被萧何巧妙地化解了。

召平是个非常有见解的人，秦时为东陵侯，秦灭后沦为布衣，生活贫困，靠在长安东种瓜为生，所种瓜非常甜，被时人称为"东陵瓜"。萧何入关后，闻召平有贤名，将其招至幕下。汉高帝十年（公元前197年）九月，刘邦率军北征陈豨，韩信乘机欲谋为乱。吕后闻知，在萧何的帮助下，设计擒杀了韩信。刘邦得知后，便遣人返回长安，拜萧何为相国，加封五千户，并赐给了他五百人的卫队。众臣闻讯，纷纷前来祝贺，独召平前来相吊。

召平来到相府，对萧何说："自此公将惹祸了！"萧何一惊，忙问："祸从何来？"召平道："主上连年出征，亲冒矢石，只有您安守都城，不冒风险。今韩信刚欲反长安，主上又生疑心。给公加封，派卫队卫公，名为宠公，实则疑公，这不是大祸将临了吗？"萧何听后，恍然大悟，急问："君言甚是，但如何才能避祸？"召平说："公不如让封勿受，并将私财取出，移作军需，方可免祸。"萧何点头称是，于是，他只受相国职衔，让还封邑，并以家财佐军。刘邦听后，疑心稍解。

汉高帝十一年（公元前196年）七月，淮南王英布反，刘邦又移兵南征英布。其间，多次派使回长安，问相国近来做何事。使臣回报说："因陛下忙于军务，相国在都抚恤百姓、筹办军粮等。"一位门客听说了这件事，找到萧何说："您离灭族不远了。"萧何顿时大惊失色，不知为何。客又接着说："公位至相国，功居第一，无法再加了。主上屡问公所为，恐公久居关中，深得民心，若乘虚而动，皇上岂不是驾出难归了？今公不察上意，还勤恳为民，则更加重了主上的疑心。试问，如此下去，大祸岂不快要临头了吗？您不如多购田宅，强民贱卖，自毁贤名，使民间说您的坏话。如此，主上闻知后，您才可自保，家族亦可无恙。"萧何照计施行，刘邦得知后，方安下心来。

刘邦平定英布后返回长安，途中有不少百姓拦路上书，状告萧何强买民田。萧何入宫见驾，刘邦将状书一一展示给萧何看，笑道："相国就是这样办利民的事的吗？愿你自向百姓谢罪。"萧何见刘邦无深怪之意，退下后，将强买的田宅，或补足价格，或退还原主，百姓怨言渐渐平息，刘邦也因此获得了好名声。

韩信只能勇往直前，却不能善始善终；萧何功劳不及韩信，智谋亦不突出，却能自我保全，由此可见端倪。

（参见《左传》《史记》等）

洒脱不羁的魏晋风度

魏晋风度是在中国魏晋时期产生的一种特定的人格模式。它的特点是自由、狂放、洒脱不羁而又纯真自然，表现出了对人的本真生命的强烈向往和追求，是青春生命的一次艳丽迸发，因而给后人留下了无尽的向往。

魏晋南北朝时期，是一个"乱"和"篡"的时期，政治斗争风云变幻，人们稍一不慎，就有杀身之祸。在这一时期要想保持自己高洁的人格是非常困难的。

曹操的子孙从刘氏宗族的手里夺来的皇权，没有几年就保不住了。正始十年（249年）司马懿策划政变，诛灭曹爽三族，后来，"司马昭之心，路人皆知"，司马氏干脆就篡夺了曹魏的政权，建立了晋朝。

在这期间，司马氏集团在思想上的控制是非常严格的，对当时有名的知识分子采取的是又拉又打的方法。当时著名的"竹林七贤"开始时都不与司马氏集团合作，但由于司马氏集团对他们分化瓦解，没过多久，"竹林七贤"中有的投靠了司马氏集团，有的被找个借口残酷地杀害了。

阮籍是"竹林七贤"中的著名人物，也是当时的人望所在，他当然看不惯司马氏集团的所作所为，不愿与他们合作。他志气宏达豪放，性格傲岸孤高，从小就有匡时济世的抱负。但在当时人人惴惴不安的恐怖气氛下，他采取的策略只能是"至慎""口不臧否人物"，所以司马氏集团一直没有找到借口来对他采取什么措施。

曹爽专权时，阮籍曾被召为参军，但他以病推辞，隐居乡间。一年多后，曹爽被诛，人们都佩服他的远见。他忘情于山水之间，对朝廷的征聘一直不予理睬。后来司马氏掌权，他慑于其高压政策，为了逃避当权者的迫害，才出任小官。但他"居官无官之意"，做官实在是有些胡闹。实际上，他这样做是为了韬光养晦，为了让司马氏集团以为他只是徒有虚名而无实学的人，从而不被猜忌。

阮籍好酒是出了名的。当他遇到难题时，常常用醉酒不醒来躲避是非，但越是这样，他的名声就越大。司马昭看到阮籍很有声望，极力要把他拉到自己的营垒来，于是就派人到阮籍那儿，为他的儿子司马炎向阮籍提亲，如果二人做了亲家，那阮籍就是司马氏集团的人了。阮籍听说后，十分惶恐。他不愿和司马氏联姻，但是若要一口拒绝婚事，恐怕就会有性命之虞。于是，他又故技重施，听说司马昭派的媒人来了，他就拼命饮酒，喝得酩酊大醉，不省人事。等提亲的官员来到，只见他呼呼大睡，怎么推他、喊他，都醒不了，什么话也讲不成，只好第二天再来，但他依然大醉不醒。后来司马昭亲自来提亲，他仍是如此。接连许多次，弄得司马昭一直没有机会开口，婚事只好作罢。

阮籍这次醉酒，整整醉了六十天，终于避开了这个难题，但还是有许多人想陷害他。钟会心怀叵测，好几次去找阮籍，提出一些问题来问他，想从他的话语里找出破绽。阮籍看出他的用意，等他一来，就请他喝酒，自己也喝酒，边喝边聊，一喝就醉醺醺的，似乎什么正经话都说不了，搞得钟会对他一点儿办法都没有。尽管多次设圈套，却不能抓到丝毫把柄。阮籍因此避免了遭受陷害。

一次，阮籍听说步兵兵营的厨师善酿，还存有三百斛酒，他就主动请求去做步兵校尉，后人因此称他为阮步兵。其实，他恐怕并不只是为了贪杯，而是为了逃避当时残酷的政治斗争。

然而，在政治斗争的旋涡里是无法自全和自保的。后来，司马昭自称晋公，因为阮籍在当时的文才最好，名气最大，如果他为自己写了劝进表，对天下的士人很有号召力，于是，司马昭要他写。他一拖再拖，但官员不断地前来催逼，最终无法逃脱，还是写了。他干完了这件最不愿意干的事之后，就郁郁而死了。

当然，在"竹林七贤"中，最以饮酒著称的还是刘伶。由于他既善于写诗，又着意饮酒，并专门写过一篇歌颂饮酒的《酒德颂》，所以后人往往把他看作文人中的酒仙。刘伶身材矮小，其貌不扬，性格落落寡合，不随便和人交往，只有阮籍、嵇康等朋友经常携手同游竹林。刘伶性情旷达，不以家产有无为念，平生所好似乎只有饮酒，他的生命与酒已经完全融为一体。他常常坐着小车，随身带着一壶酒，让童子拿着一把铲子跟在车子的后面，嘱咐他说："如果我喝酒喝死了，你就随地把我埋掉算了，千万不要拘泥于世俗的礼节。"

与"竹林七贤"的其他成员一样，刘伶是非常蔑视世俗的，表达方式甚至比"非汤武而薄周孔"的嵇康还要激烈得多，纵酒任性，毫无拘束。有时在家里喝得高兴了，便脱去衣服，赤身裸体，一个人狂呼乱舞。一次，他正跳跃得高兴，正好有人进来，看见他光着身子，便讥笑他不成体统。他不仅没有感到不好意思，反而嘲弄那人说："天地是我的房屋，房屋是我的衣裤，你们这些人竟然钻到我的裤子里来了，干什么啊？"结果弄得那人狼狈而逃。

刘伶饮酒无度，损坏了自己的健康，害了酒病，每当口渴得很厉害，便又向妻子要酒喝。他妻子把酒倒掉，把酒器也全毁坏，哭着求他说："你喝酒喝得太多了啊，这不是养生之道啊，你还是把酒戒了吧！"刘伶听后说："对啊，我应该戒酒啊！"他的妻子不相信，一定要他对鬼神发誓才可。刘伶对他的妻子说："好吧。你赶快去准备酒肉吧，好让我向鬼神祷告。"妻子信以为真，赶紧把酒肉备办好，让刘伶来发誓。刘伶跪下祷告说："天生刘伶，以酒为名；一饮一斛，五斗解酲；妇人之言，慎不可听。"说完，就拿起妻子准备的酒，又喝了个酩酊大醉。

刘伶和"竹林七贤"都不是普通的酒徒，他们或是借酒来逃避现实中残酷的政治斗争，或是以饮酒的疏狂来表示自己对现实的不满和愤懑，或是以酒来消解无以抒发的悲剧意识。总之，酒在他们那里已经和他们的内在生命融为一体，他们也赋予了酒以圣明的品格。因此，用酒香熏陶出的魏晋风度一直成为后代文人向往不已的人格楷模。

王羲之是东晋著名的书法家，也是名士。其书法博采众美，熔铸古今，并推陈出新，改变了汉魏以来隶书的质朴，创造出最能体现魏晋时期文化风尚的佻达飞扬、妍美流便的新体书法，在中国书法史上有崇高的地位和深远的影响，甚至奠定了中国书法艺术的基础，因而他被后人尊为"书圣"。

王羲之是司徒王导的堂侄，而王家是东晋最有名望的士族。"旧时王谢堂前燕，飞入寻常百姓家"，说的就是东晋时期的王导和谢安两个大家族。当时，太尉郗鉴有一个才貌十分出众的女儿，想和王家结亲，为女儿挑一个乘龙快婿。一天，他派门客去王导家挑选女婿。王导带着郗鉴的门客到东厢房一个一个地相看他的子侄。王家的年轻人本来正在各干各的事，看见王导陪着一陌生人进来，都好奇地看着，开始并不知道他们是干什么的，后来听说是太尉的门客来为太尉挑选女婿的，就赶紧都正襟危坐，一本正经地让客人观看，并诚惶诚恐地回答客人的问话。郗鉴的门客也是一个很有名士风范的人物，他觉得这些人都是俗物，只有一人和别人不一样，毫不在乎有客人进来，似乎不知道挑女婿这回事，依然坐在东床上，敞着怀吃东西，并显出一脸怡然自得的样子。

门客回去后，向郗鉴报告说："王家的年轻人，个个都不错。不过听说我是来为您挑女婿的，都变得矜持拘谨起来。只有一个人好像独独没听说您要挑女婿似的，竟然坐在东床上无所顾忌地吃东西。"郗鉴听了高兴地说："这个小伙子正是我要选的好女婿啊！"一打听，原来东床袒腹的，就是王羲之。郗鉴十分高兴，于是把女儿嫁给了他。

王羲之步入仕途后，勤政爱民，官至右军将军、会稽内史。后因不容于上司，便称病去职，立誓不再做官，从此寄情山水，既是名士，又是隐士，过着逍遥自在的生活。他五十九岁去世，朝廷赠金紫光禄大夫，但他早已立下遗嘱，对此不予接受。

其实，魏晋风度包括许多方面。下面是魏晋风度的另一个侧面。

王献之少年时代便负有盛名，他的书法既有父辈的风采，又有创新，书风恣纵雄武、秀劲飘洒。他的为人与其父有相似之处，性格豪放，志向高远，处事镇定从容。这种性格也同样反映在练习书法上。还在七八岁的时候，王献之就开始学习书法，他学得十分认真。

有一次，父亲王羲之看见他在写字，便悄悄地走到他背后，然后伸出手来，猛地一下去抽他握着的毛笔，却未能夺下。一个七八岁的孩子能有如此大的定力，实在使王羲之有些吃惊。而王献之一点儿也没有受到惊吓的样子，手里仍拿着那支笔，回过头来一看，见是父亲，便问有什么事。

又有一次，王献之拿了一支大笔在一面墙壁上写一丈见方的大字。人们见一个小孩居然能写那么大的字，都十分惊奇，纷纷前来观看。后来围观者竟达数百人之多，把王献之围在里面，水泄不通。王献之却不以为怪，依然旁若无人、一丝不苟地写字。王羲之见他的字写得很有气派，认为难能可贵。

还有一次，当时掌握了朝政大权的桓温请王献之书写扇面。他一不小心，手中的笔落在了扇面上。如果是其他人遇到这种情况，可能会吓得不知所措了。但王献之心思机敏，仍然若无其事，只见他就在这块黑墨上描画了几下，立时，一头栩栩如生的黑色母牛出现在扇面上，再配上他写的字，非常精妙。桓温见了，连声叫好。王羲之见他处事如此镇静从容，不由得感叹说："这孩子将来一定会有很大的名声。"

有一天晚上，王献之在卧室睡觉，几个小偷撬锁溜进了他的房间。王献之被惊醒后，却沉着不语，看着小偷偷东西，当小偷们正想溜走的时候，他才慢条斯理地对小偷说："偷儿，那块青毡是我家祖传之物，你们要它无用，还是把它留下吧。"小偷们万没想到会有人观看他们的偷窃行动，慌忙丢下东西逃走了。

王羲之和谢安是好友，也是通家之好。有一次，王献之同他的哥哥徽之、操之一起去拜访谢安。行过见面礼后，两位哥哥和谢安以及他们家的客人侃侃而谈，但所说的大都是生活琐事。王献之觉得谈这一类的话题没有什么意思，只不过寒暄几句，便不动声色地坐在那里听大家说话。等王家三兄弟走后，客人们和谢安一起评论他们的优劣高下。有的说徽之谈吐随和，卓尔不群；有的说操之举止大方，一表人才。谢安在当时是以赏识和品评人物著称的，人们一旦得到他的赏识，往往会在顷刻间身价百倍，他认为年岁小的献之最好，这使得客人们大感不解。客人问他为什么这么说，谢安解释说："吉人往往寡言少语，因为他说话很少，所以我知道他将来一定很有出息。"

果然，王献之与他的父亲王羲之一起被尊为"二王"，与其父亲一样，得到了后世读书人的普遍爱戴。

相对于阮籍，中国历史上的许多隐士确实能够避祸全身，东汉时期的著名隐士法真就是其中一个。法真，字高卿，扶风人，他的父亲法雄曾任过南郡太守。法真好学，对诸子百家的学说都有涉猎，学问很渊博，是关西地区有名的大儒。

法真出身名门，按当时的情况，做官应该是不难的。但他性情恬静寡欲，不愿参与政事。越是这样，他的名声就越大。扶风郡太守久闻其名，希望与他见面，法真无法推辞，便应邀前往。太守对他说："春秋时，鲁哀公虽然不是贤君，但孔仲尼却对他称臣。如今，我德薄名虚，但想委屈你在郡里当个功曹，怎么样？"郡守竟然拿他与孔子相比，这对他的评价当然是很高的了。但法真不愿做官，回答道："太守待人以礼，所以我才做您的宾客。如果您要以我为吏，那我就要躲到北山之北、南山之南了。"太守听了这话，再也不敢勉强他了。后来，朝廷举他为贤良，法真也没有应承。

同郡人田弱对法真的才学和品德是十分推崇的，多次荐举他。有一次，顺帝西巡，田弱又乘机推荐。顺帝前后四次征召法真，法真不但没有前往，反而深深隐居起来，始终没有露面。法真的朋友郭正称赞他说："法真这个人呀，可闻其大名，却难见其本人。他不愿出名而名声却老伴随着他，逃避功名而功名老追着他。他真可以为百世之师了。"

法真生活在东汉后期，朝廷内宦官外戚之争、党锢之祸屡屡发生，为此丧命的人很多，而法真却能以八十九岁高龄善终，在东汉的士人中，实在是少见的，不能不说这是他隐逸立身的成功。

（参见《晋书》《后汉书》《世说新语》等）

雅　量

历史赋予了中国知识分子实现王道的使命，但现实却又总是与他们的愿望相龃龉。于是他们便以愤激的言辞来批评社会，以不羁的性格来标举自由，以放诞的行为来惊世骇俗，以特异的举止来彰显独立。这便是魏晋风度，也是中国知识分子所倾慕的人生方式。

魏晋风度历来是为人们所向往的，但要想效法，又谈何容易。在《世说新语》中有一节叫作"雅量"，专门记述魏晋时期某些士人豁达大度的气量。据载，在这方面，最突出的要数谢安等人。

谢安做事从容不迫，处变不惊。有一次，他和朋友们一起坐船在海上游玩，忽然，狂风骤起，白浪滔天，船被颠簸得东倒西歪，船上的人都吓得大惊失色，紧紧地抓着船舷，动也不敢动，只有谢安面不改色，依然如故，还迎着风浪吟唱呼啸。船夫倒是有雅趣的人，以为谢安很喜欢在这样的风浪中行船，就继续费劲地向前划船。这时狂风恶浪越来越猛，船夫却只顾划船，别人都害怕得实在不行了，但又碍于面子，不好意思要求回去，这时谢安才不紧不慢地说道："像这样的天气，还要把船划到哪儿去玩？"船夫这才掉过船头往回划。大家对谢安遇难不乱的气度非常钦佩，从此他们知道，将来治理国家是非谢安莫属了。

东晋宁康元年（373 年），简文帝司马昱死，孝武帝司马曜刚刚即位，早就觊觎皇位的大司马桓温，便调兵遣将，炫耀武力，想趁此机会夺取皇位。他率兵进驻到了新亭，而新亭就在京城建康的近郊，地近江滨，依山为城垒，是军事及交通重地。桓温大兵抵达此处，自然引起朝廷恐慌。

当时朝廷的众望所在，乃是吏部尚书谢安和侍中王坦之二人。而王坦之本来就对桓温心存畏怯，因为他曾经阻止过桓温篡权。简文帝在弥留之际曾命人起草遗诏，让大司马桓温依据周公摄政的先例来治理国家，还说："少子可辅最佳；如不可辅，卿可自取之。"王坦之读了草诏，当着简文帝的面就把它撕碎，愤怒地说："天下是宣帝（指司马懿）、元帝（指司马睿）的天下，陛下怎么能私相授受呢？"简文帝听了他的这一番话，觉得十分有道理，就让王坦之改诏为："众国事一禀大司马，可仿照当年诸葛亮、王导辅助幼主之故事。"这样一来，桓温才没有当上皇帝。现在，桓温带兵前来，京城朝野议论纷纷，认为桓温带兵前来，不是要废黜幼主，就是要诛杀王、谢。王坦之听了这些议论，怎能不心惊肉跳、坐立不安呢？

谢安则不同，他听了众人的议论，不以为忧，神色表情一如平常。实际上，谢安曾经应聘做过征西大将军桓温的司马，桓温十分了解他的才干，明白谢安才是他篡权的最大障碍。果不出所料，桓温此次来确是想借机杀掉王坦之和谢安。不久，他便派人传话：要王坦之和谢安两人去新亭见他。

王坦之接到桓温的通知，不知如何是好，就去找谢安商量办法。谢安却神色不变，态度安详，和往常一样，好像没有什么杀身之祸等着他。王坦之说："桓将军这次带兵前来，朝廷恐怕凶多吉少。现在又要我们两人去新亭见他，万一有去无回，如何是好？"谢安笑道："你我同受国家俸禄，当为国家效力。晋室江山的存亡，就看我们这一回的作为了！"说完，谢安牵着王坦之的手一起出门，直去新亭，朝廷官员也有许多人相随同去。

到了新亭，众人见桓温兵营阵容严密、队伍肃然，心里就更加紧张了。刚走进桓温大营，几位稍有声望的官员，唯恐得罪桓温，马上远远地向桓温叩拜，战战兢兢，脸都变了色。王坦之也吓出一身冷汗，他勉强移着脚步走到桓温面前，向他行礼，慌乱中竟然把手板都拿倒了。

只有谢安态度自若，不拘形迹。他稳步走到桓温前，不卑不亢地对桓温说："明公别来无恙？"桓温虽然知道谢安是个不同寻常的人物，但未料到他居然能如此处变不惊，自己反倒有些吃惊了，连连说："好，好，谢大人请坐，请坐。"

谢安从容就座。这时，王坦之等人惊魂未定，还在浑身哆嗦。谢安在席间说东道西，谈笑自如，所言之事，左右逢源，桓温和他的谋士们找不到茬儿，无法下手。而谢安却在闲谈时观察左右，早已看到壁后埋伏着武士。他见已经到了应该说破的时机，便转身笑着对桓温说："我听人讲，'诸侯有道，守在四邻（意思是说如果诸侯有道德的话，那么四邻都会帮你防守，是用不着自己到处设防的）。'明公又何须在壁后藏人呢？"

这是对桓温的绝大讽刺，他变得极为尴尬，急忙说："在军中这已经成了习惯，恐怕有突然事变，不得不如此啊！既然谢大人这么说，就赶快撤走吧！"

谢安又和桓温谈笑了大半天，他那么风度翩翩、安详稳重，使桓温始终不能加害于他。而王坦之却一直呆若木鸡，一言不发，待到和谢安一同回建康时，冷汗已把里衣都湿透了。王坦之与谢安本来在治国、为人等方面都是齐名的，但经过这次风波，两人的优劣便区分出来了。

不久，桓温生了重病，却还想向朝廷要"九锡"（按：古代帝王赐给有大功或有权势的诸侯大臣的九种礼器，后世权臣篡位前，常先赐九锡），便派人向朝廷请求。因为他再三催促，谢安只好让吏部郎袁宏起草。袁宏文才很好，起笔立就，谁知谢安偏偏故意找碴儿，吹毛求疵，要他一改再改，改了一个月还没改成。袁宏虽然文才极好，但在政治上却是个糊涂人，他觉得十分奇怪，自己怎么连个诏书都写不好，便暗中问仆射王彪之，究竟应该怎么写。王彪之说："像你这样的大才，何用修饰？这是谢尚书故意要你一改再改，他知道桓公病势一天天加重，料定长不了，所以借此来拖延时间。"袁宏这才大悟，懂得了谢安的用心。由于谢安不动声色地用了拖延策略，致使后来桓温野心未能得逞便去世了。

谢安曾以八万之众破前秦近百万大军，又在不动声色中挫败了桓温，屡安晋室，实在算得上是有雅量的人。

（参见《晋书》《世说新语》等）

慈·忍·变

在黄老道术中，慈忍之道是非常重要的组成部分。所谓慈，就是慈爱，这种慈爱就像父母对待儿女一样，是一种无私（甚至是无原则）的给予，比儒家讲究正义原则的以德为本又高出了一层。因此，慈爱对于个人的修养来说是一种达到了"精神内敛""智慧澄澈"的境界，但它与"不敢为天下先"一样都是一种处世的机谋，只是慈要比后者深刻得多。慈之服人，绝不在外在的收服，而是要让被收服者充分领受到慈爱。它没有以理服人的外在性，因此也就避免了被收服者的内在情感的疏离，它会受到那些被收服者永远的、心甘情愿的报答和捍卫。

先说"慈"。

唐太宗在有些时候就表现得深通此道。

长孙顺德是太宗长孙皇后的族叔，曾仕隋，任右勋卫，后逃到太原，投奔了李渊，深得高祖、太宗的信任。后来太宗让他以讨贼为名，与刘弘基等人一起招募军队，两人不到一个月就招募了一万多人，在太原城下扎营。高祖由太原起兵时，拜长孙顺德为统军，跟从太宗攻克霍邑、临汾、绛郡。长孙顺德作战勇敢，屡有战功，不久与刘文静一起攻击并擒获隋将屈突通，后又平定了陕县。总之，在整个李唐反隋的过程中，他得到了充分的信任，确实也多有战功。

高祖即位，拜长孙顺德为左骁卫大将军，封为薛国公。

武德九年（626 年），长孙顺德与秦叔宝等参加了李世民发动的玄武门政变，为唐太宗即位立了大功。太宗登上皇位以后，特赐给长孙顺德宫女，长孙顺德也受到特别的允许，常在皇宫内住宿。后来长孙顺德让自己的管家接受了别人的赠绢，被人告发，按照唐朝的法律，要受到严重的处罚。但太宗不忍心处置他，对身边的近侍大臣说："长孙顺德处在外戚的地位，功劳属于开国元勋之列，官位高，俸禄丰厚，可以称得上富有尊贵，可惜的是他读书太少。他若能勤于读书，通览古今之事，将其作为自己的鉴戒，就会与现在不一样了。他如此不遵守节操，不顾名声，而贪图一点儿贿赂，使丑闻暴露，真让我觉得难为情啊！"

在长孙顺德受贿的事被告发以后，太宗不仅没有加以惩处，还在朝廷上当众赐给他绢数十匹，使他内心感到非常的惭愧。大理寺少卿胡演进谏说："长孙顺德违法受贿，罪过不能饶恕，为什么又赐给他绢呢？"太宗说："人是有良知、有悟性的，得到绢比受惩处更难过；如果不知惭愧，就不过是一头禽兽罢了。如果是一头禽兽，即使杀了他，又有什么益处？"

不久，长孙顺德与李孝常勾结犯罪，这回唐太宗无法回护他了，将他除名。过了一年多，太宗看功臣图，见到了长孙顺德的画像，于是对他产生了怜悯之心，于是派宇文士及去察看长孙顺德的生活情况，宇文士及见长孙顺德精神很不好，经常醉酒、自责，朝中大臣都认为他已经悔悟，太宗又将他召回京，授予泽州刺史的官职，恢复了他的封爵和食邑。

对这件事，朝中的大臣们十分感慨，觉得唐太宗实在像一位慈爱的父亲，对待孩子的过错总是给予改正的机会，没有责罚的念头。由此，大臣们对唐太宗就更加心悦诚服了。

东吴的孙权对待吕蒙也是一个很好的例子。也许，孙权更多的是出于真正的感情，但这种感情本身就是符合慈忍之道的，只要这种感情不在一定的时候完全失去控制就可以了。

吕蒙是孙权手下的得力干将，勇敢且有智谋，对孙权也非常忠诚，为东吴立有大功，孙权极其爱护这位将军。

吕蒙活捉关羽、平定荆州之后，被孙权任命为南郡太守，封为孱陵侯，赏赐钱财达一亿之多，并黄金五百斤。吕蒙推辞不受，孙权一定要他接受。但是，册封爵位的行文还没有颁布，吕蒙就旧病发作。孙权听说后，异常着急，立即把吕蒙接到自己的宫殿中，千方百计给他治病。孙权不仅亲自请医问药，还贴榜招募名医，并布告天下：谁能治愈吕蒙的病，就赏给他黄金千两。有个医生采取针灸的方法给吕蒙治病，孙权在一旁看到他受折磨而难过落泪。孙权关心吕蒙的病情到了无以复加的程度，为了能经常观看他的面色，但又怕他为迎接自己受累，就在室外悄悄地通过墙上的洞眼察看吕蒙的病情。当他见吕蒙稍微能吃下一点儿饭菜时，心情就特别好，高兴得与身边侍从又说又笑；如果发现吕蒙吃不下东西，心情马上就坏起来，愁容满面，唉声叹气，晚上牵挂得睡不着觉。有一阵，吕蒙病情好像有所好转，孙权就特别高兴，竟然宣颁赦免令，并请大臣们前来庆贺。后来，吕蒙的病情越来越重，孙权每天请道士在星空下为其祈祷，并亲自守护在他的病榻前。吕蒙的病最终没有治愈，不幸去世。孙权极其悲恸，自己穿上素白丧服，为吕蒙守灵，很多日子都心神恍惚，不思饮食。

孙权对吕蒙身后的安排想得十分周到，为他修筑了很好的坟墓，还安排了三百户人家守墓。

如果对慈作为一种御人之术还不清楚，再回到唐太宗来看看，毕竟他做得更露骨了一点儿。

　　李勣出身平民，后来受到了唐太宗的重用，武德八年（625年）、贞观三年（629年）两次出击突厥，立下大功。后来，高宗为晋王，遥领并州大都督，太宗授李勣为光禄大夫，兼任并州大都督府长史。李勣在并州共十六年，令行禁止，人们皆称其称职。太宗对近臣称赞他说："隋炀帝不能精选贤臣良将安抚边境，只知道修筑长城以防备突厥的侵扰，头脑昏惑，竟至于此！我现在委任李勣镇守并州，遂使突厥畏惧他的威势而远远逃遁，边境得保安宁，这岂不远远胜过修筑长城吗？"

　　贞观十五年（641年），太宗征召李勣，拜为兵部尚书。李勣尚未赴京城，适逢薛延陀派遣他的儿子大度设率骑兵八万人南侵李思摩部落。太宗命李勣为朔州行军总管，率领轻装的骑兵三千人追击薛延陀至青山，大破敌人，斩其名王一人，俘获了他们的首领，俘虏五万余人。当时李勣突然生病，依照医生的处方，把胡须烧成灰配药可以治疗他的病。太宗就把自己的胡须全都剪下来，为李勣配药。李勣深受感动，叩头流血，哭着对太宗恳切地表示谢意。太宗说："你也是为国家的前途着想，不必烦劳你深表谢意。"

　　贞观十七年（643年），高宗被立为皇太子，太宗调李勣在太子詹事兼左卫率，同中书门下三品。太宗对李勣说："我儿新登储位，您原是他部下的长史，现在把太子宫的事委托给您，所以才这样任命。委屈了您的官阶、资历，请您不要见怪。"太宗还曾在一次宴会上对李勣说："我将要把太子托付给朝廷重臣，思来想去，没有比您更合适的人选了。您过去不肯遗弃李密，现在岂能辜负我的重托啊！"李勣泣不成声地表达心愿，并咬破手指发誓，一定竭忠尽智辅佐太子。过了一会儿，李勣沉醉不醒，太宗就脱下自己的御衣，给李勣盖上。

　　贞观二十三年（649年），太宗卧病在床，对高宗说："你对李勣没有恩惠。他是个可靠的人，为了让你结恩于他，我现在要责罚他离开京城。我死后，你要把他再召回来，授给他仆射的官职。他蒙受了你的恩惠，必定会为你尽忠竭力。"于是太宗真的将李勣责出京城，任叠州都督。高宗即位，当月即召李勣拜洛州刺史，不久，加开府仪同三司，令同中书、门下，参与掌管机密大事。当年，册拜李勣为尚书左仆射，完全如太宗临终安排的一样。

李勣是中国历史上传奇般的智谋人物，以他的才智，他是不会不知道自己被利用了，但明知被利用而又心甘情愿，这既是慈忍之道的高明之处，也是人性的弱点之一。

再说"忍"。

与慈相关的就是忍。在这里，忍，指的不是残忍，而是忍耐。**这绝不是一般意义上的忍耐，它是人在处于劣势或不得意时为了将来的发展而采取的一种策略。**这又不是一般意义上的策略，而是在洞察了一切世事变化的规律以后发自内心深处的一种情志。这种忍不仅包括忍受逆境、苦难和屈辱，还包括"乐之忍""富之忍""权之忍""安之忍""快之忍"，等等。总之，它是一种修养之忍，是一种趋吉避凶的深刻的智谋，是圆融无碍的处世智慧。

大家都知道，在三国时期的三个开国君主中，刘备是最不容易的。他从一个织席贩履之徒最终成为蜀国的开国君主，其间经历的磨难是可想而知的。刘备之所以最后取得了成功，其最重要的策略便是忍。俗话说，刘备的天下是哭出来的，由此也可见刘备忍术之深。他自己也说过："操以急，吾以缓；操以谲，吾以仁；操以刑，吾以德。"其实，不是刘备不愿意实行曹操的策略，在很大程度上是他没有曹操那样的条件。

刘备所忍、所哭之处甚多，下面仅举一例。

东汉兴平元年（194 年），益州牧刘焉重病去世，朝廷下诏书，任命刘璋为益州牧。刘璋性格软弱，没有主见。驻守在川西地区的张鲁不肯顺从刘璋，刘璋就杀了张鲁的母亲和弟弟，从此与张鲁结下仇恨。刘璋几次派人攻打张鲁，都被打败，而其军队内部又发生兵变，时局很难维持。当时曹操正征伐荆州，平定汉中，刘璋就想借助曹操的力量讨伐张鲁。

一天，刘璋得到消息，说张鲁领兵准备夺取四川，心中十分忧虑，于是召集众谋臣商量对策。忽然有一人自荐说："主公放心，我有办法去求见曹操，请曹操出兵对付张鲁，定叫张鲁不敢正眼来看西川。"说话的人原来是益州别驾张松。于是刘璋派张松为大使，带上金银珠宝、锦缎丝绸等贡物，去晋见曹操。张松别有打算，就私下又画了一张西川地理图，藏在身上，带着随从赶赴许都。

张松到许都后，每天都到相府求见曹操，但直到第三天才被召见。到了堂上，张松拜见曹操，曹操问："刘璋为何好几年不来进贡？"张松说："路途艰险，贼寇猖狂，无法前来。"曹操训斥说："我已扫清中原，还有什么盗贼？"张松说："还有孙权、张鲁、刘备，每人都带兵十多万人，怎么能说已太平了呢？"曹操见张松长得尖头猴脑，身短五尺，本来就不喜，再听到他那冲撞的话语，很是生气，一挥衣袖起身就进了后堂。左右的人责备张松说："你是使者，语言不恭，惹丞相生气，幸亏丞相看你远道而来，不加罪于你。还不赶快回去！"

张松正要走，后堂出来一人传曹操的话，让张松第二天去西校场点兵，见识见识曹兵的军容风貌。第二天，张松来到西校场。曹操点雄兵五万，布置在校场中，果然衣袍斑斓，盔甲闪光，旌旗飘扬。过了一会儿，曹操指着四面八方的队伍问张松："你们西川有这样的军队吗？"张松说："我蜀军中没有这样的兵和武器，但讲究仁义道德。"曹操一听就变了脸色，大声说："我视天下无能的人如同草芥一样，我的军队，攻无不克，战无不胜，顺我者昌，逆我者亡。你懂吗？"张松用轻蔑的口气回答说："我一向知道丞相的军队所到之处，攻必克，战必胜。过去你们在赤壁遇到周郎，华容道与关羽相逢，在潼关割须丢袍，渭水夺船避箭……这都是无敌于天下啊？"

这都是曹操一生中最不得意的事，曹操听了大怒道："你竟敢揭我的短处！"命令手下人用棍棒把张松打了出去。张松回到旅馆，当晚就收拾行装准备回西川。一路上张松想："我本来想把西川州郡献给曹操，谁料想他如此藐视我。来时我向刘璋夸过口，现在一事无成，回去岂不被人笑话？听说荆州刘备待人仁义，不如去那里看看这人会怎样待我。"于是朝荆州方向走去。

张松风尘仆仆，一路不停来到郢州地界边。但见前面奔来一队人马，为首一员大将，勒住马问张松："你莫非就是张别驾？"张松答："正是。"那人赶紧下马说："赵云我等候半天了。"张松说："莫非你就是赵子龙？"赵云答："是啊，我奉主公的命令，前来迎接。"赵云将张松领到事先安排好的客店，酒筵招待，当晚安排他住下。张松暗自欢喜："人们都说刘备宽厚仁义，果然不假，我这趟也许不会白来。"

第二天早上，赵云陪同张松继续前进，上马行进刚有四五里路程，前方又来了一队人马。原来是刘备带着诸葛亮等亲自前来迎接张松，这使张松受宠若惊。刘备远远地就下马等候，张松急忙下马拜见。刘备说："久闻大名，无法相见。听说您路过我处，如不嫌弃，请到荆州暂歇，叙叙仰慕之情，我会感到荣幸的。"

张松听了这番话，非常高兴，就随刘备进了荆州。刘备设宴招待张松，宴席间张松问："皇叔占守荆州，还有几个郡？"诸葛亮说："荆州也是借东吴的，以往人家催讨归还，只因现在我主公已是东吴女婿，所以才在此安身。"张松说："东吴占据六郡八十一州，国富民强，难道还不知足吗？"刘备说："我才疏力薄，岂敢奢望。"张松说："您是汉室宗族，仁义四海皆知。别说占据州郡，即便代替皇帝治国也非过分。"刘备说："您太过奖了，我怎么敢当啊！"宴席间谈话气氛热烈，各抒己见，但刘备却一直不提西川的事情。就这样一连留张松住了三天，每天宴请一番，也并无人提西川的问题。

三天之后，张松准备启程回蜀，向刘备告辞。刘备在十里长亭又设宴送行，他举起酒杯敬张松，说道："承蒙您不把我看作外人，畅谈了三天。今天离别，不知什么时候再能听到您的教诲啊！"说罢，潸然泪下，泣不成声。张松感动万分，对刘备说："您如此宽宏仁义，我本来有一个想法，是准备献给曹操的，但他倨傲无礼，我才没有献出。您如此以德待人，鄙人也应该知恩图报。我看荆州，东面有孙权，北面有曹操，不是久居之地啊！"刘备说："我也明白这个道理，但是没有别的安身之处啊。"张松说："益州是个险要的地方，土地辽阔，地富民强，这里的智谋之士很早就仰慕皇叔的为人。假若您带领荆州军民，长驱直入西边，那么您就可以大业告成、重兴汉室了。"

刘备当然要谦让一番，"三让徐州"式的谦逊是他的老习惯。他说："我怎么敢这么做呢？刘璋也是帝王宗室，给予蜀地的恩惠已经很久了。别人怎么可能动摇他呢？"张松说："我并非卖主求荣。今天遇到您这样英明的人，我不得不说肺腑之言：刘璋虽拥有益州这方土地，但他秉性懦弱，不能任人唯贤；加上张鲁在北面，时刻梦想侵犯。所以益州人心离散，盼望能有开明的主公。我这次出行，本想专为曹操贡献计谋，谁知这贼傲慢奸诈，怠慢贤士，所以我特意来拜见明公。明公可先取西川作为基地，然后北伐汉中，收复中原，重振天朝，青史留名，这是天大的功绩啊！如果您果真有意夺取西川，我张松愿尽犬马之劳。不知您意下如何？"

刘备知道谦让得还是不够，就说："我感谢您对我的厚爱。但刘璋与我同一宗室，假若攻打他，恐怕天下人都要唾骂我啊！"张松说："大丈夫在世，应首先考虑建功立业之大事，你若不取，必为他人所夺，后悔就晚了。"刘备说："我听说蜀道艰险，车不易过，马不易行，虽想夺取，却没有良策啊！"张松从袖中取出地图，递给刘备说："我感谢明公对我的盛情，决定献上此图。只要看这图，便知道蜀地的道路了。"刘备和诸葛亮展开地图粗略一看，上面详细写着行程路线，标明险要的山川峡谷，还有重要官府、仓库钱粮，一一写得清楚明白。刘备见时机已到，不能再谦让了，就连连作揖说："青山绿水，长存不老。来日事成，定将厚报。"张松说："我遇到明主，愿意尽情出力帮助，哪里希望什么报答啊！"说完就告别启程了。诸葛亮又让赵云等人护送几十里后才返回。

刘备按照张松提供的情况和内应，顺利地占据了益州，从此才算真正地站稳了脚跟。刘备建国称帝，皆由此而来了。

纵观刘备对待张松的态度，可谓是一个逻辑严密的行动过程，谋划在先，忍发有时。张松虽是一代才子，为刘备所用，也就势在必行了。

忍之道可以使人立国，其为用亦大矣。

其实，忍是成功者必备的素质。西汉的开国皇帝刘邦与他的臣下所发生的一些事也很能说明这个问题。

在楚汉相争最艰苦的阶段，韩信攻破了项羽所设立的齐国，那时候，诸侯各霸一方，将领或是背项投刘，或是背刘投项，或是自立为王，真如演戏一般，反复无常。韩信听从了别人的劝告，派使者去见刘邦，要刘邦封他为齐地的假王。

刘邦一听，怒火中烧，觉得韩信太混账，自己这里形势吃紧，韩不但不率兵解救，反利用这个机会进行要挟，想做齐王。他当时就想大骂韩信的使者，谋臣张良连忙使眼色制止了他。张良私下里对刘邦说："这时候可不能训斥韩信的使臣，更不能攻打韩信。现在韩信帮助您，则楚王就会灭亡；如果韩信背叛了您，去帮助楚王，那您可就危险了。韩信派人来，无非是想试探一下您的态度，您不如干脆封他为齐王，让他守住齐地，至于其他的事，等灭了楚国再说。"

刘邦听了他的这一番话，觉得十分有道理，回头对韩信的使者说："大丈夫要当就当真王，何必当个假王！"于是，在第二年的二月，刘邦派张良携带印信，到齐地去封韩信为齐王。刘邦的这一招果真有效，本来犹豫不定想造反自立的韩信，便不好意思反叛，稳定下来，终于帮助刘邦获得了天下。

而韩信自己也经历了一个著名的忍的过程。政治斗争、军事斗争乃至争权夺利的斗争极其复杂，有时瞬息万变，忍受暂时的屈辱，磨炼自己的意志，寻找合适的机会，也就成了一个成功者所必不可少的心理素质。所谓"尺蠖之屈，以求伸也；龙蛇之蛰，以求存也"，正是这个意思。其实，这只是一个较低的境界，较高的境界是有意识地主动消隐一个阶段，借这一阶段来了解各方面的情况，消除各方面的隐患，忍中求进，才是真正的大忍。

他受胯下之辱的故事是妇孺皆知的。韩信是淮阴人，自幼不农不商，又因家贫，所以衣食无着，想去充当小吏，却无一技之长，也未被录取。因此终日游荡，往往寄食于人家。他曾和亭长很要好，经常到亭长家里去吃饭，吃多了，也就惹得亭长的妻子厌烦。于是，亭长的妻子提前了吃饭时间，等韩信到的时候，碗已经洗过很久了。韩信知道惹人讨厌，从此不再去了。

他来到淮阴城下，临水钓鱼，有时运气不佳，只好空腹度日。那里正巧有一个临水漂絮的老妇人，见韩信饿得可怜，每当自己的午饭送来，总分一些给韩信吃。韩信饥饿难耐，也不推辞，这样一连吃了几十日。一日，韩信非常感激地对漂母说："他日发迹，定当厚报。"谁知漂母竟含怒训斥韩信说："大丈夫不能自谋生路，反受困顿。我看你七尺须眉，好似公子王孙，不忍你挨饿，才给你几顿饭吃，难道谁还望你报答不成！"说完，漂母竟拿起漂絮而去。

韩信受人赐饭之恩，虽受激励，但苦无机会，实在穷得无法，只得把家传的宝剑拿出叫卖，卖了多日，竟卖不出去。一天，他正把宝剑挂在腰中，沿街游荡，忽然遇到一个屠夫，那屠夫有意给他难堪，嘲笑他说："看你身材长大，却是十分懦弱。你若有种，就拿剑来刺我，若是不敢刺，就从我的胯下钻过去。"说完，双腿一张，站在街心，挡住了韩信的去路。

韩信打量了一会儿屠夫，就趴在地下，径直从对方胯下钻了过去。别人都耻笑韩信懦弱，他却不以为耻。其实绝非韩信不敢刺屠夫，而是因为他胸怀大志，不愿与小人多生是非，如果一剑把屠夫刺死了，自己势必难以逃脱。所以，他审时度势，暂受胯下之辱。后来韩信跟刘邦南征北战，屡建奇功，被封为淮阴侯。他报答了漂母，但并未报复那个屠夫，而是把他找来，叫他当了一名下级军官。

据说姜子牙八十岁还未得志，连做小买卖都不成功，老婆也与之离婚，韩信与之相比，也就算不了什么了。

中国有句俗话，叫作"人在屋檐下，不得不低头"，意思是说人在权势、机会不如别人的时候，不能不低头退让，但对于这种情况，不同的人会采取不同的态度。有志进取者，将此当作磨炼自己的机会，借此取得休养生息的时间，以图将来东山再起，而绝不一味地消极乃至消沉；那些经不起困难和挫折的人，往往将此看作是事业的尽头，或是畏缩不前，不愿想法克服目前的障碍，只是一味地怨天尤人，听天由命。

最后说"变"。

这个道理倒是十分简单了。**慈与忍其实都是手段，而变才是目的。**只有通过变，才能把以前的慈与忍所付出的代价加倍地补偿回来，从而实现自己的功利目的。

中国的春秋战国时期是一个极有意思的时代。那时候，诸侯纷争，天下大乱，各色人等纷纷登台亮相，现其本色。在这鱼龙混杂、泥沙俱下的时代，既可沙里淘金，又会沉渣泛起。我们可以从这一时期发生的许多事件中看出一些道理来。

例如，当时的楚国很强大，它总是想向北方发展，称霸中原，于是就集中兵力攻打中原的战略要地郑国；而郑国呢，为了自保，也已同西北方向的大国晋国结盟，以便获得晋国的军事支援。

楚国的军队忽然来攻郑国，兵势浩大，可晋国路途遥远，援兵一时无法赶到。是固守待援，还是与楚结盟，成了摆在郑国君臣面前的一个大问题。其实形势很明朗，如果固守，前途只有一个，就是被楚国灭掉。郑国的大夫子驷打算同楚国讲和，子孔、子峤表示反对说："我们和晋国这样的大国刚刚歃血盟誓，嘴里的血还未干，难道能随便改变誓言吗？"子驷和子展说："我们的盟誓本来就说'唯有跟从强大的国家'。现在楚军来了，而晋国又不救援我们，那么楚国就是强大的国家了。盟誓的话，难道能去违背它吗？况且在要挟之下举行的盟誓，本来就没有什么诚意，即使违背了，神灵也不会怪罪的。神灵只降到那些有诚信的盟会。明察一切的神灵肯定会认为在要挟之下所进行的盟誓是不干净的，所以违背这样的盟誓不仅不会受到神灵的怪罪，还会得到赞许。"于是，郑国和楚国结盟，楚国的公子罢戎进入郑国的都城，与郑国一起在中分盟誓。

子驷的一番话，可谓妙矣。郑国与楚结盟，本来是背信弃义之举，但在子驷的辩论下，反成了正义的行动，是天人共助的正义行为。子驷不仅是一个通权达变的代表，还是一位才华卓越的舌辩家。

其实，就是那位讲究仁、义、礼、智、信的孔子，也是同意这种"变"的。一次，他刚同别人结盟，出门后就违背了盟约，他的学生问道："您刚刚与人订立了盟约，马上就违背了，恐怕不太好吧。"孔子说："在被迫的情况下订立的盟约，连神鬼都不相信，何况人呢？"

其实，即使奉行皇命也要通权达变的，有时候确实要搞阳奉阴违的那一套，要先忍后变，否则连性命也保不住。下面的例子很能说明问题。

刘邦在平定英布的叛乱中身受箭伤，又加上年老生病，回到长安就一病不起。这时，北方的燕王卢绾又反叛，刘邦闻讯，便让樊哙挂相印领兵出征。樊哙离开长安后，与樊哙素有嫌隙的人就乘机说他的坏话，刘邦此时疑心正重，就听信了这些话，大骂樊哙说："樊哙匹夫见我有病，竟然希望我死掉！"刘邦命令陈平用驿车把周勃送到樊哙军中，前去接替樊哙的主将职务，陈平则取回樊哙的首级。两人接受了命令，便飞驰而去。

在路上，两人商议说："樊哙是皇上的老部下，战功赫赫，关系众多，又是吕后的妹妹吕媭的丈夫，皇上对他素来倚重。这次皇上生病，容易动怒，听信了别人的谗言，这才要杀他，恐怕将来会后悔的。皇上一后悔，恐怕要拿我们出气，即使皇上不怪我们，吕后也会怪我们。再者，万一皇上近日驾崩，那可就更麻烦了。我们不能亲手杀他，宁愿把他装在囚车里，送回长安，让皇上亲自处置他。"二人计议一定，在樊哙军的外围设了一个祭坛，用皇上的符节把樊哙招来，读完了诏书，就把樊哙的双手捆了起来，装进了囚车，由陈平负责押回。

在回长安的途中，陈平就听说刘邦死了，他担心吕后恼怒这件事，就先乘车赶回，向吕后汇报这件事。在刘邦的灵前，陈平边哭边把擒押樊哙的事说了，吕后知道樊哙未死，也就放下了心，没有责怪陈平。但陈平还是怕吕媭进谗言，就向吕后要求进宫宿卫，吕后就让他做皇帝的老师，这样，陈平成天侍候在皇帝的身边，吕媭就很难有空去谗毁陈平。等樊哙解到以后，吕后马上释放了他，并恢复了他的官职和封邑。

三国时期的曹操被世人称为奸雄，其机智灵活、善于察言观色、见风使舵是极其著名的。在董卓挟持皇帝、图霸京师的时候，亏得曹操机变迭出，才逃得了一条性命，兹将《三国演义》上的这段描写摘录如下：

> 一日，于侍班阁子内见旧臣俱在，允（汉朝的司徒王允）曰："今日老夫贱降，晚间敢屈众位到舍小酌？"众官皆曰："必来祝寿。"当晚王允设宴后堂，公卿皆至。酒行数巡，王允忽然掩面大哭。众官惊问曰："司徒贵诞，何故发悲？"允曰："今日并非贱降，因欲与众位一叙，恐董卓见疑，故托言耳。董卓欺主弄权，社稷旦夕难保。想高皇帝诛秦灭楚，奄有天下；谁想传至今日，乃丧于董卓之手，此吾所以哭也。"于是众官皆哭。

座中一人独抚掌大笑曰："满朝公卿，夜哭到明，明哭到夜，还能哭死董卓否？"允视之，乃骁骑校尉曹操也。允怒曰："汝祖宗也食禄汉朝，今不思报国而反笑耶？"操曰："吾非笑别事，笑众位无一计杀董卓耳。操虽不才，愿即断董卓头，悬于都门，以谢天下。"允避席问曰："孟德有何高见？"操曰："近日操屈身以事卓者，实欲乘间图之耳。今卓颇信操，操因得时近卓。闻司徒有七宝刀一口，愿借与操入相府刺杀之，虽死不恨！"允曰："孟德果有是心，天下幸甚！"遂亲自酌酒奉操。操沥酒设誓，允随取宝刀与之。操藏刀，饮酒毕，即起身辞别众官而去。众官又坐了一回，亦俱散讫。

次日，曹操佩着宝刀来至相府，问："丞相何在？"从人云："在小阁中。"操径入，见董卓坐于床上，吕布侍立于侧。卓曰："孟德来何迟？"操曰："马羸行迟耳。"卓顾谓布曰："吾有西凉进来好马，奉先可亲去拣一骑赐与孟德。"布领令而出。操暗忖曰："此贼合死！"即欲拔刀刺之，惧卓力大，未敢轻动。卓胖大不耐久坐，遂倒身而卧，转面向内。操又思曰："此贼当休矣！"急掣宝刀在手，恰待要刺，不想董卓仰面看衣镜中，照见曹操在背后拔刀，急回身问曰："孟德何为？"时吕布已牵马至阁外。操惶遽，乃持刀跪下曰："操有宝刀一口，献上恩相。"卓接视之，见其刀长尺余，七宝嵌饰，极其锋利，果宝刀也，遂递与吕布收了。操解鞘付布。

卓引操出阁看马，操谢曰："愿借试一骑。"卓就教与鞍辔。操牵马出相府，加鞭望东南而去。布对卓曰："适来曹操似有行刺之状，及被喝破，故推献刀。"卓曰："吾亦疑之。"正说话间，适李儒至，卓以其事告之。儒曰："操无妻小在京，只独居寓所。今差人往召，如彼无疑而便来，则是献刀；如推托不来，则必是行刺，便可擒而问也。"卓然其说，即差狱卒四人往唤操。去了良久，回报曰："操不曾回寓，乘马飞出东门。门吏问之，操曰'丞相差我有紧急公事'，纵马而去矣！"儒曰："操贼心虚逃窜，行刺无疑矣！"卓大怒曰："我如此重用，反欲害我！"儒曰："此必有同谋者，待拿住曹操便可知矣。"卓遂令遍行文书，画影图形，捉拿曹操：擒献者，赏千金，封万户侯；窝藏者同罪。

如果还要再问在传统的封建官场上有什么制胜的法宝的话，那就还是这三个字：慈（收服人心）、忍（等待、争取时机）、变（采取主动的行动）。

（参见《旧唐书》《新唐书》《三国志》
《史记》《明史》《三国演义》等）

晏子为相

管仲是齐国的国相，曾辅佐齐桓公成为春秋五霸的首霸，他死了以后，齐国很难再找出像他这样的人才来了。晏婴当国相后，辅佐的两位君主都不太成功。他虽然赶不上管仲，但有些做法还是很有意思的。

如何侍奉君主，各人有各人的观点，一个时代也有一个时代的理解。传统的观念是"文死谏，武死战"，但晏婴有自己的观点。

晏子做庄公的大臣，起初经常对庄公进谏，他的谏言也经常被庄公采纳。每次上朝，庄公都要赐给他爵禄，增他的封地。过了不久，庄公不喜欢晏子了，其谏言也不再被采纳，每次晏子上朝，都把封地和爵位退还给庄公。等到爵位、封地退完时，晏子退下来，坐上马车，深深地叹着气，随后又笑了。

晏子的仆人十分不理解地问道："大夫为什么叹了笑，笑完又叹，反复如此呢？"晏子说："我叹气，是为我的君王不免于难而伤心；我发笑，是为我自己有所得益而高兴，我可以免于一死啊！"

后来，庄公荒淫无耻，与大臣崔杼的妻子私通，崔杼就把庄公杀死在自己的家里。晏子听说了，站在崔杼的家门外，他的仆人问："大夫要为君王死难吗？"晏子说："难道是我一个人的君王吗？我为什么要死难呢？"仆人又问道："大夫要逃走吗？"晏子说："难道是我的罪过吗？为什么我要逃走呢？"仆人又问："大夫要回家吗？"晏子说："我的君王都死了，怎么能回家呢？治理百姓的人，岂能只为凌驾百姓之上？应该以国家的大业为根本。做国君之臣，哪能只为饭食，应该以事奉社稷为根本。所以，国君要是为社稷而死，则做臣下的就应该为君死；国君为社稷而逃亡，做臣下的就应该为国君出逃；倘若国君为自己的私事而死，不是国君宠爱的亲信，谁能为国君而死难，为国君而逃亡呢？况且，有人因恨自己的国君而把他杀了，我为什么要为此而死？为什么要为此而逃？又怎么能回家呢？"

当时，庄公的尸体还在崔杼的家里，晏子就要求看望。崔杼家的门开了，晏子走进去。崔杼说："你为什么不去死？"晏子回答说："灾祸发生时，我不在；灾祸结束时，我不知道。我为什么要去死？况且我还听说，将追随国君死亡看成高尚行为的人，是不能够保全国君的；把随国君一起死亡当作高尚道德的人，是不能够成就功业的。我难道和国君的私婢一样，非得自缢以从国君吗？"

说完，晏子袒露左臂，头缠丧布，坐下来，把庄公的头放在自己腿上哭起来。哭完了以后，晏子起身，跳跃了三下，然后走出崔杼的家。人们认为崔杼一定会把晏子杀了，崔杼却说他是百姓敬仰的人，放了他，可以得到民心。晏子才得以不死。

景公的宠妾婴子死了，景公守在尸体旁，整整三天不吃不喝，皮肤都粘在席上了还不愿离开，左右的人劝他，可是景公不听。

晏子知道了这个情况，就来见景公，禀报说："有一位方士和一位医生，他们都说：'听说婴子患病而死了，愿为她医治。'"景公一听就高兴了。他立即起身问晏子："婴子的病真的还可以治好吗？"晏子说："就他们的医术来说，他们是十分高明的。就让他们试试吧。请您沐浴更衣，好让他们请鬼神来帮忙。"

景公走后，晏子让人把婴子的尸体装殓入棺，都办妥后，他去向景公禀报说："医生还是治不好婴子的病，现在已经将她入殓了，不敢不向您报告。"景公听后勃然变色，说："先生假借医生的话来命令我，不让我看着，要入殓了也不让我知道，我作为国君不过是徒有虚名罢了！"晏子说："您难道不知道死去的人不能复生的道理吗？我听说，君王行事端正而臣民跟从他叫作顺，君王行事邪僻臣民还跟从他叫作逆。而今大王不遵循事物理理，却做些邪僻的事情，行恶做坏事的人就会亲近您，而那些能够为您匡正过失的人会与您疏远。只有精于奉承、谗言生事的人才可发达，贤臣良才却被弃绝，谗言谤语充斥您的左右，邪恶行于国内。过去先王桓公因重用管仲而称霸诸侯，因宠竖刁而走向衰落。现在大王轻慢贤能之人，却对一个妃妾的死如此悲伤。古时的圣王也有考虑自己的私情的，但他们往往适可而止，并不影响自己的行为。他们为死者送葬，但不过分哀痛。如果过分了，就会使自己陷入困境，感情不能自抑会伤害身体，过分悲伤会损害天性，这些都是圣王所必须避免的。既然婴子已经入殓，就不再烦扰生者。棺材衣物的安排，不要妨害生者的生活。哭泣守丧，也不要影响生者的健康。如今，尸体腐朽而不葬，烦扰生者；感情不自抑而损伤自己的行为，过分损害天性。这是大王的过错呀！因此，诸侯宾客羞于来到我国，本国的大臣也惭于守其职。如果尊崇您的行为，就不能正确引导百姓，如果随从您的欲念，就不能保守国家。我还听说，尸体腐烂了而不能入殓，尸体发臭还不收尸，都是对死者的一种侮辱，也是生者的耻辱。这些做法违背圣明君王本性，会遭到百姓的厌弃。这种事情，是万万做不得的。"景公说："我不知道这些道理，请遵照先生的话来处理这件事情吧！"晏子又说："一国的大小官员，诸侯四邻的宾客，都在外面，大王举哀应当有所节制才是。"

孔子知道了这件事，评论说："星星再明亮，尚且不如月亮昏暗时的光芒；小事虽然有成就，但仍然比不上未能成就的大事；君子的过失，也强过小人的长处。此话说的正是晏婴这样的人吧！"

齐景公的宠臣梁丘据死了，景公招来晏子，把这件事告诉了他。

景公说："梁丘据忠诚而且爱戴我，我打算给他办个隆重的葬礼，为他修一座高大的坟墓。"晏子说："我冒昧地问一句，梁丘据忠诚和爱戴大王的事情，可以让我们听听吗？"景公说："我有所喜爱的玩赏之物，主管官员没能为我备办好，梁丘据就尽其所有来供给我受用，因此我知道他的忠诚；每逢刮风下雨或黄昏夜晚找他，他必定会向我问候，所以我知道他爱戴我。"

晏子说："听了您的话，我回答就会得罪您，不回答就是没有尽到做臣子的责任，又怎敢不答呢？我听说，做大臣的只把精力放在国君身上，这是不忠；做儿子的这样对待父辈，就是不孝；做妻子的这样对待丈夫，叫作嫉妒。侍奉君王应当遵循的准则是：劝导国君亲近其父兄，对群臣要讲礼义，对人民要有恩惠，对诸侯要讲信用，这才是忠；做儿子要讲的道德是：钟爱兄弟乃至于钟爱父母长辈，对于下辈要仁慈，于朋友要诚恳，讲信用，这才是孝；做妻子应该有的品德是：使各位侍妾都被丈夫喜欢，这才叫不妒。如今，举国的百姓都是您的臣民，而只有梁丘据竭尽全力爱护您。那么爱护您的人为什么如此之少呢？全国的财富都归您所有，而只有梁丘据用他的私财供君享乐以示忠诚。那么，忠实的人为什么又如此之少呢？这难道不是梁丘据妨碍了您的视听吗？"

齐景公听了他的这一番话，觉得十分有道理，感慨地对晏子说："如果不是您说，我还不知道事情已经严重到这个地步呢！"于是打消了原来的想法，修明政治。于是，齐国变得大治。

实际上，晏婴的为相之道仅仅是以柔克刚，他只能用阴柔和缓的办法来阻止齐景公的一些很不适当的行为，至于更多的，他恐怕就做不到了。

景公饮酒作乐不分日夜，一次，他喝得寂寞，半夜里想把酒宴移到晏子家。前导官到晏子家敲门说："国君驾到！"晏子身穿上朝时的礼服，站在门口问："诸侯该不会有什么变故吧？国家该没有重大事情吧？如果不是这样，大王为什么不在正常的时候来，而是深更半夜屈驾来找我呢？"景公说："醇香的美酒，美妙的音乐，我愿与先生共同享受。"晏子回答说："铺设座席，摆放祭品，都有专人负责，我不敢参与。"景公听了他的这一番话，觉得十分有道理，遭拒绝后，便命令手下人说："转移到司马穰苴家（当时齐国的大将）去。"前导官到了穰苴家门口敲门说："国君驾到！"穰苴披甲戴盔，手持兵器站在门口，问景公："诸侯莫不是有军事行动了吧？大臣中莫不是有人反叛了吧？如果不是这样，大王为什么深更半夜屈驾来此找我呢？"景公说："醇香的美酒，美妙的音乐，我愿与将军一同分享。"穰苴听后说："铺设座席，摆放食物，有专人负责，我不敢陪同。"景公听了他的这一番话，觉得十分有道理，再遭拒绝后，便命令手下的人说："到梁丘据家去。"前导官到了梁丘据家敲门说："国君到！"只见梁丘据左手拿着琴，右手提着竽，边走边唱前来迎接。景公一看就乐了，他说："太好了，今夜我可以痛饮了。如果没有晏子、穰苴这两位大臣，谁来帮助我治理国家呢？要是没有梁丘据这位大臣，谁来与我一起尽情享乐呢？"

晏婴这样做，他自己倒是能够自圆其说。也许，这些做法还是受到了管仲的影响。当初，管仲、鲍叔牙和召忽三人受命辅佐三位公子，召忽不愿意，说："国君过世之后，如果违反他的命令并废弃我所辅佐的纠的君位，那么就算小白得了天下，我也不愿活着了。何况，参与齐国政务，受君令而不能改变，事奉所立的君主而保他不被废除，这是我义不容辞的任务。"管仲说："我的想法不一样，我们是受君命、奉国家以主持宗庙的，岂能为一个人而死呢？我只会为国家灭亡、宗庙被毁、祭祀无人主持这三件事而死，如果没有发生这三件事，我就要活下去。我活着对齐国有利，我为什么要死呢？"管仲的境界是很高的，晏婴虽然有管仲的遗风，却没有管仲的志向。

君子说："圣贤的君主，都有益友、贤臣辅佐，而不用苟且贪乐的大臣。这点上景公比不了圣明之君，但他对各种大臣都能重用，所以也就仅仅能够维持国家不被灭亡而已。"

显然，晏婴没有像管仲那样的宏图大志和雄才大略，他不可能像管仲那样从整体上替齐景公规划大业，但他又确实能够尽心尽力地辅佐齐景公，正像他自己所说的一样，也仅仅能保住齐国不至于灭亡罢了。

（参见《管子》《晏子春秋》等）

"潜龙勿用"——帝王的韬晦

如果好好翻一翻历史，你也许就会吃惊地发现，历史上的许多帝王和有作为的人物都是非常善于韬光养晦的。他们十分懂得审时度势，十分讲究策略。甚至可以说，不懂得韬晦术的帝王和大臣很难在封建官场左右逢源，甚至是难保性命的。

其实，至圣先师孔子也十分懂得处世的策略，要不怎么能说出"小不忍则乱大谋"的话呢？在这一点上，他似乎不如他的继承者孟子来得强硬，因为孟子主张"穷则独善其身，达则兼济天下"。

中国有一句著名的俗语，叫作"人在屋檐下，不得不低头"。意思是说人在权势、机会不如别人的时候，不能不低头退让，即使是封建皇帝对于自己的臣下，也往往不得不如此。所谓"尺蠖之曲，以求伸也；龙蛇之蛰，以求存也"，正是这个意思。

五代时期，蜀后主孟昶并不是一个值得称赞的皇帝，但他韬光养晦的做法却并不是毫无可取之处。他于934年即位，在危机四伏的混乱年代里做了三十多年的"偏霸之主"，也是十分不容易的事。孟昶在位期间，确实有奢侈荒淫的一面，但他精明干练，有智有谋，有些善政还是颇值得称道的。

孟昶即位时才十六岁，将相大臣都是其父孟知祥的老部下，他们自恃资历深厚，并不把这个年幼的皇帝放在眼里。这批勋臣旧人骄恣不法，为所欲为，公然超逾国家制定的法度，建造豪华宅第，规模巨大，靡费钱财，引起了人们的不满，其中尤以李仁罕、李肇、张业、赵廷隐最为骄纵。孟昶刚即帝位，大将李仁罕便提出要主管六军。他不但派人到枢密院提出明确的要求，还到学士院让人照他的要求起草命令。这不仅是目无幼主，实际是犯上作乱。这一咄咄逼人的举动深深地刺激了孟昶，他知道这样下去自己的王位将会被人篡夺。他当然不愿意就此接受别人的随意摆布，但又怕声张出去会引起叛乱，无法控制局面。于是，他先隐忍不发，表面上接受了李仁罕的条件，任命其为中书令，判六军事。然后，等李仁罕进宫朝见时，孟昶命令武士将他捉住，当场杀死。

过去，昭武节度使兼侍中李肇到成都来朝见新君，假称脚上有病，拄着拐杖上朝，见了孟昶也不肯跪拜。李仁罕一死，他这才知道新君的厉害，吓得魂不附体，顿时丢掉拐杖跪了下去。孟昶因其过去对自己十分倨慢，就勒令他退休，徙居邛州（今四川省邛崃市）。

张业是李仁罕的外甥，李仁罕被杀时，他正执掌禁军，禁军的军队虽然不多，但直接掌管着宫廷的守卫，如果他造反，那后果将不堪设想。所以，孟昶怕他反叛，当时不敢动手处置他，遂千方百计加以笼络。甚至用他做宰相，又兼判度支（财政）。张业在家里私设监狱，关押欠债的人。他制定了一种"盗税法"，规定税官吞没赋税的，照吞没的数目十倍罚款。税官受了罚，无处筹钱，自然如数从百姓身上勒索。这种苛刻的税法使得百姓难以承受，怨声载道。孟昶闻知，废除了此法。到了后蜀广政十一年（948年），孟昶觉得自己已经积聚了一定的势力，认为时机已到，遂与禁军将领安思谦密谋，用诛灭李仁罕的老办法，把张业在都堂上捉住杀死。圣都指挥使兼中书令赵廷隐见势不妙，自请退休。至此，故将旧臣基本上被除尽了，孟昶才算是真正掌握了国政。

孟昶在朝堂上设了匦（小箱子，相当于今天的检举箱），鼓励臣下投书进谏。但他沉溺于骑马，又采纳方士的房中之术，多采良家女子以充后宫，这使其威望有所下降。枢密副使韩保贞直言进谏，孟昶大悟，当时便命令放还了许多宫女，还赏赐给韩保贞数斤黄金。有人上书论事，孟昶认为说得不对，左右近侍请求把上书的人喊来诘责，孟昶说："我看到唐太宗刚即位时，狱吏孙伏伽上书言事，虽忤上意，却受到嘉许，为什么你们却劝我拒谏呢？"这说明他的头脑还是有些清醒的。

孟昶在亲政之初，颇知节俭，表示要吸取前蜀王衍因骄奢淫逸亡国的教训。孟昶曾亲笔撰写了《官箴》，颁行各郡县。其辞曰：

> 朕念赤子，盯食宵衣；言之令长，抚养惠绥。政存三异，道在七丝。驱鸡为理，留犊为规；宽猛得所，风俗可移。无令侵削，无使疮痍。下民易虐，上天难欺。赋舆是切，军国是资。朕之爵赏，固不逾时。尔俸尔禄，民膏民脂。为民父母，罔不仁慈。勉尔为戒，体朕深思。

他的这篇《官箴》对帝王还是有些影响的，宋太宗虽然灭了后蜀，但他并没有对别人的东西一概排斥，就曾取其中"尔俸尔禄，民膏民脂""下民易虐，上天难欺"等八句，亲书颁赐州县，立于厅事之南，称《戒石铭》。

隋朝的时候，隋炀帝十分残暴，各地农民起义风起云涌，隋朝的许多官员也纷纷倒戈，转向农民起义军。隋炀帝因此疑心加重，对朝中大臣，尤其是外藩重臣，更是倍加怀疑。而唐国公李渊（即唐太祖）曾多次担任中央和地方官，所到之处，悉心结纳当地的英雄豪杰，多方树立恩德，声望很高，很多人都来归附。这样，大家都替他担心，怕他遭到隋炀帝的猜忌。正在这时，隋炀帝下诏让李渊到他的行宫去晋见，李渊因病未能前往，隋炀帝很不高兴，多少有点猜疑之心。当时，李渊的外甥女王氏是隋炀帝的妃子，隋炀帝向她问起李渊未来朝见的原因，王氏回答说是因为病了，隋炀帝又问道："会死吗？"

王氏把这消息传给了李渊，李渊更加谨慎起来。他知道迟早为隋炀帝所不容，但过早起事又力量不足，只好隐忍等待。于是，他故意广纳贿赂，败坏自己的名声；故意沉湎于声色犬马之中，而且大肆张扬。隋炀帝听到这些，果然放松了对他的警惕。后来，李渊终于反叛，灭掉了隋朝。

在中国历史上，还有一个著名的韬光养晦而成霸王的历史故事。**春秋时期的楚庄王"三年不鸣，一鸣惊人"，他先隐忍不发，甚至采取了自污以掩人耳目的做法。**通过数年的暗中观察，他弄清了朝中大臣的真实心理和才干，也锻炼了自己，增长了见识，为以后成就霸业奠定了基础。

在楚庄王即位之前，楚国的内政经历了长期的混乱。楚庄王的爷爷楚成王意图争霸中原，在城濮之战中被晋国打败，不久又祸起萧墙。起初，原定商臣为太子，但后来楚成王发现商臣眼如黄蜂、声如豺狼，认为这样的人生性残忍，想改立王子职为太子。商臣是个十分有心计的人，听到风声，就积极行动起来，为了把事情弄清楚，他故意设宴招待姑母，在宴上轻侮姑母，商臣的姑母果然愤怒地说："怪不得你父亲要杀了你另立太子！"因为楚成王遇事总与妹妹商量，所以，商臣认为姑母的话证实了传言。商臣连忙向老师潘崇问计，潘崇问："你愿意侍奉公子职吗？"商臣说："不愿。"又问："你能逃出楚国吗？"回答说："不能。"潘崇最后问道："你能成大事吗？"商臣坚定地说："能！"

公元前262年，商臣率领宫廷卫队冲进宫殿，要杀掉他的父亲成王。成王喜吃熊掌，这时红烧的熊掌尚未烧熟，成王请求等吃了熊掌再杀他。商臣说："熊掌难熟。"他怕夜长梦多，外援到来，就催促成王上吊自杀，自己即位为王，是为楚穆王。

穆王在位十二年，死后由其子侣即位，是为楚庄王。

楚庄王当时很年轻，即位之始，他并未像其他新君那样雷厉风行地干一些事情，而是不问国政，只顾纵情享乐。他有时带着卫士、姬妾去云梦等大泽游猎，有时在宫中饮酒观舞，浑浑噩噩，无日无夜地沉浸在声色犬马之中。每逢大臣们进宫汇报国事，他总是不耐烦地回绝，任凭大夫们自己办理。他根本不像个国君，朝野上下也都拿他当昏君看待。

看到这种情况，朝中一些正直的大臣十分着急，许多人都进宫去劝谏。可楚庄王不仅不听，反觉群臣妨碍了他的兴趣，后来干脆发了一道命令：谁再来进谏，杀无赦。

三年过去了，朝中的政事乱成一团，但楚庄王仍无悔改之意。在这期间，他的两位老师斗克和公子燮攫取了很大的权力，斗克因为在秦、楚结盟中有功，庄成王没给他足够的报偿，就心怀怨愤，公子燮要当令尹未能实现，也怀不忿，二人因此串通作乱。他们派子孔、潘崇去征讨舒人，又把二人的家财分掉，并派人刺杀二人。刺杀未成功，潘崇和子孔就回师讨伐，斗克和公子燮竟挟持庄王逃跑。到庐地时，当地守将戢黎杀掉了他们，庄王才得以回郢都亲政。

就是经历了这样的混乱，楚庄王仍不见有什么起色。

大夫伍参忧心如焚，再也忍不下去，冒死去晋见庄王。宫殿一派纸醉金迷的景象，只见庄王左手抱着郑国的姬妾，右手搂着越国的美女，案前陈列美酒珍馐，正观赏轻歌曼舞。庄王看到伍参进来，劈头问道："你难道不知道我的命令吗？是不是来找死呢？"

伍参抑制住慌张，连忙赔笑说："我哪里敢来进谏，只是有一个谜语，我猜了许久也猜不出，知道大王天生聪慧，想请大王猜一猜，也好给大王助兴。"楚庄王这才放下脸，说道："那你就说说看。"伍参说：

高高山上有只奇怪的鸟，

身披鲜艳的五彩，

美丽而又荣耀，

只是一停三年，

三年不飞也不叫，

人人猜不透，

实在不知是只什么鸟。

当时的人喜欢说各种各样的谜语，称其为"隐语"，这些"隐语"往往有一定的寓意，不像今天的谜语这样单纯，因此，人们多用这些"隐语"来讽谏或劝谏。楚庄王听完了这段话，思考了一会儿说："三年不飞，一飞冲天；三年不鸣，一鸣惊人。此非凡鸟，凡人莫知。"

伍参听后，知道庄王心中有数，非常高兴，就又趁机进言道："还是大王的见识高，一猜就中，只是此鸟不飞不鸣，恐怕猎人会射暗箭哪！"楚庄王听后身子一震，随即就叫他下去了。

伍参回去后就跟大夫苏从商量，认为庄王不久即可觉悟，没想到几个月过去后，楚庄王仍一如既往，不仅没有改过，还越发不成体统了。苏从见状不能忍耐，就闯进宫去对庄王说："大王身为楚国国君，即位三年，不问朝政，如此下去，恐怕会像桀、纣一样招致亡国灭身之祸啊！"庄王一听，立刻竖起浓眉，露出一副暴君的形象，抽出长剑指着苏从的心窝说："你难道没听到我的命令？竟敢辱骂我，是不是想死？"苏从沉着从容地说："我死了还能落个忠臣的美名，大王却落个暴君之名。如果我死能使大王振作起来，能使楚国强盛，我甘愿就死！"说完，面不改色，请求庄王处死他。

楚庄王等待多年，竟无一个冒死诤谏之臣，他的心都快凉了。这时，楚庄王凝视了几分钟，突然扔下长剑，抱住苏从激动地说："好哇，苏大夫，你正是我多年寻找的社稷栋梁之臣！"说完，立刻斥退那些惊恐莫名的舞姬妃子，拉着苏从的手谈起来。两人越谈越投机，竟至废寝忘食。

苏从惊异地发现，庄王虽三年不理朝政，但对国内外情况事无巨细都非常关心，对朝中大事及诸侯国的情势都了如指掌，对于各种情况也都想好了对策。这一发现使苏从不禁激动万分。

原来，这是庄王的韬光养晦之策。他即位时十分年轻，不谙世事，朝中诸事尚不明白，也不知如何处置，况且人心复杂，尤其是若敖氏专权，因不明所以，他更不敢轻举妄动。无奈之中，想出了这么一个自污以掩人耳目的方法，静观其变。在这三年中，他默默地考察了群臣的忠奸贤愚，也测试了人心。他颁布劝谏者死的命令，也是为了鉴别出大臣中哪些是甘冒杀身之险而正直敢言的耿介之士，哪些是只会阿谀奉承、只图升官发财的小人。如今，他年龄已长，经历已丰，才干已成，人心已明，也就不再掩饰自己的才略与雄心。

第二天，他就召集百官开会，任命了苏从、伍参等一大批德才兼备的大臣，公布了一系列的法令，还采取了削弱若敖氏的措施，并杀了一批罪大恶极的犯人以安定人心。从此，这只"三年不鸣"的"大鸟"开始励精图治，争霸中原。应当说，楚庄王确实是一个有智谋的人。

这只"大鸟"真的"一鸣惊人"了。在他开始着手治理楚国之时，楚国正遇上了大灾荒，四周边境又遭进攻。他在极其困难的条件下，击败了庸人的进攻，争取了群蛮及巴、蜀等小国部族的归附。尔后整顿内政，使国家开始逐渐富强；他善于纳谏，重视用人的一技之长，改革政令制度，尤其是改革兵役制，使楚国逐渐成为一个军事强国。

后来，庄王平定了国内的若敖氏叛乱，对外进行了长期的战争，终于成为春秋五霸之一。

楚庄王的韬光养晦并非在受到失败与挫折时才被迫进行的，是为了更好地掌握未来而主动进行的，这尤其需要耐心、修养、智谋和胆识。在中国历史上，像楚庄王这样做的人还不算太多，但他足以给我们提供一个有益的启示：即使在一帆风顺的时候，也要注意使用各种方法增长自己的见识，砥砺自己的才能；诛权臣以立威，立官箴以悯民。

刘备是三国时期著名的枭雄，曹操其实对他早就有所认识。刘备在当时虽然还没有多少兵力，在别人看来似乎不足为虑，但曹操却认为将来和自己

争天下的恐怕是刘备。因此，如果刘备不善于韬光养晦，恐怕会很难逃避曹操的迫害。

建安三年（198年），刘备驻扎在小沛，遭到吕布的突然袭击，失败后投奔曹操。曹操器重刘备的才干，任命他为豫州牧。同年十月，刘备随曹操东征，活捉并杀死吕布。返回许都以后，曹操任命刘备为左将军。

刘备胸怀大志，虽然依附曹操，但是不甘屈居人下。汉献帝刘协的舅父车骑将军董承，早就对曹操的独断专行心怀不满，他看出了刘备的意图，便想拉拢刘备一起来除掉曹操。有一天，董承来到刘备所住的公馆，取出锦袍玉带中藏着的天子手书血字密诏，商议共同除掉曹操的办法。刘备欣然同意，并签字画押，嘱咐董承说："千万要小心谨慎，慢慢寻找机会，切不可泄露了机密。"

刘备为了消除曹操对自己的怀疑，就在住所后面辟了一块菜园种菜，每天亲手浇水施肥，装出无所事事的样子，以免引起曹操的注意。在别人看来，刘备似乎真的胸无大志，不关心天下大事了，连关羽、张飞二人也对他十分不满，而刘备要的就是这种效果。

有一天，刘备正在菜园浇水，曹操突然派人请刘备到府中饮酒消遣。刘备不知何故，忐忑不安地来到曹府，曹操一见刘备就笑着说："你在家做了大好事了！"刘备不知就里，吓得面色如土。曹操拉着刘备的手一起走向后园，指着菜园说："玄德学习种菜，真不容易啊！"刘备听了才放下心来，说："没有事做，消遣罢了！"曹操指着园中树枝上的青梅说："刚才看见梅子青青，就想起了去年征伐张绣的时候，将士缺水口渴，我当时灵机一动，以马鞭虚指前方说：'前面有梅林。'将士们听了，顿时口中生津，不觉得口渴了。今天这青梅不能不赏，因而邀请你一同赏梅饮酒。"说着携刘备走到亭前，亭中已摆上一盘青梅，一樽煮热的酒。两人面对面坐下，叙谈畅饮。

酒至半酣，天空忽然阴云密布，电闪雷鸣，大雨就要来临。曹操和刘备靠着亭栏遥望着乌龙一般的黑云。曹操忽向刘备提问："你知道龙的变化吗？"刘备答道："不太知道。"曹操说："龙能大能小，能升能隐，现在是春末季节，龙随气候的变化，就像一个人得志后四海纵横一样，龙可以来比拟当今世上的英雄。玄德久经沧桑，必定知道当今谁是世上英雄，请你指出一两个。"刘备说："我浅陋无知，不惯分析世事，怎能识别英雄啊？"曹操说："不必谦虚。"刘备故意装出没有见识的样子，说："淮南袁术，兵粮充足，可算得上英雄？"曹操笑着说："坟中的枯骨，我早晚必能捉住他！"刘备说："河北袁绍，今日虎踞冀州之地，可算得上英雄？"曹操又笑着说："袁绍表面厉害，实际胆小；有智谋却欠果断，想干大事又惜命，见小利而又忘命，算什么英雄？"刘备见曹操说这二人都不是英雄，就又说了刘表、刘璋、张绣、张鲁等人，曹操抚掌大笑说："这种碌碌小人，何足挂齿？"刘备说："那我实在不知道了！"曹操说："所谓英雄，应该是胸怀大志、有勇有谋的人。"刘备问："那会是谁呢？"曹操用手指刘备，然后又指自己说："当今天下称得上英雄的，只有你刘使君和我啊！"

刘备万万没有想到曹操会说自己是英雄，乍听之下，大吃一惊，手里的筷子不自觉地落在地上。这时，正好电光一闪，霹雳轰鸣，刘备赶忙拾起筷子，很不好意思地说："刚才这声惊雷，把我手中的筷子都震落了。"曹操见状大笑道："大丈夫也惧怕打雷吗？"刘备说："孔圣人说：'遇到急风惊雷一定会改变面容。'真是这样啊，我怎么不怕呢？"刘备就这样巧借闻雷来掩饰了自己的惊慌神态，使曹操错以为他也不过是个普通人物，而不是自己争夺天下的对手。这样一来，曹操便放松了对他的警惕，还派他去阻截袁术，终使刘备有机会摆脱控制，扩大自己的队伍。刘备的韬晦之计可谓用得不露声色、出神入化。

在中国历史上，"政归司马氏"是一个著名的历史事件，殊不知，这次政变的成功，主要原因就在于司马懿父子的韬晦之计。

三国时，魏帝曹芳继位，原掌管军权的司马懿升为太傅，但兵权实被曹爽掌握。司马懿不甘心大权旁落，想重掌兵印。可如何才能如愿以偿呢？司马懿采取了韬晦之计。

魏王曹睿病故后，司马懿和宗室曹爽同为顾命大臣，一同执政，但曹爽年纪既轻，又是贵族子弟，凡事都交给富有经验智谋的司马懿去办理。曹爽喜爱吃喝交游，门下聚集了一帮朋友，有一天，大学者何晏对曹爽说："大魏是曹家天下，不要过分相信外人。"

曹爽说："先帝把幼子托付给我和太尉（司马懿），我当然要遵从遗命。"何晏冷笑道："从前，老将军（曹爽之父曹真）与太尉一起领兵抗蜀，若不是三番五次受太尉的气，何至于早逝？"这话不禁引起了曹爽的愤恨。于是，他就与心腹一起谋划削掉司马懿的兵权。

曹爽与门客商定了，就来见曹芳，说司马懿的功劳很大，应当加封为太傅。曹芳还是个孩子，不懂其中的关窍，就听了曹爽的话，把司马懿招来，封他为太傅。司马懿全无防备，大吃一惊，但又不能抗命，只有交出了带兵的印信，从此，军权落到了曹爽的手里。曹爽高枕无忧，经常带着家将、门客出外打猎，有时几天不回城去，他的弟弟以及门客都劝他说，几天不回城恐怕会有人发动兵变。曹爽笑道："军权在我的手里，司马懿又在家养病，有什么可怕的？"

后来，曹爽的弟弟曹羲求大司农桓范劝劝曹爽，曹爽听了，多少注意了一些。恰在这时，李胜升任青州刺史，前来辞行，曹爽灵机一动，有了主意，让他假借到太傅府上辞行，趁机察看司马懿的动静。李胜来到太傅府，只见司马懿面容憔悴，有气无力地躺在床上，由两个丫头扶着才勉强撑起身来。

李胜对他说："我要去青州上任了，来向您辞行。"

司马懿含混地说："并州接近匈奴，可要好好防备！"

李胜说："是青州！"

司马懿说："你从并州来？"

李胜又道："是山东青州。"

司马懿大笑道："你刚从并州来？"

李胜最后借用纸笔，才对司马懿说明白。司马懿看了好一会儿才说："原来是青州哇，我病得耳聋眼花了，刺史路上保重吧。"说完，司马懿用手指指嘴巴，丫头捧上汤水，司马懿就她们手中喝了，汤水还洒了一衣襟。最后，他流着泪对李胜说："我年老力衰，活不久了，剩下两个儿子，要托大将军照顾，请李刺史在大将军面前多为他们说说好话。"说完指指两个儿子。

李胜走后，司马懿便披衣起床，对司马师和司马昭说："李胜回去必定要跟曹爽报告，他不会再怀疑我了，曹爽如再出去打猎，便可动手。"

李胜赶回大将军府，把情形一五一十地向曹爽做了汇报。曹爽大喜道："这老家伙一死，我就什么也不怕了。"过了几天，他带着魏主曹芳，点起御林军，借口出城祭祖，打猎去了。司马懿抓住这个机会，带领儿子和众将，直奔朝中，威逼郭太后下旨，说曹爽奸邪乱国，要免职定罪。太后无奈，只得下旨。然后司马懿又占了城中的兵营，紧闭了城门。曹爽接旨后，本可以大将军印讨伐司马懿，但他生性昏懦，不听众门客的劝告，反而相信了司马懿的话，把大将军印交了出去。从此，政归司马氏。

唐宣宗也算是一个十分有心机的人物。即位之前，他看到君主懦弱、朝政紊乱，害怕危及自身的安全，便用起韬晦之术。他常常装作傻里傻气的样子，致使许多人认为他是个呆子，这样一来，他就安全地避开了宫廷里的复杂斗争，得以保全自己。大和、会昌年间，文宗和武宗经常去他的住处举行家宴，每到这时，人们总是想尽办法逗他说话，甚至皇帝本人也和他开玩笑。有的大臣还用此来打赌，看谁能让皇子说话。任凭别人怎么开口，他就是一句话不说。但到继承了王位之后，裁决大小军政事务，他都能做到合情合理，直到此时，人们才知道他很有主张，以前的作为都是韬光养晦之策。

明成祖朱棣是中国历史上著名的皇帝，他所以能够登上皇位，也是由于十分善于韬光养晦。他本为燕王，靠装疯这一招赢得了时间，最终发动了叛乱，打败了建文帝，登上了皇位，成为中国历史上著名的君主。

明朝的开国皇帝朱元璋有许多儿子，其中朱棣为人沉骘老辣，很像朱元璋。在太子朱标病死以后，朱元璋曾想立朱棣为太子，但许多大臣表示反对，理由有二，一是如立朱棣为太子，对朱棣的兄弟则无法交代；二是不合正统习惯。朱元璋无奈，只得立朱标的次子（长子已病死）为皇太孙，朱元璋死后，皇太孙即位，是为建文帝。建文帝年龄既小，又生性仁慈懦弱，他的叔叔们各霸一方，并不把他看在眼里。原来，朱元璋把自己的子侄分到各处，称作亲王，目的是监视各地带兵将军的动静，以防他们叛乱，后来就分封各地，成为藩王。这样，许多藩王就拥有重兵，如宁王拥有八万精兵，燕王朱棣的军队就更为强悍了。建文帝的皇权因此受到了严重的威胁，在一些大臣的鼓动之下，建文帝开始削藩。在削藩的过程中，许多亲王被杀，其中当然也有冤杀者，燕王朱棣听了，十分着急。

好在燕王朱棣封在燕地，离当时的都城金陵很远，又兼地广兵多，一时尚可无虞。僧人道衍是朱棣的谋士，他对朱棣说："我一见殿下便知，殿下当为天子。"相士袁珙也对朱棣说："殿下已年近四十了，一过四十，长须过脐，必为天子，如有不准，愿剜双目。"在这些人的怂恿下，朱棣便积极操练兵马。

道衍唯恐练兵走漏消息，就在殿中挖了一个地道，通往后苑，修筑地下室，围绕重墙，在内督造兵器，又在墙外的室中养了无数的鹅鸭，日夕鸣叫，声浪如潮，以使外人听不到里面的声音。但消息还是走漏了出去，不久就传到朝廷，大臣齐泰、黄子澄两人十分重视此事，黄子澄主张立即讨燕，齐泰以为应先密布兵马，剪除党羽，然后再兴兵讨之。

建文帝听从了齐泰的建议，便命工部侍郎张昺为北平布政使，都指挥谢贵、张信掌北平都司事，又命都督宋忠屯兵开平，再命其他各路兵马守山海关、保卫金陵。部署已定，建文帝便又分封诸王。朱棣知道建文帝已对他十分怀疑，为了打消他的疑忌，便派自己的三个儿子朱高炽、朱高煦、朱高燧前往金陵，祭奠太祖朱元璋。建文帝正在疑惑不定，忽报三人前来，就立即召见，言谈之下，建文帝觉得除朱高煦有骄矜之色外，其他两人执礼甚恭，便稍稍安心。等祭奠完了朱元璋，建文帝便想把这三人留下作为人质。正在迟疑不决之际，朱棣早已料到这一着，派人飞马来报，说朱棣病危，要三子速归。建文帝无奈，只得放他们归去。魏国公徐辉祖听说了，连忙进见，要建文帝留下朱高煦。原来，徐辉祖是徐达之子，是朱棣三子的亲舅舅。他对建文帝说："臣的三个外甥之中，唯有高煦最为勇悍无赖，不但不忠，还将叛父，他日必为后患，不如留在京中，以免日后胡行。"建文帝仍迟疑不决，再问别的人，别人都替朱高煦担保，于是，建文帝决定放行。朱高煦深恐建文帝后悔，临行时偷了徐辉祖的一匹名马，加鞭而去，一路上杀了许多驿丞官吏，返见朱棣。朱棣见高煦归来，十分高兴，对他们说："我们父子四人今又重逢，真是天助我也！"

过了几天，建文帝降旨，对朱高煦沿路杀人的行为痛加斥责，责令朱棣拿问，朱棣当然置之不理。又过了几天，朱棣的得力校尉于谅、周铎两人被建文帝派来监视朱棣的北平都司事谢贵等人设计骗去，送往京师处斩了。两人被斩以后，建文帝又发朝旨，严厉责备朱棣，说朱棣私练兵马，图谋不轨。朱棣见事已紧迫，起事的准备又未就绪，就想出了一条缓兵之计：装疯。

朱棣披散着头发，在街道上奔跑发狂，大喊大叫，不知所云。有时在街头夺取别人的食物，狼吞虎咽；有时又昏昏沉沉地躺在街边的沟渠之中，数日不起。谢贵等人听说朱棣病了，就前往探视。当时正值盛夏时节，烈日炎炎，酷热难耐，但见燕王府内摆着一座火炉，烈火熊熊，朱棣坐在旁边，身穿羊羔皮袄，还冻得瑟瑟发抖，连声呼冷。两人与他交谈时，朱棣更是满口胡言，不知所云。谢贵等人见状，就告辞了。

谢贵把这些情况暗暗地报告给了朝廷，建文帝有些相信，便不再成天琢磨着该怎样对付燕王了。但朱棣的长史葛诚与张、谢二人关系极好，告诉他们燕王是诈疯，要小心在意，张、谢二人还大不相信。过了许久，燕王派一个叫邓庸的百户到朝廷去汇报一些事情，大臣齐泰便把他抓了起来，严加拷问，邓庸熬不住酷刑，就把朱棣谋反的事从头至尾说了一遍，建文帝知道后大惊，便立即发符遣使，去逮捕燕王的官吏，并密令谢贵等人设法图燕，再命原为朱棣亲信的北平都指挥张信设法逮捕朱棣。

张信犹豫不决，回家告诉母亲，母亲说："万万不可，我听说燕王应当据有天下，王者不死，难道是你一人所能逮捕的吗？"张信便不再想法逮捕朱棣，可朝廷的密旨又到了，催他行事，张信举棋不定，就来见朱棣，想看个究竟。

但朱棣托病不见，三请三辞，张信无奈，就便服前往，说有密事求见，朱棣才召见了他。进了燕王府，但见朱棣躺在床上，他就拜倒在床下。朱棣以手指口，不知所云。张信便说："殿下不必如此，有事尽可以告诉我。"

朱棣问道:"你说什么?"张信说:"臣有心归服殿下,殿下却瞒着我,令臣不解。我实话告诉你,朝廷密旨让我逮你入京,如果你确实有病,我就把你逮送入京,皇上也不会把你怎么样;如果你是无病装病,还要及早打算。"

朱棣听了此话,猛然起床下拜道:"恩张恩张!生我一家,全仗足下。"张信见朱棣果然是装病,大喜过望,便密与商议。朱棣又招来道衍、袁珙等人一同谋划,大家都觉得事不宜迟,可以起事了。这时,天忽然刮起了大风,下起了暴雨,殿檐上的一片瓦被吹落下来,朱棣显得很不高兴。道衍进言说:"这是上天示瑞,殿下为何不高兴呢?"朱棣谩骂道:"秃奴纯系胡说,急风暴雨,还说是祥瑞吗?"道衍笑道:"飞龙在天,哪得不有风雨?檐瓦交堕,就是将易黄屋的预兆,为什么说不祥呢?"朱棣听了,转怒为喜。接着,他设计杀死了张、谢两人,冲散了指挥使彭二的军马,安定了北平城,改用洪武的年号,部署官吏,建制法令,公然造反了。经过三年的反复苦战,朱棣终于打败了建文帝,登上皇位,后又迁都北平,成为中国历史上较有作为的皇帝。

人生在世,各种各样的情况都是可能遇到的,更何况是逆境呢?关键在于你怎样去对待。有志进取者,将此当作磨砺自己的机会,无志者则一直消沉,听天由命。

在中国历史上,政治斗争、军事斗争乃至争权夺利的斗争都极其复杂,有时瞬息万变。忍受暂时的屈辱,磨炼自己的意志,寻找合适的机会,也就成了一个成功者所必不可少的心理素质,其实,这只是一个较低的境界,较高的境界是有意识地主动消隐一个阶段,借这一阶段来了解各方面的情况,消除各方面的隐患,为将来的大举行动做好前期的准备工作。纵观历史上的成功者,往往都是如此。

"小不忍则乱大谋",不仅是对人格修养的总结,也是对封建官场的处世经验的绝妙概括。如果能够把二者较好地结合起来,就会在任何逆境中都游刃有余了。

(参见《战国策》《史记》《新五代史》《明史》等)

真隐士

南华秋水，漆园傲吏，庄子以其人其文给中华民族留下了无尽的向往与思索，终成为民族文化的渊薮。

如果说孔子之隐还是侧重于实现"内圣—外王"的社会政治和思想文化的统一人格的话，那么，庄子之隐则是较为纯粹的文化活动了。事实上，庄子是中国隐逸传统的正牌祖先，他以其丰富深刻的哲学思想宣告了中国隐逸文化的成熟，并以生命历程实践了自己的理论，对中国的隐逸文化传统及整个传统文化产生了极其重要的影响。

什么是隐士？有时候真是很滑稽的，既是隐士，却又大名鼎鼎，如何得隐？其中的某些人，与其说是高洁的隐士，毋宁说是走终南捷径的俗徒。

但南宋洪迈《容斋随笔》所记载的四隐士却是真隐士。

第一位隐士是慈溪（今浙江慈溪东）的蒋季庄，主要生活在宋徽宗宣和年间。他十分鄙视王安石的学说，不参加科举考试，闭门苦读诗、书，不轻易与人交往。高抑崇住在明州（今浙江宁波）城，每年却要四五次出城来拜访蒋季庄。蒋季庄每当听到他要来，总是急匆匆地出来迎接，有时慌忙中连靴子都穿反了。两人总是在小屋里促膝交谈，有时甚至达到废寝忘食的境界。高抑崇离去的时候，蒋季庄总是送他好几里，然后才恋恋不舍地离开。两人关系非常密切，由于蒋季庄名声很大，别人都很羡慕高抑崇。

有人十分不解地问高抑崇说："蒋季庄不爱与人交往，却对你那样好，你也非常喜欢与他交往，这到底是什么缘故呢？"高抑崇回答说："我常年读书，凡是遇到解决不了的疑难，或者不知道的东西，总是积累数十条之多来求教他。只需一次拜访谈论，所有的问题便迎刃而解了。"

看来，蒋季庄的才智，高抑崇知道，而别人却未必能知道，所以二人才能相知。人们所说的"知己"，大概就是指这种吧。

第二个隐士叫王茂刚，住在明州（今浙江宁波）深山老林里。他有个弟弟，不太喜欢读书，因此专靠劳动养家糊口。而他却很少走出深山与人交往，只是专心读书，对《周易》研究得尤其透彻。

明州通判沈焕曾经去拜访过王茂刚，沈焕和他谈论时，发现他许多精辟的观点早已超出了书中的注释，但他却一点儿也不自满，显出十分谦虚的样子。看来，他还会永不停息，深入地研究下去。

第三个隐士是顾主簿，不知原籍是哪里，宋代南渡以后住在慈溪（今属浙江）。这个人清廉耿介，安于贫贱的生活，不祈求别人理解自己。生活中的一些琐事，他处理得有条不紊。

早上起来后，他便站在门口等待卖菜的人过来，询问一下一把菜多少钱，然后照价付钱。其他饮食穿戴用的东西也是这样来买。久而久之，那些做买卖的人便都很信任他，对他照实说价，不忍心欺骗他。

如果一天所用的东西备齐了，他就开始闭门钻研经典书籍，不去和别人交往。

村里的人都十分尊敬他，有些武断而好逞强的人在相互嘲笑时，总是说："你难道是顾主簿？"

第四个隐士是信州永丰县（今江西广丰）的周日章。此人洁身自好，性格耿直，很受同县人的尊敬。他开办私学，教授生徒。尽管收入仅仅够维持生活，但对不义之财他却丝毫不取。他家里很穷，常常是吃了上顿没下顿，邻居有时稍微周济他家一点儿粮食。虽然不时断顿，但他宁愿和妻子一起挨饿，也从不向人乞求。

有时在寒冬时节没有棉衣穿，他们便把纸衣披在身上御寒，这时如果有客人来到，他也会十分高兴地让进来，一点儿也不因为自己贫穷而觉得不好意思。客人看到他的容貌神态，听到他的高谈阔论，没有不敬佩的。

有一次，永丰县的县尉谢生送给他一件衣服，并说："你并没有向我要，是我自己想送给你，以表达对你的敬慕之情的，您就收下它好了。"

周日章笑着回答说："在我看来，一件衣服和一万钟的俸禄是一样的，如果毫无缘故地收受它，是不懂得礼义啊！"

最终，周日章还是拒绝接受那件衣服。

洪迈认为，以上四位君子确实应该载入史册。

道隐无形。生逢有道之世，进则可攻；生逢无道之世，退则可守。不为一时、一世、一人、一地所拘，故曰道隐无形。既是无形，就不受拘泥，而这一切都是为了建立圆融宏大的人格，故是超越尘俗的大解脱。**人之所以有心灵的重负，就是因为太拘泥于一时、一事，溺于琐事而不能自拔。**孔子言，"君子坦荡荡，小人长戚戚"，正极为形象地刻画出了"君子"与"小人"的区别。

（参见《容斋随笔》《三朝野记》等）

宁静致远

古人曾经说过："淡泊以明志，宁静以致远。"这话听起来是十分诱人的，但如果真的实行起来恐怕就只能自己"明志"给自己看，无法"致远"了。尤其在危机四伏、处处充满嫉妒和阴谋的皇宫里，恐怕就更难以做到了。然而，汉和帝的皇后邓绥却是一个特例，她的确创造了奇迹。

邓绥是东汉和帝刘肇的皇后，她成为皇后，似乎与别的皇后有所不同，靠的是她谦让的美德。她自幼性格柔顺，非常善于忍让，甘愿委屈自己，以宽慰他人。五岁的时候，有一次，祖母为邓绥剪发，由于老眼昏花，不小心将她的前额碰破。邓绥强忍疼痛，一声不吭。别人感到十分不理解，问她："你这样像没有事一样，难道不知疼痛吗？"邓绥却说："我不是不知疼痛。我的祖母疼爱我，为我剪发，我若喊痛，就会伤她老人家的心，所以我忍住了。"一个五岁的孩子能说出这样的话来，实是异乎常人。这件事很能反映出邓绥的品格。

东汉永元七年（95年），邓绥被选入宫，成为和帝的贵人。第二年，另一个贵人阴氏因身为贵戚，靠着后台的势力被立为皇后，从此，邓绥格外谦卑小心，一举一动皆遵法度。

对待与自己同等身份的人，邓绥常常克己事之，即使是宫人隶役，邓绥也不摆主人的架子。有一次，邓绥得了病，按照当时的规定，外人不能轻易进宫探视。和帝特别恩准邓绥的母亲和兄弟进宫照顾，并且不做时间上的限制，这在当时看来，是特殊的恩德。邓绥知道后，便对和帝说："宫廷禁地，对外人限制极严，而让妾亲久留宫内很不合适。人家会说陛下私爱臣妾而不顾宫禁，也会说我受陛下恩宠而不知足，我受别人的议论倒是小事，损害了陛下的威德我实在担当不起。这对陛下和臣妾都没好处，我真的不愿您这样做。"和帝听后，觉得她是个识大体的人，非常感动，说："别的贵人都以家人多次进宫为荣，只有邓贵人以此为忧，这种委屈自己的做法是别人比不了的。"从此对邓绥更加宠爱了。

邓绥虽然得到和帝的宠爱，但一点儿也没有显出骄傲的样子，反而更加谦卑。她知道皇后阴氏的脾气，也隐隐约约感到因为皇帝过于宠爱自己而使阴氏对自己有所忌恨，所以对阴氏更加谦恭，阴氏因此也不好过于找她的麻烦。每次皇帝举行宴会，别的嫔妃贵人都竞相打扮，服装非常艳丽，以此来炫耀自己。只有邓绥独穿素服，丝毫没有装饰。她非常细心，每当发现自己所穿衣服的颜色与阴氏的相同或相似时，就立即进行更换。若与阴氏同时晋见，她从不敢正坐。和帝每次提问，邓绥总是让阴氏先说，从不抢她的话头。

邓绥不是故作姿态，而是发自内心的谦恭，她的这种品德进一步赢得了和帝的好感，皇后阴氏的傲横和嫉妒倒令皇帝感到讨厌。后来，皇后逐渐感觉到邓绥对她的威胁，就采取阴险刻毒的手段来对付她。永元十四年（102年），阴氏与人制造巫蛊之术，企图置邓绥于死地。不料阴谋败露，阴氏被幽禁，后忧愤而死。

阴氏死后，和帝很想立邓绥为皇后。邓绥知道后，觉得不合适，自称有病，躲藏起来，以示辞让。这反而激发了和帝立后的决心，他说："皇后之尊，与朕同体，上承宗庙，下为天下之母，只有邓贵人这样的有德之人才可承当。"永元十四年（102年）冬，邓绥终于被立为皇后。

孟子曾经说过："以顺为正，妾妇之道。"这是对那些只知道顺从"上级领导"而没有自己见解的人的辛辣尖锐的批评。而邓绥与孟子所说的这种情况正好相反，她的行为代表了我们中华民族的优良品德。如果我们连这一点都看成是封建糟粕的话，那么中华民族的历史真的就漆黑一团了。

（参见《后汉书》等）

功成身退，天地之道

老子曰："功成、名遂、身退，天地之道。"这话真是造就了中华民族的性格。

中国人做事情一般来讲是不太彻底的。在封建官场上，多信奉"功成身退"；在战场上，又讲究"穷寇勿追"；在商场上，往往喜欢"见好就收"。可谓深得中庸之道。

确实，这也是中国人生活经验的总结。《易经》里就有"否极泰来""剥极而复"的话，意思是说倒霉到了极点，好运就会来临；反之，鼎盛到了极点，也就快倒霉了。

南宋的洪迈在其《容斋随笔》中论述了他对这一问题的看法。

廉颇一生立下了无数战功，到了老年时仍贪功不退。后来，秦国攻打赵国，这时廉颇正遭到赵国的疏远，避居在魏。赵王派人去看廉颇，看他是不是还能带兵打仗。廉颇壮心未老，还想建功立业，于是，饱餐一顿，向使者显示自己的饭量，并披甲上马，大显英雄本色。但最终还是因为仇家郭开作梗，让使者故意在赵王面前说他已经老迈无用，更不要说立功了，最终，廉颇连自己的故土都没能够回去。

汉武帝征讨匈奴，李广已经立了很多的功劳，只是由于种种原因没有封侯，因此他请求做前将军出征。汉武帝因李广年事已高，过了好久才答应此事，任命他为前锋。这一年正是元狩四年（前119年），李广跟随大将军卫青出击匈奴。出了关塞后，卫青捕到了一个俘虏，得知了匈奴首领单于的位置，就亲自率领精兵去追单于，却命令李广的军队合并到右将军的部队中去，从东边出击。东路稍微绕远，而卫青他们大部队的道路上，水草很少，势必不能屯兵宿营。李广请求说："我本来是前将军，如今，大将军下令调我从东路出兵。且我从年轻束发时起就一直与匈奴作战，今天才得到了一个与单于对战的机会，我愿意担当先锋，先与单于拼死一战。"而大将卫青暗中受了皇帝的告诫，认为李广年纪已老，命运不好，不要让他与单于对战，怕达不到预期的目的。李广坚决拒绝执行这个命令。大将军不听，命令长史写了一道命令，直接送到李广的军部，并说，赶快到右将军的军部去，照命令上所说的办。李广没向大将军卫青辞行就起程了，心里特别生气地来到军部，率领军队与右将军赵食其会师从东道出发，但终因走东道误军而自刎。

汉宣帝的时候，先零羌曾经反叛，营平侯赵充国已经七十多岁了，还非常自信，认为当时的汉将还没有能超过自己的。他受诏命于金城平定了羌族的叛乱，可他的儿子赵卯却因为平羌之事招致了杀身之祸。

汉光武帝时期，五溪一带的蛮人反汉，新息侯马援已经六十多岁了，还在皇帝面前"据鞍顾盼"，以表现自己的英雄气概，光武帝对他大加赞赏说："老将军真是神勇不减当年！"于是，任他为帅，领兵平叛。后来马援在壶头山死于军中，真是应了他的话："男儿当马革裹尸而还！"

唐朝卫国公李靖本来是养病在家，这年正遇上吐谷浑侵犯边境，他听说后马上去见丞相房玄龄说："我虽然年迈，但对付蛮夷之人尚可，平叛还是没问题的。"但他平叛归来后却遭到别人的陷害，差一点儿招来杀身之祸。到唐太宗伐辽时，征求他的意见，他还说："我现在虽然是年老体衰，如果陛下不嫌弃，我照样可以披甲出征。"

郭子仪八十多岁还任关内副元帅、朔方、河中节度使，实际上他早已功成名就，该自动让位给后来人了，却一直不求身退，最后的结局是被德宗给罢免了。

历史上这几个人，哪个不是英雄，堪称人中豪杰？但他们都不免被功名牵累，何况那些不如他们的人呢？文臣以运筹之才辅国，武将凭决胜之勇定邦，人们成就功名的目的就是为了得到这个名声，古往今来的贤卿大夫们很少去琢磨这道理，不去珍重自身，让人不禁感叹能急流勇退的人太少了。

（参见《容斋随笔》等）

如何才是无为而治

　　无为而治一直是中国最高的政治理想，任何朝代的帝王将相都希望能用最小的力气来获得最大的政绩，但做到这一点却是十分困难的。纵观整个中国历史，也只有寥寥数人和寥寥几个朝代的特定阶段而已。洪迈在其《容斋随笔》中列举了能够无为而治的七位大臣。

　　汉初曹参继萧何之后为汉惠帝时宰相，他继续推行黄老之术，与民休息。为了使国家政治、经济政策能够一脉相承，曹参对萧何制定的一切措施往往不做任何改动，自己很清闲地沉醉在酒乡之中，什么事也不管。属吏感德，但朝中大臣感到不解，有的便把曹参的作为报告了惠帝。惠帝查问此事，曹参忙伏拜在地，顿首谢罪，问惠帝道："陛下自思，您的圣明英武，可比得上高祖？"惠帝道："不如。"参又问道："陛下察臣才，与故丞相萧何比，孰优孰劣？"惠帝道："恐不及萧丞相。"曹参这才说道："陛下圣明。从前高祖及萧丞相定天下，制法令，今陛下垂拱临朝，臣等能守职奉法，遵前制而不令有失，便算是能继承前人了，难道还想胜过一筹吗？"惠帝听了以后，才了解了曹参的真正意图。

　　曹参就这样主持相府整整三年，竟得讴歌。他本来就擅长黄老之学，主张无为而治，关键是汉初需要休养生息，所以，萧规曹随，无为而治，实在是历史的需要。

　　东晋王导也是一个十分有头脑的人，性格与当时的名士有些相近。他历仕元、明、成三帝，主张治理国家应清净无为。到了晚年，他尤其注意不要过多地处理政事。当别人误解他的时候，他总是说："现在的世人都说我无所事事，但后人一定会思念我无所作为给国家带来的稳固和安宁。"

　　东晋另一位宰相谢安也是非常有胸怀和见识的人，他志向远大而性情疏阔，主张不必事必躬亲，在轻松愉快中就把国家治理得很好。

　　唐宰相房玄龄、杜如晦辅佐李世民治国安邦，形成了唐初贞观之治的局面。然而，史书上对他们功劳的记载远不如他们实际上所建立的多。他们虽然对前代的制度多有改革，但也有着顺其自然、无为而治的一面。

宋初赵普为宋太祖的宰相，他注意收拢人心、团结官吏，尤其是对待官吏的过错，特别注意慎重对待，甚至主张不予处理，以宽容的态度来顺其自然。每当收到士大夫之间相互告发和揭短的文书，他不看一眼就扔进提前准备好的两个大瓮中，装满了就烧掉，这就防止了官吏之间钩心斗角、危害国家，保证了国家的稳固。这种行为好像是不负责任，但实际上对维护当时的安定团结起了积极的作用。

宋代的李沆也是一位大智若愚的贤相，每当各种建议呈报上来时，他都不批准，而主张不变祖宗之法，并对人说："我以这种方式报效国家，也就足够了。"

曹参、王导、谢安、房玄龄、杜如晦、赵普、李沆七位顾命大臣，虽身处显位，握有生杀予夺大权，然而他们为了国家从不哗众取宠，从不宣扬自己的名声，真不愧是贤明的宰相。当然，更不能说他们是无所作为的宰相。

无为而治，并不是教人无所事事，而是一种圆融通脱的大智谋。与生杀予夺的刚硬之道相比，无为而治似乎不是那么声威显赫，但它却是一种最为聪明、深刻和长治久安的治国之道。

（参见《宋史纪事本末》《宋史》等）

上善若水

道家的创始人老子认为，上善若水。意思是说最好的治国治民的方法是顺应事物的发展规律，按照其本性来引导梳理，不要与事物相抵触，应该像流水一样，随物赋形。**水虽然是至柔之物，但最后能把一切东西都填平，实际上就是最后包容、征服了一切。**确实，在为政之道上，这是行之有效的方法。

廉范，字叔度，是京兆杜陵（今陕西西安东南）人，战国时期赵国名将廉颇的后人。他曾任过云中（治今内蒙古托克托东北）、武威（治今甘肃武威）、武都（治今甘肃成县西）等郡的郡守，有丰富的治理民众的经验，很有政绩。

东汉章帝建初年间，廉范被任命为蜀郡（治今四川成都）太守。蜀郡民俗崇尚文辩，喜好持己见以论短长，不愿意接受别人的约束，也不愿意改变自己的习俗。廉范常常劝勉他们，从不听那些妄言虚说。

蜀郡在当时是富庶之城，人口众多，民居稠密，城里的居民有夜间干活的习惯。廉范任蜀郡郡守以前，历来的郡守都禁止百姓夜间干活。因为夜间工作点火照明，十分容易失火，而一旦失火，就会使大片房屋被烧，难免造成严重的损失。但百姓们仍不顾禁令，常在夜间偷着干活，由于不敢公开点火，火灾的发生反而更加频繁。廉范任蜀郡郡守后，没有再下什么禁令，而是首先取消了以前的禁令，允许百姓夜间点火干活，但严格要求家家储备足够的水，以便能及时将火灾扑灭。

自从廉范采用了这一新办法后，成都地区不但火灾减少，而且百姓有了更多方便。百姓们作歌唱道："廉叔度，来何暮？不禁火，民安作。平生无襦今五绔。"意思是：廉大人来蜀郡做官来得太晚了，他不禁我们点火，让我们夜间安心劳作，使我们过上了从来没有的好日子。

廉范治蜀，无为而治，实在是值得钦仰的。

唐宪宗时期的宰相杜黄裳对无为而治也有十分精彩的论述。唐宪宗继位不久，就召集大臣讨论如何治国，他希望通过讨论来确定正确的治国方略。杜黄裳在削藩问题上给宪宗出了很多好的主意，平定了藩镇的叛乱，使国家政权得以巩固，因此，宪宗十分器重他。这次，宪宗与大臣讨论如何治理好国家，其实主要是想听听杜黄裳的意见。宪宗道："自古以来，有些帝王为各项政务勤勉操劳，卓有成效；有些帝王却端身拱手，清净无为也能垂拱而治，他们各自都有成功的地方，也有失败的地方，怎么做才是最适当的呢？"

杜黄裳回答说："帝王对上承受着天地与国家赋予的使命，对下负有安抚百姓与周边民族和邦国的重任，必然朝夕忧劳，固然不能够自图清闲和安逸。然而，君主与臣下是各有职分的，国家的法度是有一定的程序的。如果能够慎重地选拔天下的贤才，并且将重任托付给他们；制定法则，当他们立功的时候便予以奖赏，当他们犯罪的时候便处以刑罚；赏罚分明，不失信用，选拔与任用都出以公心。这样的话，哪还会有什么人不肯竭尽全力为朝廷办事呢？朝廷还会有什么目标不能实现呢？"杜黄裳又说："贤明之君在寻求人才的时候是辛劳的，而在任用人才以后却可一劳永逸，这便是虞舜能够清净无为而使政治修明的原因啊！至于诉讼与交易等烦琐细小的事情，应由职能部门去办理，不是君主所应该躬亲过问的，如果事必躬亲，那就会管不胜管。"

看到唐宪宗认真地听，他就又举例说："过去，秦始皇用衡器称取所阅疏表奏章，每天一定要阅读一定数量的奏章，不可谓不勤勉了；魏明帝亲自到尚书台检验发行文书；隋文帝在议事的时候，侍卫们只好互传食物充饥，这些人不仅对当世全无补益，却反遭后人讥笑，费力不讨好。他们的双耳与双眼、身体与心志并非不勤劳而辛苦，但是他们致力的事情，并不合乎情理啊！"

他最后总结说："一般来说，君主最忌不能推心置腹，臣下最忌不能竭尽忠心。如果君主怀疑他的臣下，臣下不忠诚其君主，上下不能同心，要以这样的局面来寻求政治修明，不是很困难吗？"宪宗认为他的话极为正确。

杜黄裳确实是一个有见识的人，他所论述的道理应该是千古不易的，即使用今天的观点看来，他的主张也是完全适用的。

（参见《后汉书》《旧唐书》等）

千古一坡仙

"吾上可陪玉皇大帝，下可陪卑田院乞儿。眼前见天下无一个不是好人！"
以上是苏轼对他的弟弟苏辙说过的一句话，用这句话来描述苏轼的一生，实在是再恰当不过了。

中国的封建官场充满了阴谋和鲜血，但历史毕竟还是公正的，如果全让那些搞阴谋诡计的无耻之徒占去了，中国的历史就不会如此延续下来。苏轼一生纯净，绝无机心，更不玩权术，这使他在仕途上经历坎坷。几遭杀身之祸，但正是因为他不通权术，他才成为任何权术家都无可比拟的千古名人。历史的公正，在他的身上得到了充分的展现。

在苏轼的一生中，似乎谁当权他就"反对"谁，他一生岂止是"三起三落"，简直就是在流放与贬谪中度过的。他经历无数次的磨难，最终病逝于从海南岛北归的途中。正所谓"艰难困苦，玉汝于成"，也正是由于政治上的失意和生活的磨难，他才在被贬谪到海南岛的这一最为艰难的时期在人格修养上达到了中国封建士大夫的最高境界——天地境界。

然而，令人遗憾的是，像苏轼这样的人在整个中国历史上太少了。下面对苏轼的艰难和光辉的人生道路作简要的介绍。

在"山不高而秀，水不深而清"的四川眉州，宋仁宗景祐三年十二月（1037年1月），城内苏家诞生了一个婴儿，其父苏洵抱过婴儿，忽见婴儿背上赫然生着一颗黑痣，惊喜地对夫人说："夫人，你看孩子背上的这颗黑痣，生在正中，犹如太空中的星斗，兆应才华横溢，如江水浩荡，不纳浊流，日后必可成材，充当国家的栋梁。"待苏洵仔细观察孩子的面部，又不禁心头一沉，但见他天庭饱满，鼻如悬胆，尤其是一双眼睛，犹如两泓山泉一般，神采飞扬而又清澈见底。苏洵好久才对夫人说："这孩子性格豪放，锋芒毕露，不通机变，日久必定遭人口舌之诬，一生恐怕多有磨难了。"这也许是后人附会吧，但无论如何，苏洵的话准确地预见了这孩子的一生。这个孩子，就是北宋时期，也是中国文化史上的巨人——苏轼。

苏轼自幼极其聪敏，不仅博学多才，对于人情世故，也能触类旁通。十一岁时，他应父命作了一篇《黠鼠赋》，极富说服力，兹摘录如下：

苏子夜坐，有鼠方啮，拊床而止之，既止复作，使童子烛之。有橐中空，嘐嘐聱聱，声在橐中。曰："噫，此鼠之见闭而不得去者也！"

发而视之，寂无所有，举烛而索，中有死鼠。童子惊曰："是方啮也，而遽死耶？向为何声，岂其鬼耶？"覆而出之，堕地乃走，虽有敏者，莫措其手。

苏子叹曰："异哉，是鼠之黠也！闭于橐中，橐坚而不可穴也。故不啮而啮，以声致人；不死而死，以形求脱也。吾闻有生，莫智于人。扰龙伐蛟，登龟狩麟，役万物而君之，卒见使于一鼠；堕此虫之计中，惊脱兔于处女，乌在其为智也。"

坐而假寐，私念其故，若有告余者，曰："汝惟多学而识之，望道而未见也。不一于汝，而二于物，故一鼠之啮而为之变也。人能碎千金之璧，而不能无失声于破釜；能搏猛虎，而不能无变色于蜂虿；此不一之患也。言出于汝，而忘之耶？"余俯而笑，仰而觉。使童子执笔，记余之作。

从这篇文章里可以看出，苏轼绝非一个死板迂腐的学究，对于世态人情，乃至于从世态人情上引申出深刻的哲理，苏轼是深有心得的。因此，当苏轼踏入官场以后，他不是不懂"为官之道"，而是把官场看得太透，把那些争名逐利之辈看得太透，他们的一举一动乃至微妙心态他都能看得一清二楚，但只有一点，就是他绝不同他们同流合污，只是为国为民着想，为正义着想，而不去屈就。

在全国选拔进士的会考中，苏轼以论文《刑赏忠厚之至论》获得了欧阳修等主考官的高度赞赏。在这篇文章里，他充分表达了自己的爱国爱民之心，言辞铿锵，文气充沛，尤其是能不拘古法活用典故，更使审卷官们惊喜不已。欧阳修见卷子独占鳌头，便想评为第一，但又怕这卷子是自己的学生曾巩所为，评为第一会被人猜说，就判为第二，等开了封卷，才知是苏轼的试卷。在礼部进行的口试复试中，苏轼以《春秋对义》获第一名。

后来，欧阳修在读苏轼的感谢信时，十分感慨地说："捧读苏轼的信，我全身喜极汗流，快活呀快活！此人是当今奇才，我应当回避，放他出人头地。请大家记住我的话：三十年后没有人会再谈起我！"当时，欧阳修文名满天下，天下士子的进退之权也全操于欧阳修一人之手，欧阳修这么一句话，苏轼之名顷刻间传遍全国。"出人头地"这一成语，也就是从这里来的。

在历任了凤翔签判等几任地方官以后，苏轼在熙宁二年（1069 年）又回到了开封，仍"入直史馆"。在神宗的支持下，王安石准备实施新法，这样，在朝廷之上，就形成了新党和旧党两个派别。

旧党是反对变法的，其代表人物是司马光。司马光不仅是一位声望很高的元老名臣，还是一位大学者，重要的史学著作《资治通鉴》就是在他的主持下编写的。新党是坚决主张变法的，其首领是宰相王安石，王安石也是一位学者、诗人。由于当时王安石急需选拔支持新法的人，一些见风使舵的势利之徒趁机而上，骗取了王安石的信任，如谢景温、吕惠卿、舒亶、曾布、章惇等人都是这样被提拔上来的。王安石这种急不择人的做法，不仅使苏轼遭受了残酷的迫害，对他自己来说，也种下了导致变法失败和以后遭受这帮小人陷害的祸根。对于这"两党"，苏轼在个人感情上并无偏爱，他同司马光的交往很深，关系很好；对王安石，他与之同出于欧阳修之门，也能推心置腹，无话不谈。因此在这两派势力之间，苏轼绝不会因为感情去偏向任何一方。即使苏轼对一方有着感情，他也不会因为私人感情而去掩盖自己的真实观点，说出违心之论。

在神宗的支持下，王安石率领新进之人，气势很盛，在经济、文化等方面都要一改旧制，推行新法。但苏轼觉得王安石不论在具体的改革措施还是在荐举人才方面，都有许多不妥之处，不利于社会安定、经济发展，也不利于朝廷的团结，所以他对王安石持激烈反对的态度。对于王安石废科举、兴学校的改革措施，尤为不满，他上书神宗说："选拔人才的方法，在于了解人才；而了解人才的方法，在于能考察人才的实际情况，看其言辞与行为是否统一。希望陛下能够考虑长远的事情、大的事情，不要贪图改变旧法，标新立异，乱加歌颂而不顾实际情况。"神宗听了苏轼的话，觉得有一定的道理，便又召苏轼询问说："今天的政令得失在什么地方呢？即便是我的过失，也请你指出来。"苏轼说："陛下是个天生的明白人，可以说是天纵文武，不怕遇事不理解，不怕不勤恳，不怕做事没有决断，怕的是想急于把国家治理好，办事太急，提拔官员太快，太容易听信别人的话。希望陛下能采取安静沉稳的态度，等待人、事之来，然后再慎重处理。"神宗听了，觉得苏轼对当时情况的分析很有道理，就接受了他的建议，没有批准王安石废科举、设学馆等新法。

司马光知道了苏轼的态度以后非常高兴，以为苏轼是自己这一党，对苏轼大加称赞。不久当王安石大张旗鼓地推行经济方面的新法时，司马光着急了，他紧急搜罗帮手，想阻止王安石的新法。

一天，司马光找到苏轼，未经试探，开门见山地对苏轼说："王安石敢自行其是，冒天下之大不韪，实在是胆大妄为，我们要联合起来，一起来讨伐他。"苏轼笑笑说："我知道应该怎么做。"司马光以为苏轼要坚决反对王安石，十分高兴，紧接着追问说："那么，您打算怎么办呢？"苏轼十分严肃地对司马光说："王安石改革时弊，欲行新法，也是为国为民着想，是为公不为私，从大局来看，有值得称道之处。但其新法，确有祸国殃民之害，我才加以反对。至于你那'祖宗之法不可变'的信条，比起王安石的新法，更是误国害民之根。"

司马光听了，勃然大怒，高声骂道："好个介甫（王安石之字）之党！"拂袖而去。从此，司马光也恨上了苏轼。

苏轼知无不言，言无不尽，抱着一颗为国为民也对皇帝负责的赤子之心，在两个月之内，写了《上神宗皇帝书》《再上皇帝书》，对王安石的新法进行了全面的批评，引起朝野的震动。苏轼把这种改革比作皇帝在黑夜中骑着快马驰走，群臣不是去为君主探明道路，而是在背后猛劲地打马，危险之至，并要求神宗"解鞍下马，喂马蓄锐，天明再行"。王安石的新党知道了这些，可谓恨得咬牙切齿。王安石还算是个君子，但他手下的那帮党徒，一个个摩拳擦掌，准备整苏轼。

一天，王安石派谢景温把苏轼请来，要与他面对面地做一次"深谈"。王安石怒责苏轼说："你站在司马光一边，指斥新法，是何居心？"苏轼一听，火往上冒，反问道："你这话从何说起？"王安石说："仁宗在时，你主张改革时弊，反对因循守旧，是何等坚决。现在我行新法，你为什么要伙同司马光来反对我？"苏轼怒道："你口口声声说我同司马光站在一起，可知我也反对司马光的泥古不化？你不审时度势，反倒急功近利，贸然推行新法，必遭天下人之拒。"就这样，两人的谈话破裂了。

不久，王安石新党中的重要成员谢景温上书诬告苏轼，说他扶丧返川时，利用官船贩运私盐。后虽经查无此事，但苏轼已厌恶了朝廷的党争，想到外地去任地方官。这时，新党正想排斥异己，就把他贬到了杭州，任杭州通判。

苏轼在杭州、徐州辗转数年，兴水利，救水灾，为民做了许多好事。元丰二年（1079 年），苏轼又从徐州迁至湖州。这时，朝廷里的斗争也很激烈。王安石提拔起来的一伙人，钩心斗角，相互倾轧。熙宁八年（1075 年）二月，王安石被神宗复用，任为宰相，吕惠卿多年的蓄谋化为泡影，为了当宰相，吕惠卿竟把他和王安石的私人信件交给了神宗。

吕惠卿本是靠攀附王安石才当上副宰相的，因此两人的来往信件很多。在王安石写给吕惠卿的信件中，有的用了"无使上知"的字样，神宗一见，觉得王安石在搞阴谋诡计，十分恼怒，就罢了他的宰相职务，命其永远不得返朝。这样一来，过去曾经支持过王安石变法的"新进勇锐"，如吕惠卿、李定、舒亶等人，就独霸了朝权。

苏轼到达湖州，按惯例要写谢表，他想起朝廷上发生的这些事，不禁气愤，在表中不由得写道："知其愚不适时，难以追陪新进；察其老不生事，或能牧养小民。"李定接到这份谢表一看，不由大喜，觉得陷害苏轼的时机到来了，立即串联了舒亶等人，准备"劾奏"苏轼。

但是，苏轼文名布于天下，朝廷上一些元老重臣会自觉保护他，更兼皇后对他很有好感，要想参倒苏轼，也不是很容易的事。但李定、舒亶等人唯恐苏轼东山再起，将来难以处治，必欲置苏轼于死地而后快。

第二天早上，李定把谢表交给了神宗，首先弹劾道："苏轼说'知其愚不适时，难以追陪新进'，既是反对新法，也是对皇上不满；说'察其老不生事，或能牧养小民'，是发泄自己对职位的不满情绪，实是未将皇上放在眼里。"李定还说苏轼有四条"可废之罪"：一是"怙终不悔，其恶已著"；二是"傲悖之语，日闻中外"；三是"言伪而辩，行辟而坚"；四是说皇上

"修明政事，怨不用己"。

　　神宗看了苏轼的谢表，果然脸色不虞，加之李定煽风点火，就有些怒气了，舒亶见火候已到，便趁机举出"确凿证据"，说苏轼存心险恶。舒亶说："苏轼反对新法，证据确凿，对每一种法令，他几乎都作诗诽谤。他包藏祸心，怨恨皇上，无人臣之节，确属事实。陛下发钱以业民，苏轼就说'赢得儿童语音好，一年强半在城中'；陛下行考核官吏的新法，他就说'读书万卷不读律，致君尧舜终无术'；陛下严禁私盐，他就说'岂是闻韶解忘味，尔来三月食无盐'。望陛下明察。"

　　舒亶的这一招的确恶毒，苏轼的这些涉及新法的诗并无攻击讪谤之意，无非是描述了行新法后产生的一些现象，但在舒亶的嘴里，都成了恶毒的攻击。在此情此景之下，谁又能说得清楚呢？

　　果然，在犹豫了一阵之后，神宗还是下令将苏轼拿问。

　　苏轼在湖州任上被捕，押出湖州，百姓夹道相送，失声痛哭，足见苏轼之得民心。押到开封以后，他被投入乌台狱，这就是中国历史上著名的文字狱之一——乌台诗案。

　　苏轼在狱中待了很长时间，苏轼的儿子求告无门，便去南京找苏轼的弟弟苏辙想办法。临行之时，他嘱咐别人，送饭时送鱼，不要送肉，但送饭的人搞混了，竟把肉送了进去。苏轼一见，误以为大限将至，不由得悲愤中生。原来，苏轼与儿子约好，如果没有什么情况，送饭时带鱼；如果情况紧急，送饭时带肉。这样可以内外通气，早做准备。苏轼自觉李定、舒亶等人必欲将他处死，在悲愤之中，索笔写下了两首诗，其一云：

　　　　圣主如天万物春，小臣愚暗自亡身。
　　　　百年未满先偿债，十口无归更累人。
　　　　是处青山可埋骨，他年夜雨独伤神。
　　　　与君世世为兄弟，更结来生未了因。

　　苏轼的这首诗是写给弟弟苏辙的，本想托一狱卒交给弟弟，没想到被李定安排的耳目看到，一把抢去，交给李定。李定以为苏轼又在写诗怨谤，正愁拿不到证据，便把诗稿往袖中一塞，匆匆上朝去了。

这时，朝廷内部又发生了一些微妙的变化，曹太后在弥留之际，与神宗谈过一次话，指出苏轼是个忠臣、才子、廉吏、好人，要神宗千万别冤枉了苏轼；神宗虽然年轻气盛，但也并未想杀苏轼，只是李定一伙人极力陷害，企图置之于死地。第二天上朝，李定竟把苏轼的诗交给神宗，并说苏轼又在狱中大发怨怒，神宗看完诗，觉得莫名其妙，就问李定诗上写的什么，李定一惊，才想起自己害人心切，竟未看诗稿。这么一来，形势急转直下，以前帮助李定的人见神宗态度已变，都见风使舵，替苏轼说情。就这样，在审无证据的情况下，苏轼被释放出狱。

元丰三年（1080 年）二月，苏轼被贬为黄州团练副使，在这里，他写下了千古不朽的名篇《前赤壁赋》和《后赤壁赋》，躬耕东坡，留下了许多佳话。

元丰八年（1085 年），三十八岁的宋神宗病逝，年仅十岁的哲宗即位，由高太后摄权听政。

高太后一贯反对王安石的新法，她掌权后，第一件事就是清除那些靠结党营私而爬上高位的官员。她免去了王圭的宰相职位，重新任命司马光为宰相，对那帮因反对新法而遭贬斥的人物，也陆续复用。这样，苏轼先被任命为登州太守，后又召还朝廷。李定、舒亶等人见苏轼果然东山再起，又恨又怕，便时时寻找机会陷害他。

恰在其时，辽国派使臣来朝，带来一副对子的上联，要大宋朝在三日之内对上下联，若能对上，即为上邦，若对不上，便为下邦。这对子的上联是：

三光日月星

高太后传旨，让百官联对，可此联实在太难，百官无一能对。李定和舒亶心意相通，推荐苏轼入对，说苏轼文名满天下，定能对上，若不能对出，便是欺世盗名之辈。高太后听了，明知他俩陷害苏轼，但她还是相信苏轼可以对出，便召苏轼前来。

苏轼见了辽使，尚不明白他何以耀武扬威，等说明来意，苏轼便请辽使亮对，辽使大声朗诵道："三光日月星。"苏轼一听，哑然失笑说："敝国三岁蒙童也能对出，满朝文武，无非不屑联对，逗你玩罢了！"辽使发怒，以为他对不出，故意大言欺人，便催他快对。苏轼说："敝国蒙童即读《诗经》，我对'四诗风雅颂'可以吗？"

此对一出，辽使愕然，满堂大哗，叹为绝对。这"风""雅""颂"中的"雅"分为"大雅"和"小雅"两种，故可称四诗，一下子解决了数字"四"和后面三个字代表三种事物的矛盾，可谓巧妙之极，况且还寓有把"四诗"比作"三光"之意。

苏轼趁势戏弄辽使说："贵国这副对子，我信手拈来即可，'一宫清慎廉''一阵风雷雨''半桶泥涂浆'……"弄得辽使晕头转向，羞惭万分，只得自认下邦，狼狈而去。

李定、舒亶弄巧成拙，反帮了苏轼一个大忙。在高太后的支持下，苏轼一年之内连升了三次官，升为中书舍人，翰林学士知制诰兼侍读，其职权在副宰相以上。

司马光任宰相以后，当然要废除新法，元祐元年（1086 年）三月，司马光主持政事堂会议，要求五品以上的朝官全参加，中心议题是全盘废除王安石所行的新法。苏轼在被贬的过程中，亲眼看到了新法推行后的一些好处，觉得不应该全盘废掉新法，因此，他反对司马光的主张。

对于王安石的新法，即使在今天看来，也不能全盘否定。北宋以后，冗官、冗军、冗费十分严重，王安石主要针对"三冗"，精简机构，收拢权力，提高效率，发展经济，应该说是正确的，但由于王安石用人不当，再加上守旧派反对，新法推行不力，实行了十几年确实未有大的成效，原来的问题反显得更严重，因此，司马光当然要废除新法。

而就在这次会议上，苏轼竟放了"头炮"，他说："天下之所以不能大治，在于用人不当，而不是法本身的错误。如今司马光要全盘废除新法，实属大错！"此言一出，不仅司马光大惊，整个政事堂的气氛都为之凝固了。司马光不解地问："你我过去一同反对新法，况又遭新党之害，你为什么还要为新党新法说话呢？"苏轼说："一切据实情而定，乃是为官为政之道，不应存党派门户之见，也不应有私人政见之争。过去王安石急行新法，确有不当，但如今尽废新法，亦如抱石而救溺，也不妥当。"司马光听了苏轼的话，怒气更盛，厉声说道："尽废新法，皆如旧制，本相已决，不必再议！"说完即走出政事堂。

苏轼也很生气，回家后直骂："司马牛！司马牛！"吃完午饭后，他捧着肚子，问左右的人说："你们可知此中装了何物？"一个女仆答道："都是文章。"苏轼摇头。又一个女仆说："满腹都是机关。"苏轼更摇头。唯有爱妾王朝云笑笑说："学士上朝一肚皮不合时宜。"苏轼听后，长叹一声说："知我者，朝云也！"这样，苏轼又遭到了司马光旧党的排斥，同时尚在朝中的新党也极力排挤他，再加上持有不同学术观点的程颐、程颢的洛党的攻击，苏轼处境很艰难。他曾叹息说："如随众人，内愧本心，上负明主；不改其操，知无不言，则仇怨交攻，不死即废。"他接连上书，要求外任，高太后体谅他的心情，便让他以龙图阁学士的身份出知杭州。

在苏轼出知杭州以后的一年多一点儿的时间里，曾两次被召还朝，又两次改换任所，实在是疲于奔命。后来，苏轼被任命为兵部尚书兼侍读，又改任礼部尚书兼端明殿学士，其弟苏辙也被任命为宰相。

自哲宗十岁起，苏轼就是他的老师。哲宗此人刚愎自用、好大喜功，不喜忠诚老练之人。在一些政敌的攻击之下，哲宗逐渐疏远了苏轼。哲宗亲政以后，就尽废高太后在元祐年间所做的事，任命章惇为宰相，吕惠卿等奸佞也陆续引进。这样，苏轼的厄运就到来了。

章惇等一批新党全部还朝，他们对元祐年间的执政大臣采取了杀戮、鞭尸、惩罚、流放等"报复"措施，苏轼当然在劫难逃。苏轼被以"讥斥先朝"的老罪名剥夺了职务，贬广东荧州，在途中又被贬为宁远军节度副使，惠州安置。年近六旬的苏轼带着全家，颠沛于暑热坎坷之中，在同年的春天到达了惠州。

惠州生活的艰辛困苦是可想而知的，但苏轼以其豁达超脱的生命态度来感受这种生活，自己动手，全家人开荒种地，日子居然也过得有滋有味。在当地，他仍和在杭州、徐州等地时一样，尽其所能地为百姓做事，在文化上也留下了许多美谈。

一天，苏轼全家团聚，偶逢其兴，便提笔写了一首《纵笔》诗：

白头萧散满霜风，小阁藤床寄病容。

报道先生春睡美，道人轻打五更钟。

不久，这首诗传到了京城，章惇见了，嫉妒异常，恨恨地说："好吧！你不是春睡美吗？我偏偏要让你睡不着觉！"于是，在绍圣四年（1097年）四月十七日，朝廷下令贬苏轼为琼州别驾，昌化军安置，不得签署公事。

琼州即现在的海南岛，在当时是一片蛮荒之地。对于六十二岁的苏轼来说，这一次贬谪是一次迫害性的流放。苏轼闻风，准备抛骨琼州，不拟生还。这种心态在他的许多诗文里可以看到。

但苏轼到琼州后，却以坚忍超脱的态度活了下来，并为海南岛的文化发展做出了巨大的贡献。他不仅使当地有了大批的举子，就是在语言、生活习惯等方面也对海南岛的居民产生了很大的影响。可以说，苏轼遭贬不幸，却是海南岛的大幸。

元符三年（1100年），二十四岁的哲宗去世，宋徽宗赵佶即位，他想调和新旧两党的关系。苏轼在被贬琼州三年多以后，奉诏还朝。在还朝的途中，苏轼每到一处，都有大批的文人学士和无数的百姓夹道欢迎，想结识或是一睹这位文化巨人和数朝名臣的风采。建中靖国元年（1101年），苏轼病死于北归的途中，死时，京口驿馆四周一片哭泣之声。

苏轼是诗、词、文、赋、书、画的全能文化巨人，在中国文化史上，几乎无人能与他比肩；而在为人方面，他的正直、善良、坚忍，尤其是屡遭贬谪而风骨依旧，亦为千古罕见。

苏轼果真是一肚皮的"不合时宜"。新党当权他反对新党，旧党当权他反对旧党；新党上台贬他，旧党上台也贬他。他的一生命运多舛，并非由于命运不济或是不通世务，其根本原因在于他正而且直。

苏轼的诗、词、文、赋以及书法在中国文化史上有着巨大的意义，他以超越的情感来观照艰难生活的生命态度，也有非常重要的价值，至于不屈己阿人、不媚俗附贵的正大人格，在中国文化史上更是一直发挥着重大的影响。

苏轼在海南岛的生活是极为艰难的，但他此时的思想和情感境界已经超越了现实，他以一种审美的人生态度来对待现实中发生的任何事情，包括他的日常生活。他从每一件事中体味和感受到的不仅仅是这件事的具体意义，而是生命的本体。**他用"极高明而道中庸"的生活方式来对待自己周围的一切，达到了中国士大夫在人格修养上所能达到的最高境界——天地境界。**而这种理论上的境界，在整个中国历史上是没有几个人能够达到的。这种人生境界的文化意义和对后世文化的影响是非常之大的。

（参见《宋史》、林语堂《苏东坡传》等）

隐士与酒

据说，现在的和尚也有级别，所谓局级和尚、处级和尚、科级和尚之类是也。看来，在这个烟火世界中，想超越人间秩序，实在很难得。

其实，传统的隐士世界也是很复杂的，既有真假，又分等级。南朝孔稚珪作《北山移文》，把假隐士骂了个狗血喷头，使得那些"身在江湖、心存魏阙"的伪隐士从此不敢再过钟山。这在今天的某些人看来，好像太狭隘了，倒是唐人似乎开放了一些。唐睿宗时的尚书右丞卢藏用曾为求名而"隐居"在京师附近的终南山，不久果被征召起用。他不仅不以为耻，还津津乐道，向由朝廷归山的隐士司马承祯介绍个中经验，后人就造出"终南捷径"这个词来讥讽他。关于隐士的等级，据说有"大隐隐于朝，中隐隐于市，小隐隐于野"之分；至于酒隐，似乎未入隐士之正宗。

但这三级正宗隐士难免让人觉得多少有些俗气，让人怀疑这些人是否在沽名钓誉或是想名利双收，且看白居易的著名的"中隐"理论：

大隐住朝市，小隐入丘樊。丘樊太冷落，朝市太嚣喧。不如作中隐，隐在留司官。似出复似处，非忙亦非闲。不劳心与力，又免饥与寒。终岁无公事，随月有俸钱。……

白居易真是精明到了家，既不愿做压力太大、伴君如伴虎的京师大官，也不愿过隐居山林的艰苦生活，做一个不大不小的官，拿一份不薄不厚的俸禄，过一种优哉游哉的生活，实在是把"中庸之道"发挥到了极致。这哪里是做隐士，骨子里分明是一套精明到家的世俗处世哲学。

事实上，隐不在朝，亦不在野，唯在精神，酒隐才是得其精髓者。酒隐与李白式的酒仙不同，李白是"百年三万六千日，一日须倾三百杯"，追求的是一种自由狂放、浪漫超卓的精神。与"古今隐逸诗人之宗"的陶渊明式的避世之隐也有不同，陶渊明人到东晋，"乱"也见惯了，"篡"也看多了，便不再有更多的牢骚，诗也就变得平和，于是，他便顺势做了"采菊东篱下，悠然见南山"的田园诗人。酒隐与中国士大夫内倾化的精神历程相伴生，是中唐以后的特殊的文化景观，它追求的是一种由隐逸而超越的生命形态。与白居易同时的诗人孟郊唱道："彼隐山万曲，我隐酒一杯。公庭何所有，日日清风来。"他没有像白居易那样去做"中隐"，虽在穷愁潦倒中度过了一生，但一杯浊酒却浇出了他不息的生命之火。

至于宋代的苏轼，则可称为酒隐之圣了，他专作《酒隐赋》道："爱有达人，泛观天地，不择山林，而能避世。引壶觞以自娱，期隐身于一醉。……"苏轼一生纯白，了无机心，屡遭贬谪而痴心不改，最后被贬至天涯海角的琼州，死于北归途中。但又正是这次岭南和海南之贬才使他成为真正的"达人"，达到了与天地同参的境界，而入此境界的梯航便是酒。他在《浊醪有妙理赋》中说："杳冥冥其似道，径得天真。"苏轼因精神的隐逸而获得了超越，再因超越而观照现实，终于走向了中国传统士大夫文化人格的顶峰。

诗至中唐转衰，人至中唐亦转衰。其实，诗与人都被玩弄于历史的股掌之上。但人毕竟是万物之灵、天地之心，历史的颓势既不可挽，个人的生命状态却可以再加雕琢，使其变得更为精致，于是酒隐便出现了。他们在世俗的人伦生活中消隐自己，却又超然于碌碌尘世之外，正是"无为而有为""无知而有知""极高明而道中庸"。说白了，就是在你什么事情也干不了的情况下，便回家烧火做饭、生儿育女，只要你能以独立的精神价值来看待这些俗事，使日常琐事超越了其具体意义，你就还是圣人。

酒隐是酒与隐士历史性融透的结果。以苏轼为代表的酒隐模式是对孔子的道隐、庄子的心隐、东方朔的朝隐以及魏晋的林泉之隐和白居易的中隐等诸种隐逸模式的综合和升华，并兼取了禅宗的行世精神。酒隐的精神指向仍然是积极进取的，酒隐主张以醉酒这种外在的形式来仕中取隐，不放弃外在的具体职位，但更注重人格的独立与高洁。庄子之隐对酒隐的影响尤大。酒隐把自由的生命本质看得高于一切，至于魏晋林泉之隐的非暴力、不合作、指点江山、激扬文字、坚持清纯的文化理想等诸多特点，酒隐也多所接受。从时代先后的承继关系上来说，酒隐与白居易的中隐模式离得最近。酒隐模式的大行于世，乃是对中隐模式的实用性进行了合理的吸收，对其庸俗的一面进行了彻底的抛弃，从而创造了一种具有积极意义的新的隐逸模式。

酒隐之现世，真乃大有意味，其精神本质就是人在无可奈何时既不反抗，也不投降，只求保持心灵的自由，这或许多少有些精神胜利法的嫌疑，但民族精神的一脉正义与神圣庶几维系于此。

（参见《宋史》等）

名士与酒

闻一多先生当年在清华讲课，据说特别推崇《世说新语·任诞》中的一段话："但使常得无事，痛饮酒，熟读《离骚》，便可成名士。"看来，要做名士，首先须具备两个条件：一是嗜酒，一是爱发牢骚。

若论名士的正宗，恐怕当数魏晋时期为多，何以如此？盖时至魏晋，政治紧缩而思想又格外解放，一方面统治者大倡"名教""以孝治天下"；一方面士人却又多"越名教而任自然"。两方面的撞击就带来了所谓的"人的觉醒"。

当时的大名士阮籍就曾唱道:"夜中不能寐,起坐弹鸣琴。薄帷鉴明月,清风吹我襟。孤鸿号外野,翔鸟鸣北林。徘徊将何见,忧思独伤心。"其对现实的愤懑、对生命的体悟以及无所归依的忧伤情怀,一千多年来不断地震撼着文人士子的心。

魏晋离汉不远,士人们对"乱"和"篡"还看不惯,总是希图恢复两汉的伦理纲常,所以便要发牢骚。孔融看不惯曹操"挟天子以令诸侯"的做法,便专门找茬儿捣乱。一次,曹操出于经济考虑颁布了一道禁酒令,借口是酒可以亡国。孔融就写信给曹操,说历史上也有女人亡国的说法,为什么不禁婚姻。后来,曹操终于给孔融治了一个"不孝"的罪名,把他杀了。至于稍后的"竹林七贤",就更是借酒发牢骚或借酒避祸的名士了。阮籍志气放旷,容貌俊美,嗜酒能啸,好老庄而不羁,在当时名气很大,连晋文帝都慕其声名,想为自己的儿子(即后来的晋武帝)向阮家求婚。阮籍决心不与司马氏合作,但又无计推托,便一连大醉数月,使得皇帝派出的媒人始终没有机会开口,最后只得作罢。对于这类"任诞"的事,《世说新语》多有记载。据说阮籍的邻居开了一家酒店,店家的主妇十分貌美,阮籍常去喝酒,醉后便躺在主妇的身边过夜。阮籍"思无邪",店主、主妇、阮籍的妻子也不以为意。这些蔑视名教礼法、惊世骇俗之举,只有酒醉之后才可行之于世。

刘伶喝酒似乎较为纯粹,他不仅作《酒德颂》,恐怕还是中国的第一大酒徒。刘伶身短貌丑、寡言少语,唯以饮酒为乐,他常坐一辆鹿驾小车,携酒出游,命仆人带着铲子紧随其后,说:"我死在什么地方,你就把我埋在那里好了。"其实,刘伶饮酒也有借酒盖脸、蔑视礼法的一面。

东晋名士陶渊明同样好酒,阮籍曾因步兵厨善酿美酒就求为步兵校尉,陶渊明也因做彭泽令便让官田都种秫用以酿酒。如果说阮籍、嵇康、刘伶等人是借酒发"疯"的话,陶渊明则是借酒浇愁的代表人物了。陶渊明内心的积郁是极多的,不要看他做了一位恬淡的田园诗人,可他内心的痛苦还是不断地流溢出来:"……风来入房户,夜中枕席冷。气变悟时易,不眠知夕永。欲言无予和,挥杯劝孤影。日月掷人去,有志不获骋。念此怀悲凄,终晓不能静。"壮志难酬，时光掷人而去，此情此景，何以慰怀？恐怕只有"对酒当歌"了，他的《饮酒二十首》便是明证："班荆坐松下，数斟已复醉。……不觉知有我，安知物为贵。悠悠迷所留，酒中有深味。""提壶抚寒柯，望远时复为。吾生梦幻间，何事绁尘羁。""泛此忘忧物，远我遗世情。一觞虽独尽，杯尽壶自倾。"在陶渊明那里，酒与山、水、琴、诗、松、菊相契合，一道成为消解悲剧意识的因素。因此，与魏晋名士相较，陶渊明少了一些沉痛与放旷，多了一些恬淡与感悟，更注重对文化盈虚之道的体味和乐天知命的生存态度的彰显。所以，陶渊明在魏晋名士之外又开启了以酒消解悲剧意识之一途。

一位伟人曾经说过，"牢骚太盛防肠断，风物长宜放眼量"。但魏晋文人是只有发牢骚的风度而无"放眼量"的气度的。"牢骚太盛"乃是名士的执着，"放眼""风物"则是政治家的策略，二者不同远甚——世上是原无发牢骚的政治家和善于谋划的名士的。屈原当年写《离骚》发的尚是温柔敦厚的牢骚，多少有至死不悟的嫌疑，但孔融对曹操、阮籍对司马氏却是清醒的非暴力不合作的精神。鲁迅曾认为魏晋名士在骨子里比曹操、司马氏更维护礼教，实则是魏晋名士执着于一种美好的文化理想，而理想又必然同现实相龃龉。因此，发牢骚便成了名士的一种天然品格。至于酒，则是名士生命形态的催化剂。

（参见《晋书》等）

侠客与酒

清代张潮说："因雪想高士，因花想美人，因酒想侠客，因月想好友，因山水想得意诗文。"看来，不同的情景、物状会引起人的不同的联想。事实上，侠客确实好酒。侠无酒不显其壮，酒无侠不显其烈。侠客与酒结缘，实出于其内在的必然。

侠客之好酒，与普通酒徒之嗜酒相较，其高下之分，判若云泥。在侠客那

里，酒绝不仅仅是佐餐之物，更是生命的滋养品。侠有酒的滋养，才得以剑气纵横；酒入侠肠，酒才具备了生命形态。侠与酒，在其文化品格上有着内在的互动关系。

侠客是游离于俗常规范外的群体，他们摆脱了陈腐的观念，恣意挥洒着个体生命情感。对功名，他们是"深藏功与名"；对利禄，他们"不羡山河赏"；对家庭重负，他们甚至也表示"安能对儿女，垂帷弄毫墨"；至于对待死亡，只要有"侠骨香"，纵死千次也在所不惜。因此，酒对他们来说实在不是"身外之物"。他们因酒而更自由，因自由而得以更多地发挥生命的潜能，把酒当作生命的催化剂，以破樊篱、冲罗网，以彰显生存实相。酒之于侠，犹风之于火，以隐以显，以长以消，侠之好酒，乃在于其内在精神的相通。

"笑尽一杯酒，杀人都市中"，是侠客的潇洒；"失意杯酒间，白刃起相仇"，是侠客的意气；"荆轲饮燕市，酒酣气益震"，是侠客的豪迈；"片心惆怅清平世，酒市无人问布衣"，是侠客的失意；"落花踏尽游何处，笑入胡姬酒肆中"，是侠客的多情。"英雄侠骨美人心"，无不需要借酒彰显，侠也就恢复了自然真实的本来面目。金庸小说里的侠客，亦复如此。《天龙八部》里的萧峰，《射雕英雄传》中的洪七公，《笑傲江湖》中的令狐冲等，莫不好酒，这些人可亲可敬、可怜可爱，恰是侠客之正格。至于郭靖、段皇爷等人，端正肃穆，拘于礼俗，俨然是民族功臣、精神导师，其不好酒，亦在必然。

酒之为德，正与侠客的生命情调相通。刘伶《酒德颂》云："……兀然而醉，豁尔而醒，静听不闻雷霆之声，熟视不睹泰山之形。不觉寒暑之切肌，利欲之感情。俯观万物，扰扰焉如江汉之载浮萍。"天地万物，俗常规范，尽皆烟消云散，唯有个体生命的体验才是内在的真实。不仅如此，酒甚至可以使时光错置、年岁倒流，陆游诗云："醺醺霞晕力通神，瀺瀺鹅雏色可人。一笑破除垂老日，满怀摇荡隔年春。"至于李白说"三杯通大道，五斗合自然"，苏轼说"杳冥冥其似道，径得天真"，那直是说欲体验本真生命，唯须饮酒了。

把酒当作通向本真生命的媒介，中西皆然。中国有刘伶之"酒德"，西哲有尼采之"酒神"。在尼采看来，酒神象征情绪放纵，在痛苦与狂欢交织的癫狂状态中撕去外观幻觉，直视人生悲剧，以体验悲剧来重新肯定人生，并认为醉是日常生活中的酒神状态。中国的诗人饮酒、侠客好酒，概具"酒神精神"。自刘伶《酒德颂》以降，酒与艺术愈加密不可解。杜甫作《饮中八仙歌》，使人惊诧于诗、书、画与酒的关系，至于以酒消解悲剧意识，更是蔚为传统。更有趣的是酒隐，孟郊有"彼隐山万曲，我隐酒一杯"，苏轼有《酒隐赋》，隐逸出世不必远避人间，只需寄情于"壶中天地"。酒之妙用，至此可尽矣。

但最具中国特色的，当是侠客之好酒。侠客本就"不轨于正义"，陈规陋俗也就无须刻意消解，这就比文人少了一层顾忌，只需痛饮美酒，恣意行侠，也就通大道、返自然了。尽情挥洒着天赋本真，在面对悲剧真相中体验到超越的快乐，这就是侠客的艺术人生。在文人那里，酒还可能成为一剂麻醉药，使人沉迷萎缩，但在侠客那里，酒却只能使人的生命得以张扬，酒的文化内涵也才能发挥到极致，才能获得真正的生命形式。

酒不仅与侠客有关，在中国历史上，酒甚至与国家的兴衰存亡有着密切的联系。《战国策》云："昔者帝女令仪狄作酒而美，进之禹，禹饮而甘之，遂疏仪狄，绝旨酒。曰：'后世必有以酒亡其国者。'"《韩非子》也有记载，说齐桓公酒醉失态，丢了帽子，深以为耻，急忙行善政改变自己的形象。在没有民主的集权时代，君主的个人品德及其才具往往对国家的命运起着举足轻重的作用，是以清醒的君王无不对酒深自戒之。酒之为用可谓大矣！

只是自仪狄、杜康做酒，延而至今，酒风大盛而又酒德大衰。在古人那里，上焉者把酒当作生命的滋养品，下焉者借酒自沉，至不济也当作佐餐之物。在今天的某些人看来，以上诸种均不足为训，酒在他们那里蜕变成了一块无形的遮羞布，借酒盖脸，道无耻之言，逞卑鄙之行，置道德公益于不顾，坑国害民，他们似醉实醒，无非是为了实现一己之私欲。酒德不振，一衰至此，先圣有知，甚恐要对酒的功过重新评定了。

酒与侠的结缘，正得其所，酒德不振与侠风的消歇也同步而行。酒可使人张扬个性，亦可使人沉溺乃至卑微；酒可祸乱国家，亦可振作民族精神。酒无定性，唯人所使，若在酒杯中倾满大侠精神，那就千杯嫌少了。

酒如泉，剑如虹。饮酒的超脱替代不了现实，长剑虽利终不能尽除妖孽。但只要有这份精神在，终不至灭绝了正义与天真的希望。

（参见《战国策》《史记》等）

狂人·酒·艺术

据说中国的天才与西方的天才有这样的不同：西方的天才与狂人通，中国的天才与凡人通。比如说，西方的尼采是狂人、疯子乃至精神病患者，中国的孔子则是一个在平凡中见伟大的人。这实在是对中国文化的一种贬诬。殊不知，中国真正的天才狂人要到艺术家中去寻找。

唐代书法家张旭就是一位不折不扣的狂人，他性"嗜酒，每大醉，呼叫狂走，乃下笔，或以头濡墨而书，既醒自视，以为神，不可复得也，世呼张颠"。再请看诗人李顺为他造的一幅画像："张公性嗜酒，豁达无所营。皓首穷草隶，时称太湖精。露顶据胡床，长叫三五声。兴来洒素壁，挥笔如流星。下舍风萧条，寒草满户庭。问家何所有，生事如浮萍。左手持蟹螯，右手持丹经。瞪目视霄汉，不知醉与醒……"至于杜甫说他"张旭三杯草圣传，脱帽露顶王公前，挥毫落纸如云烟"，就更活画出了一副倨傲于尘世之外的形象了。

应该说，在人类的所有艺术中，书法是最为纯粹的，因为它不仅有最"有意味"的形式，更是生命的外化形式。而挣脱一切束缚的草书更是不染半点尘埃，只有超卓于世俗之外而被世俗之人视为癫狂的天才才可用这种艺术形式沟通心灵与神祇、精神与宇宙，而酒正是使这些天才狂人摆脱世俗压抑，进入纯粹情感世界的最为合适的媒介。至于为学书而学书，甚至为稻粱而学书，那就不仅成不了真正的书法家，恐怕还会落入俗中之俗，与酒亦无缘。

草圣张旭是天才也是狂人，天才和狂人是不可复制的，不可学习的。历代学张旭者既多，得其一鳞半爪者几稀，就是这个道理。然而，一旦进入社会政治层面，评价标准就完全变了。朱熹在论苏、黄、米、蔡四人的字时说："字被苏、黄胡乱写坏了，今见蔡君谟（蔡襄）一帖，字字有法度，如端人正士，方是字。"其实，苏字端庄杂流丽，刚健含婀娜，极具名士风采；黄字劲瘦锐利，米字豪狂洒放，唯蔡字虽无一处败笔，却刻板呆滞，了无个性。朱熹贬三家而独推蔡襄，实是出于理学的考虑。所以，朱熹是个天才，是个大学者，甚至是个圣人，但不是狂人，不是艺术家。

至于狂人、酒与绘画、诗歌等其他门类的关系，杜甫在《饮中八仙歌》里也有较详细的表述。其中所列李白、吴道子、张旭等"仙"均是当时乃至整个中国艺术史上杰出的代表人物。"李白斗酒诗百篇"，已自不待言，画圣吴道子更是"每一挥洒，必须酣饮"。相传他为长安崇仁场资圣寺净土院的门墙画壁，久之不得，后遇大醉才天机勃发，"秉烛醉画"，神妙异常。这些"喝酒的艺术家"癫狂的程度虽各有差异，但有一点是共同的，那就是不与世俗通，不与凡人通。

中西文化史上均不乏天才，但天才的领域却有差异。同是哲学领域，西方的尼采、荷尔德林等人有一半是诗人，而中国的孔、孟、程、朱等人另一半更接近政治哲学家。因此，相对西方而言，中国的天才不应在哲学领域，而应在艺术领域来寻找。除上述以外，陶渊明、"竹林七贤"、徐渭、汤显祖、朱耷等，简直数不胜数，他们不仅是天才，也是狂人。其实，他们中的很多人就是哲学家，如汤显祖就有很多很有影响的哲学言论，苦瓜和尚的《画语录》更是一部精彩的哲学著作。具有中国特色的天才还有一大特点，就是与酒有难解之缘。

中国并非没有超越的天才。在酒香蒸腾中，中国的天才狂人以其超越的精神为民族文化注入了一份不竭的活力。

（参见《唐书》等）

青春·酒·李白

李白实在是一座青春的偶像，他为青春而生，为青春而死，终其一生都未见衰惫之气。李白与盛唐仿佛是一对鸳侣，是盛唐造就了李白，却也是李白

为盛唐增色。盛唐之盛，固然在锦天绣地，满目俊才，却也离不了诗情勃兴，酒气纵横。现代诗人余光中在《寻李白》中唱道："酒入豪肠，七分酿成了月光，余下的三分啸成剑气，绣口一吐，就半个盛唐。"李白以其自由不羁的生命唱出一曲"酒神颂"，把整个盛唐带上了诗意和青春的顶峰。

其实，何止李白嗜酒，整个盛唐诗歌都是由酒香酿成的，就连最为老成持重、沉郁顿挫的杜甫也情不自禁地高吟道："白日放歌须纵酒，青春作伴好还乡。"看来，这位忧国忧民的诗人也只有在纵酒中找回片刻青春的感觉。在李白那里，诗、酒、青春更成为三位一体、相互促生的生命形式：青春的光彩由酒来激发，由诗来张扬；诗因青春的魅力和醇郁的酒香而获得了恒久的活力；酒因注满了青春和诗意而获得了生命的品格。在李白那里，这三者都把自己的文化意蕴发挥到了有史以来的最高点。

李白的青春首先在于他一生从未循规蹈矩、低眉俯首，所以他表现出一贯狂傲的鲜明个性，他在称赞别人时说："忆昔洛阳董糟丘，为余天津桥南造酒楼。黄金白璧买歌笑，一醉累月轻王侯。"而杜甫在《饮中八仙歌》里给他的画像更甚此百倍："李白斗酒诗百篇，长安市上酒家眠。天子呼来不上船，自称臣是酒中仙。"对皇帝老子尚且不买账，何况王侯？至于圣贤和富贵，李白也以酒来对抗："钟鼓馔玉不足贵，但愿长醉不愿醒。古来圣贤皆寂寞，惟有饮者留其名。"由于其诗峻峭挺拔，很难与世俗苟同，所以往往是孤独的，但他可以在酒和诗中来追询天地人生："花间一壶酒，独酌无相亲。举杯邀明月，对影成三人。""青天有月来几时，我今停杯一问之。"即便择友，也要以狂、酒、诗为基本条件，如他对孟浩然的称赞是"醉月频中圣，迷花不事君"。李白就是在这种形而上的追问和现实的选择中升华了自己的人格。

由于李白无法在现实中展示出自己高远的情志，因此他又往往是悲郁莫名，"停杯投箸不能食，拔剑四顾心茫然"，正是这种心态的真实写照。但他可以用酒来消解这种浓烈的悲剧意识，"三杯通大道，一斗合自然"，使他获得了超然的宇宙意识，甚至于干脆拿起酒杯，与情理的自然和实体的自然冥然合一："且就洞庭赊月色，将船买酒白云边。"人生到了这份上，也真称得上达到了冯友兰先生所说的"天地境界"了。

李白的一生都在苦苦地追求某种理想的人生方式，儒、道、仙、侠他都曾经尝试过，但最终也未找到自己的人生定位。这并不是李白的遗憾，却正是李白的意义之所在：在灵魂的躁动中，在生命意义的不断追询中才能散逸出永恒的青春的气息。

李白是无与伦比的"这一个"。世人往往李、杜并称，"李杜文章在，光焰万丈长"，但李白与杜甫毕竟不同，杜甫虽然仅比李白小十二岁，但对于转瞬即逝的盛唐的顶峰，已经够长的了。李白是一只脚踏上盛唐之巅，杜甫却是一只脚跨下盛唐之脊，两人虽同站在盛唐的顶峰上，一上一下却显示出了迥异的生命状态。

李白是抽象的，李白与诗、李白与酒、李白与青春才是生动的，由此而构成的盛唐色彩和活力的象征是值得永久留恋的。

（参见《新唐书》等）

酒神颂

"喝了咱的酒，一人敢走青杀口"，"喝了咱的酒，见了皇帝不磕头"。电影《红高粱》中的这首"祭酒歌"虽然有些俚俗，却真正唱出了埋藏于中国人心底的酒神精神。

西方的酒神精神以葡萄种植业和酿酒业的行业神狄奥尼索斯的诞生为标志，至古希腊的悲剧上升为理论形态，以尼采的悲剧哲学为集大成。在尼采看来，酒神颂象征情绪的放纵，是解除个体的束缚、复归原始自然的体验，人们在个体解体的最高痛苦中获得了与世界本体融合的自由快乐，酒神状态是一种痛苦与狂喜交织的非理性的癫狂状态。

中国的酒神精神应当以道家哲学的诞生为滥觞，以《庄子》为集大成之作。相传，酒是禹的女儿发明的，但在发明之后酒并未迅速风靡天下，其原因除了当时的生产力条件比较低下，恐怕还有认识上的原因。《战国策》记载："梁王魏婴觞诸侯于范台，……请鲁君举觞，鲁君兴，避席择言曰：'昔者帝女令仪狄作酒而美，进之禹，禹饮而甘之，遂疏仪狄，绝旨酒，曰：后世必有以酒亡其国者。'"这里实际上是给酒赋予了一定的社会政治内涵。所以孔子也说，"唯酒无量，不及乱"。真正把人的自由状态与酒联系起来的是庄子：

夫醉者之坠车，虽疾不死，骨节与人同，而犯害与人异，其神全也。乘亦不知也，坠亦不知也，死生惊惧，不入乎心中，是故迕物而不慑，彼得全于酒。

"神全"是一种自然而然的精神状态，是一颗不撄外物的自由的心灵。庄子"齐生死"，破除外在的社会束缚，提倡"游乎四海之外""无何有之乡"，主张"乘物而游心"，高唱绝对自由之歌。因此，不论中西，酒神都是自由之神、艺术之神。

在自由和艺术的契合点上，魏晋名士刘伶找到了自己生命的归宿，他以言行如一的生命实践谱写了一曲酒神颂。史载刘伶"志气放旷，以天地为狭，著《酒德颂》"，他如此写道："有大人先生，以天地为一朝，万期为须臾，日月为扃牖，八荒为庭衢，行无辙迹，居无室庐，幕天席地，纵意所如……惟酒是务，焉知其余……无思无虑，其乐陶陶。兀然而醉，豁尔而醒，静听不闻雷霆之声，熟视不睹泰山之形。不觉寒暑之切肌，利欲之感情。俯观万物，扰扰焉如江汉之载浮萍……"刘伶式的"大人"就是要通过酒来解除外在的束缚，逃脱过于狭隘的宇宙，并且消除时空观念，只剩下一颗纯粹自由自在的心灵"纵意所如"。这曲《酒德颂》，把自庄子以来的酒的哲学文化意蕴推进到了一个更深的层次。在这里，刘伶已化为庄子所指的"至人""神人"，是处于绝对超越的自由精神状态的情感体验，是纯粹艺术化了的人生感受，这正是典型的中国酒神精神。

酒的哲学文化意蕴在《酒德颂》中得到了概括和升华，酒作为消解悲剧意识的因素因此有了正式的名字，酒鬼、酒徒、酒仙、酒圣也有了明确的区别。自此以后，酒便堂而皇之地登上了中国文化的大雅之堂。

酒，是自由的象征。中国人只有在突破了重重的束缚之后，才能显示出其无尽的自由的创造力，中国的文学艺术史就像一部浓烈的酒神颂歌。当年，王羲之曲水流觞，饮酒赋诗，"挥毫制序，兴乐而书……遒媚劲健，绝代更无"。但在酒醒之后，"更书数十百本，终不及之"。杜甫称"张旭三杯草圣传"，李白则这样描绘怀素："吾师醉后倚绳床，须臾扫尽数千张。飘风骤雨惊飒飒，落花飞雪何茫茫。"朱耷更是只有醉后才能作书，常是"洋洋洒洒，数十幅立就"，而酒醒之后，"欲觅其片纸只字不可得，虽陈黄金百镒于前勿顾也"。

画家之中，亦多嗜酒者。据说画圣吴道子每一挥毫，必须酣饮。"元四家"中的黄公望也是"酒不醉，不能画"。至于郑板桥就更有意思，别人求他的字画，经常设酒肉款待，并以语相激才能遂愿。郑板桥明知对方的用意，但还是抵抗不住酒的诱惑，后来写诗自嘲道："看月不妨人去尽，对月只恨酒来迟。笑他缣素求书辈，又要先生烂醉时。"不独纯粹的艺术家如此，兼取政治的诗人也往往以酒来获得艺术的创造力。南宋爱国诗人张元干说："雨后飞花知底数，醉来赢取自由身。"如此看来，因酒而自由，因酒而营造出美，也是中国的酒神精神在艺术中的伟力之所在。

据说，尼采的酒神精神因强调自我、自由、感性而导致个人主义、自由主义、官能主义等，那么，中国的酒神精神也可能成为放浪形骸和精神胜利的借口。不过，上焉者取其上，下焉者取其下，这本是难以两全的事情。**中国的酒神精神使我们从僵固的政治意识形态所设立的灵魂的栅栏中逃逸出来——哪怕只是暂时的——具有了恒久的价值和意义。**为此，我们应该不断地祭起酒神的英灵。

（参见《庄子》《晋书》等）

卷三

兵家智慧

最冷峻的兵家智慧

兵家讲究"不战而屈人之兵",讲究"知己知彼",讲究"避实就虚"。熟练运用兵家智慧,不仅能取得军事上的胜利,也可获得政治和商业上的成功。

兵家智谋是中国智谋型文化中最冷峻的一页。与儒家智谋的温情脉脉相比,兵家智谋就是冰冷的理性,甚至是为争取最大的利益而无所不用其极的铁血理性。

兵家智谋有如下几个显著的特点:

首先,与其他各家的智谋相比,兵家智谋有着令人向往的地方,这就是它所讲究的平等的原则。这种平等的原则就是无原则的原则。大家都没有任何原则可以遵守,只要能够打败对方,就是胜利者、成功者,除此以外没有任何的评判原则。对于兵家来说,就是以成败论英雄,就是成者王侯败者贼,没有其他的道理可讲。

当然,战争的性质是有正义和非正义之分的,但那是在战争之前和战争之后,是对于战争的准备和评判,并不属于战争本身,是战争之外的事情,所谓仁义之师、"正义的战争"都是政治的另一种表现形式,并不直接属于战争。战争本身就已经意味着对人道原则的践踏、对人际协同原则的撕毁、对仁义道德的否定,所以,无论是智斗状态的战争,还是兵斗状态的战争,从其本质特点上来讲就不再应该讲究仁义道德或是任何原则。在战争状态中,任何所谓的"正义"的原则都是为了取得最大的胜利而采取的无原则的原则,任何给战争蒙上温情脉脉的面纱的人都是在进行欺骗，都是为了各自的利益而采取的"原则"。

兵家智谋的平等性就在于它公开申明敌对双方认同和遵循唯一的一个原则就是不讲任何原则，兵家智谋的道德性就在于它强调敌对双方是在绝对平等、自由的条件下公开竞争的。因此，在兵家之争中使用"算计"，要比在政治之争、人际之争、商业之争等任何其他领域的争斗中使用"算计"要道德得多。

其二，兵家不是不讲德，不讲情，而是以不情为大情，以不德为大德。有一种说法叫作"对敌人的宽容就是对人民的残忍"，倒是颇能说明兵家智谋的这一特点。由于兵家之争的胜负与本国人民的祸福利害甚至生死存亡直接相关，兵家就必须站在大利大害的角度上来看待问题。越是放任了自己的感情，就越是对己方的无情；越是对敌方的无情，就越是对己方的有情。老子曾经说过："圣人不仁，以百姓为刍狗。"意思就是说圣人为了实现大的目标，可以不顾小民的一时利益，也就是所谓的上德不德、上仁不仁。

其三，如果说上面所说的是兵家智谋的文化特征的话，那么，兵家智谋自身总的、也是最大的特点就是排除一切情感因素的冷静，并在此冷静的状态下运用一切可能的手段来获得最大的胜利。这个特点的首要问题在于"兵谋内智"，就是要加强兵家自己的修养，要用自己坚强的理性去克制自己的感性，无论在怎样困难的情况下，感性都不能占上风，否则就会失败。《老子》一书既是受战争实践的影响而写出的一部从哲学的高度来总结战争和政治经验的经典，同时也对以后的兵家有着巨大的影响，甚至被称作兵家之祖。老子就说过："善为士者不武，善战者不怒。"充分强调了兵家以理制怒的基本要求。后来，其他众多的兵家发展并丰富了这一理论，把它上升到铁血理性的高度，并把它当作是兵家必须首先具备的条件和总的原则。

然而，人是活生生的感性动物，很难完全理性，于是，兵家在这方面提出了一系列的修养方法，在当时看来就是要"虚素静观"，使自己的心灵达到一种纯粹的境界，不受外物的牵累。实际上，要想达到这样的境界是很不容易的，其中的一个重要的条件就是要没有欲望和顾虑。一旦有了欲望和顾虑，就很难克制自己的情感，就不能在兵家之争中实现最佳状态。老子在这方面也曾经说过"不见可欲，使民心不乱"，就是要求兵家有意识地把自己从那些容易引起欲望的事物上疏离开来。

其四，在总的原则下面，兵家有自己的完整的技术系统。兵家与其他的学派不同，因为其他学派有的尽管在大搞谋略，但多少有些羞羞答答、遮遮掩掩，不愿意承认自己在谋划别人，也就不敢公开发展自己的谋略技术系统。这是由于其他各家多少都有阴谋的色彩，只有兵家智谋是实实在在的阳谋。所以，兵家的技术系统得到了极大的发展。

仅就《孙子兵法》而言，再加上历代十三家的注释，就形成了一个无与伦比的庞大、丰富、深刻、完备的系统。下面根据《孙子兵法》，简要地介绍一下兵家智谋的技术系统。

《孙子兵法》把兵家的作战实践概括成七个方面，这就是大家常说的"谋兵七法"。按原书的顺序，"七法"包括：一、大军速战。论述大军作战的基本原则。大军交战，倾国而行，所以必须速决。二、伐谋为上。这是兵战重智而不重力的原则。"不战而屈人之兵"才是最好的策略。三、知己知彼。这是兵战取得胜利的基本前提，也是兵战必须用间、用诡等的根据。四、先为守势，后为攻势。这是慎兵的原则。先为守势保证了我军不为敌所胜，后为攻势，则退可守而进可攻。先为守势者往往使自己先立于不败之地。五、避实击虚。这是兵谋诡道，要求在虚实关系上下功夫。六、以迂为直，以患为利。这是在军争不利的情况下忍术与诡道的合用。七、灵活变通。主张"将在外，君命有所不受"，这是将根据实际情况将帅变通君命的原则。

还必须看到的是，兵家智谋并不仅仅应用于兵家，其对整个中华民族的影响也是非常之大的，深至中国文化精神，浅至百姓的言谈举止，上至帝王将相的你争我夺，下至普通百姓的人伦日用，可以说都有深深的兵家智谋的印痕。由于兵家智谋既是中国智谋型文化的组成部分，又符合了传统文化崇尚道德、平等的一面，所以就必然会在深广的意义上影响传统文化。

没有出息的男人

多年以前，中央电视台播出的润迅寻呼台的广告十分富有"冲击力"：广告词是"一呼天下应"，广告的画面是城下千军万马，城头美人一笑，其拍摄制作不可谓不是"大手笔"，只是把这"褒姒一笑而失周天下"的历史传说用在此处，颇为耐人寻味。据说当年褒姒一呼尚应，二呼就无应，终于因此而亡了国。不知商家是否忌讳这"烽火戏诸侯"的故事。

传统中国的男人对待女人的态度十分复杂，一面说红颜祸水，一面又渴望粉黛知己；一面赞扬家有贤妻，男儿不做坏事，一面又说温柔乡是英雄冢。如此多的截然相反的论断，实在有些令人无所适从。

其实，中国的男人最无耻。不要看他们平时道貌岸然，一到紧急关头，就没有承担责任的勇气。他们总爱把祸乱国家的历史罪责往女人身上推，于是"红颜祸水"这句话也就成了中国男人的口头禅。尤其在大难临头的时候，中国男人更爱祭起这一法宝，让女人们来为自己顶罪。男人则一拍屁股，摇身一变就成了历史的功臣或是指点未来祸福的预言家。

据说，商朝是妲己祸乱灭亡的；周朝的天下是因褒姒的一次微笑而丢掉的；汉成帝自己也没有什么过错，只是赵飞燕、赵合德姐妹惑乱了君主，才使那个强盛的西汉国祚衰微；若不是杨贵妃，也不会发生"安史之乱"，唐朝的盛世也还会天长地久；明朝之所以亡国，是由于山海关守将吴三桂"冲冠一怒为红颜"，妓女陈圆圆成了亡国的罪魁祸首。至于在漫长的历史上因其他需要而被迁过杀害的妇女，那就更是不计其数了。

对于这盆污水，中国的女人似乎也并不是没有微词。花蕊夫人是后蜀王孟昶之妃，也是一位女诗人，后蜀为北宋所亡后，花蕊夫人为宋太祖所获，并备受宠爱，当有人说她是祸乱国家的妖孽时，她口述了这样一首《亡国诗》："君王城上树降旗，妾在深宫那得知？十四万人齐解甲，竟无一个是男儿！"《一瓢诗话》评曰："何等气魄，何等忠愤，当令普天下须眉，一时俯首。"

正如鲁迅先生所说：

> 我一向不相信昭君出塞会安汉，木兰从军就可以保隋；也不相信妲己亡殷、西施沼吴、杨妃乱唐的那些古老话。我以为在男权社会里，女人是决不会有这种大力量的，兴亡的责任，都应该男的负。但向来的男性的作者，大抵将败亡的大罪，推在女性身上，这真是一钱不值的没有出息的男人。

中国男人应该有好度量！别说不是女人祸乱国家，即使真是女人乱国，中国男人也该表现出一点绅士风度，替她们担一点儿责任，也不枉中国女人"三从四德"了一场！

然而，中国男人之没有出息，恐怕还不止于此，这在他们对待西施的态度上就可见一斑。如果说上面的"红颜祸水"的故事多是莫须有的话，那么，西施亡吴的故事则多少有些历史根据了。

在两千多年的传说渲染中，西施已成为一个无比美丽的形象，乃至成为美丽善良的象征，人们好像根本就不把她当作一个祸乱国家的女人看待，更不把她与商朝的妲己、周朝的褒姒相提并论，而是把她看作是一个被污辱与被伤害的女人，从而给予了无限的同情。

为什么会这样呢？人们或许把越国的复仇看成是一场正义的战争，或许把吴王夫差看成是邪恶残暴的化身，或许把西施看成是一位为爱国而献身的女中丈夫，或许对她的遭遇与结局深怀歉意，甚至是由于人们为她的美丽所倾倒。这些也许都是猜测，也许这些猜测每一个都不无道理。

在千百年来的想象中，西施的形象、经历和结局是各种各样的。明代大戏剧家梁辰鱼的名剧《浣纱记》极力渲染了西施与越国大臣范蠡之间缠绵悱恻而又凄婉悲苦的爱情。为了越国的存在，西施深明大义，抛弃儿女私情，深入虎狼之穴前去献身。在故事中，作者以极其善良的愿望让西施与范蠡泛舟太湖，使有情人终于聚首。但作者忘记了，人格是不能分裂的，并不能分成两个截然不同的部分。西施既爱范蠡，又怎能悉心奉事吴王而专宠呢？她对吴王的奉献是否有悖于人性呢？

现代戏剧家的想象更是千奇百怪。上海的一位剧作家写越国欢迎西施归来的仪式上，大家忽然发现西施竟怀着吴王夫差的孽种。对这个问题的处理，构成了政治、人性与伦理间的大搏斗。有的写吴国灭亡后，西施竟不愿意回到越国，因为她真心地爱上了吴王夫差。令我们感动的是，在这部剧中，西施已经不是一个符号、一种工具、一件物品，而是被当作一个活生生的普通人来对待了。

那么，西施的结局到底是怎样的呢？据可靠的历史记载，越国灭吴后，家乡的父老竟把她沉在水里活活淹死了，因为她与亡国联系起来，是个不祥的女人。不管你是由谁选送到吴国的，不管你为越国灭吴出了多大的力，现在越国不需要你了，而你又是一个浑身沾满了亡国气息的女人，是一个最遭人忌讳的女人，又是一件工具，那么，不死欲何？

根据当时的习惯和越王勾践的性格逻辑推测，西施的结局也只能如此。那么，越国、吴国、勾践、夫差以及范蠡与西施是一种怎样的关系呢？西施到底又是一个怎样的人呢？

春秋末期，正是孔子周游列国的时候，南方处于苏州一带的吴国和处于会稽一带的越国正进行一场兼并战争。公元前496年，越王允常去世，其子勾践即位，吴王阖闾就不顾大臣伍子胥等人的劝阻，趁越国举丧而带兵进攻，越王勾践亲自带着大军去迎战，两军在槜李（今浙江省嘉兴市）相遇。越王一看吴军阵容严整，无法冲击，就让预先准备好的三十多名死囚犯光着膀子，一排排地走到吴王的军队前说："我们的大王得罪了贵国，请让我们替大王赎一点罪吧！"说完一个个砍下自己的头颅，倒地而死。

吴军正在惊恐疑惑之际，越军忽然发动冲锋，吴军阵脚大乱，来不及抵抗就仓促逃跑，后又被越军的伏兵一阵截杀，连吴王阖闾都差点做了俘虏，被越将灵姑浮砍去了一个脚趾，打成重伤。吴军大败，在回国的路上阖闾因伤势过重而死。

夫差继承了王位，发誓要报杀父之仇，他让一个人专门负责提醒他，每天向他高喊几次："夫差，你忘了越王杀死了你的父亲吗？"夫差流着泪大声回答："不敢忘，不敢忘。"就这样，刚过三年，夫差就迫不及待地发兵越国，前去复仇。

吴王夫差亲临前线督战，首先在太湖上消灭了越国的水军，越王勾践只好逃到会稽山上躲起来。吴军上岸后杀掉越国的百姓，烧掉越国村庄的庄稼，抢走越国的牛羊，很快包围了会稽山。勾践无计可施，就同大夫文种商量，想去求和。文种分析吴国内部的情况说："吴王有两个大臣，一个叫伍子胥，一个叫伯嚭。伯嚭害怕伍子胥的功劳太大，会压住自己的权势，总是设法同他作对。还有，夫差很怕伍子胥，见了他总觉得像是学生见了老师一般，但和伯嚭却很投缘。因此，如果我们先打通伯嚭关系，伍子胥一个人想阻止讲和，恐怕也不能了。"

于是，勾践派文种去试一试。文种先去找到伯嚭，奉上白璧二十双，金子千两，又选送了八名美女，请求伯嚭在夫差面前通融，并对伯嚭说："自古以来征战杀伐无非是为了让别的国家臣服。如果您不允许越国讲和，越王的五千甲士还可一拼，到那时，我们烧掉房屋，毁掉财宝，那吴国就什么也得不到了。我们越国就是看您比其他的人都高明，才来走您的门路。"文种这番软中带硬的话说服了伯嚭，他当晚就说服了夫差。

但在第二天君臣聚会议事时，伍子胥坚决反对，他说："大王不灭掉越国，怎报先父之仇？吴、越同处东南，其地不允两国并存，今不灭越，越国十年生聚，十年教训，将来肯定会灭掉吴国的。"

伯嚭说："越王愿做臣下，愿亲身入吴侍奉大王，先王的仇也就报了。您当初也曾给父兄报过仇，为什么不灭了楚国，反答应楚国求和呢？难道您自己做忠厚长者，却要大王去做刻薄小人不成？"伍子胥气得无话可说。于是吴、越讲和。

勾践留下文种在国内治理国家，自己带了夫人、子女及范蠡等三百名官吏来到吴国。吴王让勾践夫妻俩住在石屋里给他管理马匹，范蠡则做一些奴仆的工作。每当夫差上街的时候，勾践总是给他牵着马，任人指点讥笑。勾践可以说做得百依百顺，毫无怨言，连夫差都觉得不忍心了。三年后的一天，勾践扶生病的夫差前去大便，待大便过后，勾践回屋告诉夫差说："大王的病凶期已过，不几天就会完全好了。"夫差问他何以得知，勾践说："我察看了大王刚才的粪便，又闻了闻气味，知道大王的病气已排泄下来了，所以说大王不几天就好了。"

夫差听后很感动，恰巧过了几天病就真的好了。于是，他就放勾践等人回国。勾践一回国，立刻同文种商量富国强兵以灭吴国的方法。文种说出了七条灭吴之策：

一、多送吴国贿赂，让吴国上下欢喜。

二、借、买吴国的粮食，弄空他们的仓库。

三、送美人给吴王，诱其荒淫无道。

四、多送吴国木材、砖瓦，使其大兴土木，以消耗国力。

五、派遣细作去当吴国的臣下。

六、收买大臣，散布谣言，使忠臣良将避退。

七、自己多积粮草，多征兵马，勤加操练。

勾践开始了他的"十年生聚，十年教训"的计划。在婚娶生育上做出明确规定：年长者不得娶年轻的夫人；男子二十，女子十七尚未成亲者其父母受罚；即将分娩的女人须报官以便派医官照顾，保证婴儿的成活；生男国家赏一壶酒，一口猪；生女赏一壶酒，一口小猪；有二子者，国家养活一个；有三子者，国家养活两个；七年之中，国家不征任何税收。

越王勾践为了不忘耻辱，在自己的居室内铺上干草，以做被褥，在门口悬挂一枚苦胆，每天吃饭以前尝一尝，这就是著名的"卧薪尝胆"而发愤图强的故事。他亲自出去种地，妻子也亲自织布，以身作则，不要别人供奉，因此，越国上下虽苦于应付对吴国的进贡，却是紧密地团结在越王的周围。

不久，吴王准备建造一座姑苏台，越王就送去了几根少有的大木料，吴王为了不糟蹋木料，就把姑苏台加高加宽了一倍有余，并对越王的忠心感到很高兴。

越王一看第一条计策取得了圆满的成功，就开始实施第二条计策——美人计。

勾践要范蠡去找美女，范蠡说："我早就替大王预备下了，她甘愿以身事吴，为国捐躯。她名叫西施，是越国著名的美女，不仅美丽，而且慧外秀中。再加上一个帮手郑旦，应能完成大王的使命。"于是，勾践就让人把西施和郑旦送到了吴国。

西施的出身虽无明确记载，但从其与丑女为邻和从事浣纱劳动的传说中可以推测她应是穷苦出身。据说西施极美，尤其是犯心口痛时双手捧心，眉头微蹙时的形象就更美了。她有一个女邻居叫东施，人长得很丑，却十分羡慕西施的美丽，她见西施捧心美极了，也学着她的模样捧心皱眉走回家去。她本来就丑，这么一来就更丑了，吓得周围邻居都跑开了。所谓"东施来效颦，还家惊四邻"就是指的此事。

西施虽然贫困，却十分聪慧，据说范蠡爱上了她，两人做了情人。为了帮助越国灭吴，范蠡劝她到吴国去。西施说："国王和官吏们被拘系在吴国，我是知道的。国家的事是大事，儿女私情乃是小节，我哪敢为了爱惜自己微不足道的躯体而辜负了天下人的厚望呢？"在临行时，西施又有所犹豫，范蠡劝她说："你如果能够轻松愉快地前往吴国，咱们的国家也许会保存下来，你我也可能会活下来，我们俩后会有期，也是有可能的。你如果执意不去，我们的国家就会旋即灭亡，你我也会同为沟渠之鬼，哪里还能结百年之好呢？"范蠡又交代了一些做事的方法和见机行事的诀窍，就把西施送到了吴国。

西施来到吴国，吴王一见西施当世无匹的美貌，即刻着迷，西施不凡的谈吐和超人的见识也使吴王佩服。西施知道，只靠色相迷惑吴王，用处是不大的，要想加速吴国的败亡，一是以自己的见解取得吴王的信任，二是在参政中寻找机会祸乱吴国。

一天，正当吴王陪着西施玩到兴头上的时候，她却故作娇嗔地对吴王说："英雄好汉不应该终日沉浸在温柔乡里，应当驰骋疆场，为国争光。像你这样成天陪着我们，岂不是白白地浪费时光、消残壮志吗？"吴王听了这些话，不禁肃然起敬，忙问道："那我该怎么办呢？"西施说："大王是否知道当今天下大势呢？鲁国的三家大夫为扩充自己的势力争得你死我活，根本顾不上国家；齐国自从晏平仲死后，真是国无贤士了；楚国呢，离咱们最近，可自从战败之后至今尚未复之；晋国就不必提了，自晋文公死后就失去了霸主地位。如此看来，天下诸侯无一能同大王相比，大王不趁此时大展宏图，又要等到何时呢？"

这番话直说得吴王血脉偾张，对西施钦佩不已，决心出去闯闯天下。

就在这时，齐国因为鲁国绑架了齐悼公的妹夫邾国国君，就邀请吴国一同出兵攻打鲁国，吴王当即发兵相助。鲁国一看两个大国来攻，马上放了邾国国君，并派人前去赔礼，齐国一看目的达到了，就不愿再打，让吴国退兵。吴王正想趁机显示威风，就发怒道："你让进军就进军，你让退兵就退兵，难道吴国成了齐国的属国了吗？"吴王仍然率兵前进，直取齐国。

鲁国一看吴国攻打齐国，又立即派人送礼，要跟吴国一起攻打齐国。吴、鲁联合攻齐，齐国一片混乱。齐国的大夫杀了齐悼公，向吴国求和，愿意年年进贡。吴王没想到稍一出击，居然收服了齐、鲁两国，这使他大为得意，也就更加宠信西施。

勾践见第二条计策生效，就开始启用第三条计策——掏空吴国的国库。有一年，越国的收成不好，越国大夫文种来吴国求借十万石粮食，说是明年稻熟即还。大臣们议论纷纷，有的怕借了不还，有的怕越人有诈，还有的觉得越国年年进贡，连粮食都不借，未免太不近人情。在议而未决的时候，吴王就去问西施。西施倒是旁征博引地说了一通，弄得吴王既钦佩又难堪。

西施说："大王亏得还想称霸天下，连这一点儿小事都决断不了，如果不懂，学学前人的样子好了。早先齐桓公在葵丘大会诸侯的时候，就号召大家救济遭到饥荒的国家，后来秦穆公还运大批的粮食去救济敌国的百姓，况且现在越国已经归附大王了呢？俗语说：'民以食为天。'你不借粮给他们，难道让他们都活活地饿死吗？"吴王觉得西施说得十分在理，当时就高兴地答应借十万石粮食给越国。

第二年，文种如数送还粮食，吴王见越国如期如数送还粮食，十分高兴，又见送来的稻子颗粒饱满硕大，就下令用这十万石稻谷做种子。吴人种上以后，迟迟不发芽，待发觉种子都烂在地里，早已误了季节，无法播种了，吴国这年几乎颗粒无收。吴人只埋怨吴王不顾水土差异，硬拿越国的稻谷做种子，哪知这些稻谷都是被文种煮过晒干的。

勾践想掏空吴国国库的计划也逐步实施。

越王见吴国闹了饥荒，就想发兵攻打。文种劝阻道："为时尚早，一是伍子胥尚未除去，二是吴国仍然兵强马壮，军队也全在国内。我们只有抓紧准备，等待时机。"

但是越国操练兵马终于被吴王知道了，他打算再征伐一次越国。就在这时，齐国和鲁国之间又要打仗，在孔子的弟子子贡的劝说下，吴国准备进攻齐国以帮助鲁国，越国也自愿派三千甲士前往，结果齐国又被打败了。在回国后举行的庆功会上，吴王各有封赏，甚至想封越国一些土地。大臣们都称颂吴王赏罚分明，唯有伍子胥趴在地上说道："大王不要只听奉承阿谀的话，打败了远方的齐国，不过是于国无益的一点小便宜，将来越国灭了吴国，那才是大灾难呢！我的劝谏大王如果不听，那就让我效法关龙逄、比干好了。"

伯嚭见时机来临，立刻插话说："你如果真的想做忠臣，为何又把儿子寄养在我们的敌国齐国呢？"原来，在齐、吴尚未打仗以前，夫差让伍子胥送国书给齐国，国书是辱骂齐王的，其意在于激怒齐王杀了伍子胥。齐国大夫鲍息是伍子胥好友，替他在齐王面前说了许多好话，再加上齐王害怕吴国，怕杀伍子胥多起事端，才把他放了回来，伍子胥回家后就把自己的儿子伍封送到鲍息家里，寄养在那里，因为他十分清楚，就吴王目前的所作所为看，吴国是一定不会长久的。这次伍子胥被伯嚭当众揭穿，着实惹恼了吴王，吴王说："念你在先王时代立过大功，我不为难你，你以后也别来见我了。"

吴王回去跟西施说这件事，西施深知伍子胥的厉害，虽然暂时被吴王疏远，但只要不杀死他，他就有复出的机会，那将对越国极为不利。她决心借此机会杀掉伍子胥。西施说："伍子胥是什么人？他连自己的国家都想灭，连楚平王的尸首都要用鞭子抽，难道还会怕什么人吗？俗语说：疑人不用，用人不疑。伍子胥主张灭越国，若是用他，就先把我这个越国人杀了，若是不用，为什么又留住他呢？像你这样优柔寡断，如何能成大事？我真替你难过。"

西施一边说，一边难过地双手捧心，一副楚楚可怜的样子。吴王本来被西施这一番又吹又拍、又打又拉的话说得羞愧交加，又看到西施这副样子，立即决定赐伍子胥属镂剑令其自杀。西施终于帮助越国除去了一个令越人十分害怕的人物。

见到主要障碍已经除掉，西施就放心大胆地鼓励吴王北上逐鹿中原，争取霸权。公元前486年，吴王动用大量民工挖掘直通淮河的运河。公元前484年，他从水路出发进攻齐国，在艾陵（今山东泰安）大败齐军，由此更加相信水军的力量，并征发大量民工，消耗无数的财力贯通长江、淮河、泗水、沂水、济水等几大水系，以至从吴国坐船即可直达齐国。但吴国的人力、物力、财力已接近枯竭了。

公元前482年，吴王带领大军前往卫国的黄池约会诸侯，并请当时的霸主晋定公来"歃血为盟"，推吴国做盟主。就在这时，越王见到机会来临，派范蠡为大将攻吴，连打胜仗。夫差得到消息后，用武力逼迫晋定公等推他为盟主，匆匆回师。但终因旅途疲劳，军心涣散，连打败仗。吴王派伯嚭去讲和，范蠡看到吴国一时难灭，就暂时撤兵讲和。

吴国失败后，西施假装向吴王请罪，要求吴王处死她这个越国人。吴王却说："人生下来总会有个地方，你又不是攻打吴国的人，也不是勾践的亲人，为什么要领罪？"从此以后，吴王十分消沉，经常陪着西施喝闷酒。

公元前478年，越国再次兴兵伐吴，这时的吴国已衰败不堪，难以抵挡越军的攻势。吴王只得退守姑苏城，因城墙坚厚，越国一时难以攻下。越国采取了长期围困的战术，围了两年，终使姑苏城"士卒分散，城门不守"。公元前473年，姑苏城破，夫差率众逃至姑苏台上，派王孙雄袒衣膝行至勾践面前说："往日吴王在会稽得罪了您，不敢同您交好了，只愿为越王臣虏，以赎前罪。"

越王心有不忍，意欲应允，范蠡忙上前说："往日上天把越国赐给吴王，吴王却上违天命而不接受，才会有今天；今日上天把吴国赐给我们，我们如不接受，那就有违天理了。"范蠡毅然播鼓进军，吴王自杀，吴国灭亡，吴国全土为越国据有。

中国春秋时代的最后一次争霸与一个美丽的女人纠缠在一起，使这段历史似乎减少了些许的血腥，平添了许多凄艳迷离。但是，这样一个弱女子到底能干什么呢？无非是吹吹枕边风，这枕边风听与不听，那是女人所无法左右的。因此，吴国或其他什么国家的兴或亡，均与这类女人没有太大的干系。吴王夫差败越之后的轻敌麻痹、傲慢自大、好大喜功和骄奢淫逸是吴国败亡的根本原因，如果换一个位置，让越王勾践那里有一百个西施，"美人计"也发生不了作用。

为了表示对西施的同情，人们为她设计了一个美好的结局，也算是对她辛酸付出的一点报偿。据说，勾践灭吴后，范蠡留下一封信就不见了，信上说："大王灭吴，我的本分已尽，现有两个人留不得。一是西施，她迷惑吴王，使之亡国，如果留下她，她还会迷惑您，因此我把她杀了；另一个就是我自己，我如果活着，也许要扩大势力，对您是很危险的，因此，我把我自己杀了。"传说中范蠡是带着西施泛游五湖，经商致富去了。

实际上，西施被沉水而死，我们却不愿面对这一现实，而是把这些历史事实美化、淡化，把女人看作是可以兴国、可以亡国的存在。但男人们不知想到没有，在他们创造了西施这一光照千古的形象之后，他们自己内在的怯懦与虚弱也就暴露无遗了！

我们共同塑造了西施这个形象，并且数千年来津津乐道，似乎那是一件遥远而又美好的事。问题是，我们有没有替西施想过呢？既然没有替西施想过，我们自己的人性又在什么地方呢？这本来应该是一个深刻的人性悲剧，但我们却把它当作一个风光旖旎的故事来传颂。这是民族自己的镜子，我们是可以从里面照见自己的灵魂的。

（参见《战国策》《史记》《三国志》等）

"背水一战"与"退路千条"

"背水一战""置之死地而后生"是兵家常说的话，只是这种自绝退路的战术只能在一定情况下使用，如果每战皆用，那就必然是自蹈死地，呜呼哀哉！

古代兵家都注重应变。**应变，就是要善于把握形势的变化，并根据形势的不断变化，而采取相应的对策。所以，智谋家都懂得依据兵法，又不唯兵法是从的道理。**项羽曾破釜沉舟，以示殊死决战之心，终在渡过黄河之后，全军上下效命，大破秦军；韩信曾"背水一战""置之死地而后生"，但马谡的情况却是不同的。这种不同表现在如下几个方面：

一、马谡跟随诸葛亮出祁山，所用之兵大都是西川人，他们并不想"收复"中原，并不愿意离开自己的家乡，所以，他们内在的积极性不高。

二、他们也不知道什么是汉朝的正统，不知道这场战争是不是正义的，所以很难用什么理由来说服他们为之拼死而战。

三、项羽和韩信的军队身经百战，士气非常旺盛，将领的威信很高，而马谡及其率领的军队在这些方面恰恰相反。

四、还有一个十分重要的问题是，主将之间的能力悬殊。马谡只会纸上谈兵，与春秋战国时期的赵括相似，而司马懿不仅是魏军的主帅，更重要的他是可以和诸葛亮匹敌的大军事家。

在上述情况下，马谡不准备退路，却要置之死地而后生，其结果就必然是"置之死地而后死"了。

在中国传统的政治经营术上，绝对没有"背水一战""置之死地"的习惯，如果是这样的话，那就更是只能置之死地而后死，绝无生路。相反，中国传统的"政治家"们往往是"未思成，先虑败"，未见进攻，先看退路，真所谓瞻前而顾后，一步三回头。何以会如此？个中原因极其复杂，但撮其要者，也无非是君主集权制的家天下制度造成的。

在春秋战国时期，最善于为自己找退路的人，莫过于齐国的国相田文，即孟尝君；最善于为主人谋划退路的人，莫过于孟尝君的门客冯谖。

战国时期，养士最为有名的是所谓的"战国四公子"，即齐国的孟尝君、魏国的信陵君、楚国的春申君和赵国的平原君。他们所养"食客"之多，有时竟达三千之众，所以孟尝君曾号称自己门下有"食客三千"。他的门下有各色人等，三教九流之徒无所不备。他对待门客也是将其视为兄弟，开诚布公，因此，门客们对他十分忠诚。

一次，孟尝君在自己的封地薛地和门客们一起吃饭，由于门下食客太多，收的租税不敷使用，吃的饭也就不是那么精细。吃饭的时候由于灯光太暗，又有柱子挡着，一个门客见孟尝君吃得挺香，看看自己碗里的饭则粗糙得很，以为孟尝君把好东西留给自己吃，于是发怒道："我们以为孟尝君是天下最贤能的人，没想到连吃饭都不平等，我们还是走吧！"说完就放下饭碗离席要走。孟尝君把自己的饭碗端过去给他看，其中食物原来完全一样。那位门客十分惭愧，就拔剑自杀了。从此，孟尝君的名声更大了，天下贤士也归之如流。孟尝君在与门客谈话了解情况的时候，往往在幕后安排上记录人员。每当孟尝君谈到门客的家庭情况时，记录人员就记录下来，事后就派人给门客的亲属送去很多礼品。

有时候，四公子为了招揽门客甚至不择手段，例如赵国的平原君忽然发现自己的门客逐渐减少，就慌忙向手下的门客请教道："近来我的门下怎么来的人少，走的人多呢？难道我有什么怠慢大家的地方吗？"有一个门客回答说："您的美人得罪了一个瘸腿的门客，大家觉得您爱美人胜过门客，所以我们也要告辞。"平原君一听，立刻去调查。原来，平原君的房子临街而建，他喜欢美女，他的一些姬妾就经常站在窗前临街眺望。有一次，最得宠的一位美人看见一个瘸子挑水而来，姿态不甚雅观，就忍不住一笑，其实并无他意。谁知这人却是平原君的门客，他径直找到平原君说："听说您喜欢结交天下豪杰，才有这么多人投奔到您的门下，如今您的姬妾嘲笑了我，损害了我的尊严，请您重重地惩罚她。"当时平原君并未在意，过几天也就忘了。那个门客见平原君并未当回事，就散布舆论，说平原君爱女人胜过门客，门客们因此渐渐离去。平原君现在弄明了情况，立刻杀了那名姬妾，他的门客也就慢慢地回来了。

孟尝君虽然没有像平原君那样残忍杀妾，但他确实能够招揽人心，门客无论贵贱他都能使之与自己在吃穿用度上一律平等，因此，"能倾天下之士"。

孟尝君的名气越来越大，连秦王都感到既羡慕又害怕。一天，秦王同大夫向寿议论起这件事，希望能让孟尝君到秦国来。向寿说："这并不难，如果您能让自己的子弟到齐国去做抵押，孟尝君是不会不来的。您如果能拜孟尝君做秦国的丞相，齐国肯定也会拜您的子弟做丞相，那时候，秦、齐联合，就容易收服诸侯了。"

秦昭襄王听了向寿的话，就让自己的弟弟泾阳君去齐国。谁知泾阳君和孟尝君相见恨晚，两人没有几天就成了好朋友。当时孟尝君就要到秦国去，门客多以为秦为虎狼之国，不可轻易陷身。孟尝君不听劝告，决意要去。后来苏秦从外边回来，劝孟尝君说："今天早上我从外边回来，听见有土偶人和木偶人在争吵。木偶人对土偶人说：'天下雨，你就会被浸坍，成为一堆烂泥。'土偶人对木偶人说：'我本来就是土做成的，回到土里就是回到了老家，可你是木头做成的，一旦下雨，你就会随水漂流，不知到哪里去了。'现在秦国是虎狼之国，您却要去，如果回不来，那岂不成了被土偶人所笑话的木偶人了吗？"

孟尝君听见悚然而惊，才未成行。不久齐宣王死了，他的儿子即位，因新君十分害怕秦国，就不断督促孟尝君，孟尝君终于来到了秦国。就在同时，齐王认为既真心同秦王交好就不必扣留人质了，竟将泾阳君送回了秦国。

孟尝君到了秦国，受到了秦王的隆重欢迎，孟尝君也送了一件贵重的银狐皮袍子给秦王作为礼物。秦王准备拜孟尝君做丞相，却遭到了一些大臣的反对。樗里疾说："孟尝君是齐国贵族，当丞相后必定替齐国打算，他手下人多，声望又高，如果当权，秦国不就很危险了吗？"秦王无奈，想把他送回去，但又担心他了解了很多秦国的情况，对秦国不利。如果杀掉他，又不合适，就把他软禁起来了。

孟尝君与泾阳君交好，就请他想办法。泾阳君为了将来要登君位，想结纳各国的势力，也不敢怠慢孟尝君。他找到了秦王最宠爱的妃子燕姬，求她劝秦王放了孟尝君。燕姬自见了孟尝君送给秦王的那件银狐袍子以后十分眼馋，她要求以银狐袍子做谢礼。袍子只有一件，孟尝君无计可施。他的门客中有一个善学狗吠，亦善穿墙偷盗的人，挺身而出，请求前去完成盗袍使命。

他先同库守交好，弄明库中情况，然后挖掘洞穴，准备钻进库中，在挖洞时不小心弄出声音，他就学狗叫掩饰过去，终于盗得了袍子，送给了燕姬。

在燕姬的一再催劝下，秦王终于同意了放孟尝君回国。

孟尝君一行人如漏网之鱼，逃命般往函谷关跑，生怕秦王改变了主意追来。

等到关口时，不过半夜，关门只有鸡叫才打开。于是，门客中有一善学鸡鸣的人学起鸡叫，引得关内外的鸡大叫起来。守关的官吏以为天明了，就开了关门。门客中还有会挖改文书的，就变换了文书上的姓名，交上过关文书，大家一起逃出关去。

秦王果然后悔了，立即派兵追向函谷关。追兵到了关口，见关口已开，就查看过关文书，文书中并无孟尝君等人。追兵以为他们尚未到达，就耐心地等起来。等他们弄清了这些情况，孟尝君等人早已出了秦国国界，再也无法追上了。这就是著名的"鸡鸣狗盗"的故事。

孟尝君逃回齐国，齐王非常高兴，拜他为相国。孟尝君一当权，门客也越来越多，实在养不起了，就不得不分为三等：一等门客吃饭有鱼肉，出门有车马；二等门客吃饭有鱼肉，但出门无车马；三等门客只吃粗茶淡饭而已。在三等门客中，有一个叫冯谖的人，刚来几天，就敲着剑鞘唱道："我的长剑啊，回去吧，咱们吃饭没有鱼肉哇！"孟尝君知道了，就升他做二等门客。没过几天，他又敲着长剑唱了起来："长剑啊，咱们回去吧，出门没有车马哇！"孟尝君知道了，就把他升做一等门客。这回总以为不再唱了吧，谁知道没过几天，总管又向孟尝君报告说："冯谖又唱了，说是家中老母无人养活。"孟尝君就派人把他的老母安顿好，从这以后，冯谖就不再敲剑唱歌了。

不久，孟尝君要找人去薛地收债，就想起了冯谖。他把冯谖叫来说："先生会些什么呢？"冯谖知他要收债，就回答说："只会算算账。"孟尝君淡淡地说："那先生就替我去薛地收一下账吧。"冯谖问道："收账回来买些什么呢？"孟尝君不耐烦地说："先生看看家里缺什么就买点儿什么吧。"

孟尝君的三千食客都是靠薛地的租税来养活的，所以百姓的负担很重。冯谖到了那里，欠债的百姓都不敢来见，他就买了大量酒肉，把债户们都找了来，真诚招待。他把债券收集上来，查问清楚后，把能够偿还和不能偿还的债券分成两堆，然后对大家说："孟尝君爱民如子，哪里是想借高利贷给你们，无非是想借此来帮助你们罢了。他这次派我来，就是专门看望大家的。有能力还债的，就慢慢地还；无力偿还的，现在就把债券烧了，永远不用再还了。"说着，就把带来的那些债券烧掉了。薛地的百姓感动不已，从此一心一意地拥戴孟尝君。

孟尝君看到冯谖两手空空地回来了，就有些讥讽地问他："先生替我买来了什么呢？"冯谖不慌不忙地回答说："您让我看看家里缺什么就买什么，我看家里什么都不缺，只缺少'义'，我就替您把'义'买回来了。"接着向孟尝君报告了"市义"的经过，并解释说："那些能还债的自然会还，那些不能还债的逼死他们也还不了，只会把他们逼跑，那又何必呢？"孟尝君哼了一声，没有说话。

孟尝君的名声越来越大，秦王十分气恼，就派人到处散布谣言说："天下只知有孟尝君，不知有齐王，孟尝君不久就要当国君了。"他还利用楚怀王死的事件和楚国联络，造谣说孟尝君一旦即位必先攻打楚国，于是楚国也到处说孟尝君的坏话。齐王很昏庸，听了这些谣言就起了疑心，解除了孟尝君的相国职务。

正所谓人情冷淡，世态炎凉，孟尝君得势时，家中真是门庭若市，现在运交华盖，那就门可罗雀了。只有冯谖还和他形影不离，替他赶车到薛地去，百姓一听孟尝君来了，都提着食物，带菜肴酒水夹道欢迎。孟尝君感动地说："这都是先生买来的义呀！我总算有一个安身的地方了。"

冯谖则回答道："这算不了什么。俗话说，狡兔三窟，您现在才有一个安身的地方，还远远不够。请您给我一辆马车，我去秦国走一趟，让秦王重用您。到了那时，您的封地薛城、齐国的都城临淄、秦国的都城咸阳都会是您安身的地方。"

冯谖来到咸阳，对秦王说："如今天下有才能的人，不是投奔齐国就是投奔秦国，哪个国家得到的人才多，哪个国家就强大。可见，现在的天下，不是齐国得到，就是秦国得到。齐国之所以能有今天的样子，还不是全仗着孟尝君礼贤下士、治国有方吗？如今齐王听信了谣言，嫉贤妒能，气量狭小，竟然免了孟尝君的相国之职。您若能趁他怨恨齐王的时候，把他请到秦国来，以礼相待，他一定肯为秦国效力，到时您还怕齐国不归附吗？您如果犹豫不决，齐王一旦反悔，重新起用孟尝君，您就悔之晚矣。"

秦王正在到处寻找人才，听冯谖这么一说，很愿意去请孟尝君来。这时樗里疾已死，无人反对任用孟尝君，于是，他就派遣使者，带了十辆车马，一百斤黄金，用迎接丞相的仪式去迎接他。

冯谖一看计谋奏效，立即返回齐国，来不及报告孟尝君，就直奔临淄求见齐王。他对齐王说："人才是齐、秦两国争霸的关键，谁得到了人才，谁就可以称雄天下，据有诸侯。我在来临淄的路上听说秦王已秘密派人带十辆车马、一百斤黄金来迎孟尝君去秦国当丞相，如果真的是这样，齐国岂不是很危险了吗？"齐王一听十分着急，忙问冯谖该怎么办，冯谖说："大王如能恢复孟尝君的相国职位，再多赏田地财物，孟尝君一定会感激您，就不愿再去秦国了。即使秦国来接，总不能硬抢人家的相国吧？大王如果迟疑不决，就怕来不及了。"

齐王还有些不太相信，就派人前去打听。恰巧秦国的车马迎面而来，那被派去的人连夜赶回临淄，向齐王报告。齐王一听是真的，可着了慌，立刻下令恢复孟尝君的相国职务，又多赏了一千户的土地，并马上接他来都城居住。秦王的车马使者到了薛城，恰好齐王的命令也到了，他们不好硬抢，只怪自己来晚了一步。

至此，孟尝君的政治"三窟"已营造完毕，可以高枕无忧了。齐国不要他了，可以去秦国；秦国不要他了，最不济也可到薛城去独善其身。真是"抢着的瓜甜，分着的饭香"，秦王这一抢，奠定了孟尝君在齐国的稳固地位。

至于孟尝君到底有多大的能力，能为国家出多少力，倒在其次，关键是使齐王看清了孟尝君不是想当国君，否则，他愿去秦国干什么呢？既然齐王消除了这点疑虑，孟尝君在政治旅途上潜在的危险也就没有了。因此，他的官也就越做越稳当。

其实，孟尝君无非是为了保住他在齐国的位置，真让他到秦国去，他未必愿意，"反认他乡做故乡"总是无法让人从心里接受，况且他也不会最终赢得秦人的信任。孟尝君在这套"狡兔三窟"的政治经营术中，最妙的当然不是经营了"三窟"，而是借秦人使自己重掌相权，并越来越牢固。如果仅仅是为自己预备好了一处位置或是一条退路，那就属下乘的权谋了。

军事战术上的"背水一战"与政治权术上的"退路千条"形成了鲜明对照，反衬出了军事作战以勇胜、政治经营以谋胜的不同特点。

（参见《战国策》《史记》《三国演义》等）

何谓背水一战

千百年来，人们都以为韩信曾经背水一战，这实在是一个千古误解！

四年的楚、汉相争，有过许多著名的乃至传奇式的战役，韩信平定赵国的战役就是其中最突出的一个。应该说，这个战役即使在人类战争史上也是有着十分重大的意义的。

汉王三年（公元前 204 年）十月，韩信奉汉王刘邦之命，与张耳率领数万人马往东进攻赵国。赵王歇和赵相陈余得知汉军来攻，在汉军必经之路井陉口（太行山八陉之一，今河北井陉县北井陉山的井陉关）调集了二十万大军，想凭借有利地形，与汉军决战。张耳和陈余原是非常好的朋友，曾经结为刎颈之交，但后来各为其主，反目成仇。所以，两人对彼此的性格都十分了解。

赵广武君李左车是个非常有见识的人，他向陈余献计说："听说韩信渡过黄河，虏魏王，擒夏说，现又引军千里来攻打赵国，其锋难以抵挡。俗话说'千里缺粮，士有饥色'，今井陉之道，车不能并行，骑不能成列，汉军前来，粮草必在后面。臣愿请三万精兵，从小路断其辎重；君凭借地势，坚守不出。如此，汉军前不能战，后无退路，军无粮草，不出十日，汉军必败。"陈余听后，以仁义之师不用诈谋为由，拒绝采取用李左车之计。

在当时的具体情况下这的确是一着非常厉害的撒手锏，如果真的采用了这个策略，韩信的处境将是极其危险的。韩信在打败陈余以后，曾经十分恭敬地向李左车请教有关的战事，并虚心地采纳了他的建议。

韩信听说陈余没有采纳李左车之计，这才放下心来，率领人马直抵距井陉口三十里处扎下大营。半夜时分，韩信开始调兵遣将，他令一将领率两千轻骑，人手一面旗帜，乘夜色从小路隐于井陉口左右。

韩信告诫他们说："赵军见我军撤走，必然要追赶。那时你们就火速占领赵军的城堡，拔掉赵旗，插上我们的汉旗。"安排妥当以后，韩信拔营而进，直逼井陉口。这时，天已微明，韩信又传下命令，激励士气，他叫将士暂以干粮充饥，待今日打败赵军后，再营灶做早饭（"灭此朝食"）。他又派出一将，领精兵一万余人，渡过泜水，背水列阵。

韩信既不给士兵饱食，又背靠河流列阵，这是兵法上所从来没有的，也是兵家之大忌，以常理度之，这种自绝退路的做法，也是不能理解的。

赵国的将领见后，不禁暗自发笑，对韩信这位赫赫有名的大将到底有多大的本领开始怀疑。就是汉军对如此列阵也疑惑不解，但都知韩信向来用兵如神，虽心中不解，也不敢多问。天色已经大亮，韩信与张耳也渡过泜水，准备出战。

韩信对张耳说："赵军占据了有利地势，如不见我大将旗鼓，只是看见这一小股军队，是一定不肯应战的。"于是，令人树起大将旗鼓，并与张耳领一支人马，杀向井陉关口。陈余见韩信亲自领兵出战，又见汉军人少，就有恃无恐，下令打开关口，领兵杀出。

两军混战多时，各有死伤，很难分出胜负。显然，如果再打下去，对汉军是十分不利的。韩信也正是利用了敌军的这种心理，想引诱敌人出关。他见时机已到，命令汉军丢弃旗鼓、兵器，缓缓后退。赵军见汉军兵败后退，衣甲器杖丢得各处都是，纷纷争抢，以作为凭据，战后请功求赏。这样一来，留守关上的赵军将士，看到别人轻而易举地夺取了战功，也不禁心动，便按捺不住，跃出营门，抢夺汉军抛弃的物品。

正在这时，一声炮响，埋伏在关口附近的汉军突然杀出，赵军本来留在关上的军队就不多，再加上他们已经打开了关口，猝不及防，赵军就乱了手脚。汉军很快攻进营寨，杀散赵军，占领了井陉关口，将赵军旗帜拔掉，插上了汉军大旗。

也就在此时，韩信、张耳已引军退入背水阵中。陈余见到这种情形，以为韩信已经没有退路，而自己无后顾之忧，完全可以凭借优势兵力来打败汉军，于是，他下令破阵。

此时，汉军的形势的确是非常危急的，前有数倍于己之敌，后有泜水，已经陷入了绝境，如果不打败敌人，只有死路一条。正当汉军不知所措的时候，韩信翻身上马，用剑一指蜂拥而至的赵军，大声对众将士道："我们后退只有死路一条，只有杀败赵军，才有生路，况且赵军的关隘已经被我们拿下，他们的军心已经乱了。"于是，汉军又随韩信、张耳反身杀回，个个拼死向前，至死不退。

这时，天已近午，陈余见一时难破汉军，便下令收军，军队已经十分饥饿，而自己这方又占有主动权，觉得不必在一时间与汉军硬拼，完全可以消耗汉军的锐气，不必急于取胜，反正汉军背靠河水，也逃不了。于是就下令退兵关口，午饭后再同汉军厮杀。这在当时的情况下是合乎常理的。

然而，当赵军退临井陉时，忽见关口上插满了汉军旗帜，才知要塞已被汉军占领，一时军心大乱。这时，后面追兵已到，前面汉军也已杀出。赵军顿时大乱，四处逃散。陈余想控制住混乱局面，虽连斩数人，仍难奏效，只得随败兵退到泜水岸边，无奈又被汉兵围住，最后被杀于乱军之中。

这就是著名的背水一战的经过。

韩信在破赵军、杀陈余以后，又派出一支人马，追斩赵王歇于襄国。随后，领兵越过井陉关，很快平定了赵国。

背水一战所用的正是兵法上所讲的"陷之死地而后生，置之亡地而后存"的战法，这是一种自绝退路的战术，其好处是可以充分利用将士的求生欲望，激发起他们最大的战斗潜力。

然而，这也是一种非常危险的战术，非有大智谋而不可用。否则，就会弄巧成拙。

纵观韩信的这次背水一战的过程，我们可以看到如下几个特点：

一、他是十分主动地采取这一战术的，并不是在被迫的情况不得已而为之。这样一来，就可以非常从容地安排与此相关的各种策略，使背水一战由被动在实质上转为主动。这是最关键的一点。马谡在守街亭的战役中用的也是这一战术，但他是在被动的情况下采取这种战术的。于是，性质就发生了根本的变化：硬拼。

韩信的背水一战实际上是谋定而后动，与我们今天习惯使用的"背水一战"的意义是根本不同的。

所以，韩信的背水一战绝不是我们今天所说的"背水一战"，而是一种主动进攻的奇妙的大智谋。

二、韩信的背水一战是一个系统的谋略。这不仅表现在夺取敌人的关口上，还表现在他早晨出击，算定敌人必定要在中午退回关口吃午饭。只要自己坚持到中午，敌人见关口被夺，就会不战自乱。另外，韩信是否料到自己以少数兵力对付敌人的优势兵力会失败呢？虽然历史记载的战例没有说，其实我们根据当时的情况就可以分析出来。赵军见韩信背水列阵，已无退路，就觉得不必急于消灭敌人，况且打仗也不是一上午就能解决的事，韩信亲自指挥，以精锐之师、坚定之师与敌人相持到中午是肯定没有问题的。这就做到了知彼知己。

三、韩信这一着其实并非险棋，而是万全之策。为什么呢？他所担忧的并不是与赵军作战，而是赵军据险固守，不出来作战。一旦出了关口，大家就平等了，他还怕你什么陈余。况且，就是韩信埋伏下的军队攻克不了赵军的关口，也足可以从已经出关的陈余的后方攻击，也完全可以把韩信救出来。在自保这一点上，可以说是计出万全的。

四、韩信的军队是得胜之师，锐气正盛，足可以一当十。韩信所担心的只是被敌人切断粮道，在山区小路上无法进军，旷日持久，消磨了军队的锐气，所希望的就是与敌人速战速决。诱陈余出关，是他的根本目的。只是他所用的方法，一般人觉察不出来罢了。

由此看来，韩信的"背水一战"哪里是什么背水一战，实在是一个厉害到家的陷阱，非有大智谋者不可用也！

（参见《史记》《汉书》等）

何谓奇人

中国历史上有许多奇人。

奇人之奇，就在于无世俗之累，入世可经天纬地，出世可"与天地精神独往来"，不为穷困所忧，不为闻达而喜，不论穷困还是闻达，均无所累，常得率性而为。

奇人又往往在旧朝衰微、新朝更生之时才有施展才能的天地。所谓乱世出英雄，乱世亦出奇人。

何谓奇人？能够纵横沙场、挥兵杀敌者只算英雄，算不得奇人；能够运筹帷幄、治国安邦者可算贤智之士，也算不得奇人。所谓奇人，要能通往古、知未来，能洞察世事、预知休咎，还要能"处事可调合天人之际，事成能泰然相处"，或是洁身远引。总之，是那种既可纵横于世俗之中，又可脱羁于俗世之外的人。

中国历史上最早的奇人当数武王伐纣时的姜子牙了。

姜子牙知道自己有很大的本领，但时运不来，他也无可奈何，于是就耐心等待。他可谓事事不顺心，即使做点儿小买卖，老天也要与他作对。一次，他借钱买了点儿面到街上去卖，没想到一阵风把面全吹跑了，弄得他血本无归。但他没有灰心，而是等待时来运转。他在渭水边上钓鱼，用的是直钩，所以一条鱼也钓不到，他老婆来送饭，见他用直钩钓鱼，不禁大怒，就把鱼钩弯过来，趁他吃饭的工夫钓了许多。姜太公见了，反把那些鱼都倒进水里，并对老婆说："我是姜太公钓鱼——愿者上钩，一切都要顺其自然，岂可勉强。"后来，连老婆都跟他离婚了，他还是在等待。一直到了八十岁，周文王才来到渭水边，请他出山。周公亲带车马，在他的身边一站就是半天，姜子牙终于被周文王的态度打动，决定出山帮助文王打江山。

据说姜子牙不仅智谋超人，而且道术精深，既出智画计，又能掐会算，甚至可呼风唤雨、撒豆成兵。在武王伐纣的过程中他立下了大功，后被封于齐，可谓福寿双全。

秦末汉初的张良也算是一位奇人，他的奇有四处：

一是散尽家财，誓为韩国报仇，寻访使客，在博浪沙行刺秦始皇。虽未成功，但其勇烈刚毅，不能不叫人啧啧称奇。

二是他得遇奇缘，学得兵法。据说张良遇到一位老人，老人让张良把他掉在地上的鞋子给他穿上，张良照办了，老人就约他黎明在某地相会，授以兵法。张良连去两次，老人都先他而到。老人给他最后一次机会，于是张良干脆从晚上等到黎明，根本就不回去，总算使老人满意了。老人觉得他品德甚佳，才质不凡，就授他兵法，张良从此成为一位卓越的军事家。这个"张良纳履"的故事，直到现在还常常被拿来教育儿童应当尊敬老人。

三是他屡出奇计，助刘邦脱困危、胜项羽，成为西汉的开国功臣。

四是他能功成身退，不贪名利，既躲过了刘邦、吕雉对功臣的诛戮之祸，又免去了像萧何那样的屈身之辱，只是洁身远引，钻研兵法，恰像清溪湍湍，避世而流。

刘基也是这样的一位奇人。

关于刘基的传说十分丰富，据说他能掐会算，会呼风唤雨，简直有些像《水浒传》里梁山好汉的军师公孙胜，至于冒他的名而出的风水堪舆之作以及预测祸福的《推背图》之类，比比皆是。如果剥去这些虚幻迷离的色彩，还其历史的本来面目，我们可以看出，刘基是一位学者、军事家、政治家，也是一位特立独行的智达之士。

刘基，字伯温，浙江青田人，生于元至大四年（1311 年），其家庭为耕读传家的正统地主家庭。浙江自宋以后就成为文化教育发达、才杰俊秀迭出的地方，素有"千山千水千秀才"之称。刘基的祖先原是丰沛人氏，在宋为官，后随宋室南迁，落脚浙江青田，刘基的祖父还做过南宋的太学上舍，并且博学多智，通晓天文地理，为人正直仗义，曾经组织过反元起义。刘基出身于这样一个较有名望的家族，自小耳濡目染，树立了建功立业的大志，也造就了他刚正不阿、疾恶如仇的性格。

据载，刘基才华出众，这一点在他很小的时候就显露出来了，尤其他的博闻强记，实在令人吃惊。刘基家附近有一家书店，他上下学经常路过。一天，他看到一本天文方面的书，随手翻阅了一遍，第二天再来读书时，竟能将前一天读过的那本天文书背诵下来。书店主人十分钦佩，就想把书送给他，刘基说："书已在我胸中，书本已对我无用了！"

他能道人所未道，言人所未言，老师断言他将来必成大才。在十七岁时，刘基离了府学，到括苍山的石门洞师从当时的名士郑复初学习"二程"的理学。在这期间，他更进一步地博览群书，尤其注意正统经史子集之外的杂家著作，医农术数、天文地理均深有心得。这样，刘基在青少年时期就已打下了极为深厚扎实的知识功底，为他以后在政治和军事领域里驰骋纵横做好了知识上的准备。

但刘基的青年时期是十分坎坷曲折的。他于元至顺四年（1333年）考中进士，其后被授为江西高安县丞。当时，元朝的政局动荡不定，一方面是统治者横征暴敛、醉生梦死，一方面是农民起义的烽火遍地燃起。在这种情况下，有识之士或是心怀观望，寻找时机以图起事；或是干脆投入起义军中，极少人为元朝的统治者卖命。刘基也是这样，他虽是一个辅佐县令的小官，但并不是死心塌地地为元朝着想，而是十分注意收集风土人情，了解社会时事。当然，身在元朝吏籍之中，他也不能不例行公事，做一些应付门面的事，但他绝不为虎作伥、助纣为虐，而是以一个正直知识分子的良心去伸张正义。

后来因为不愿阿谀奉承，刘基弃官，于至元六年（1340年）回到青田老家，做起隐士来。

刘基的学问品才已广为人知，浙江行省又让他担任儒学副提举的官职，刘基觉得也许这一官职比较适合自己的特点，便即到任。谁知到任一看，天下官场一片黑暗，他无法改变自己的性格，对一些不法现象仍是愤加指责，其结果当然是得罪了许多人。很多人弹劾他超越职责范围，多管闲事。于是，刘基又一次愤而辞官。

元至正十一年（1351年）前后，方国珍兄弟时降时反，占据着温州、台州、庆元等地，在海上出没无常，很难剿灭，也更加深了沿海一带百姓的灾难。元朝官吏自己无能，想起刘基是个人才，便把他任命为浙东元帅府都事。他主张实行分化瓦解之策，即只拿方国珍兄弟，余者不问，此布告一出，方国珍的军心立刻不稳。原来，方国珍多行不义，其部下大都是被他胁迫，本不愿为他卖命，见了布告，就想离之而去，方国珍再次接受了招安。这也罢了，气人的是刘基挨了一顿训斥，说他是擅作威福，伤了朝廷爱民好仁之心。

至正十七年（1357年），他第三次辞官，又回到了青田老家。

这次归隐，他为中国文学史添了一部寓言集。他借寓言的形式嬉笑怒骂，表达自己对污浊现实的愤慨和对人生的精辟见解，他给这部寓言集取名为《郁离子》，大概寓有郁愤不平而又离经叛世之意。

此时，刘基已四十多岁了，他于二十多岁中了进士，又经历了二十多年的宦海浮沉，并数度隐居。所谓"天生我材必有用"，刘基的机会终于来了。

在郭子兴死后，朱元璋的势力得到了迅猛的发展，他接受了朱升的"高筑墙、广积粮、缓称王"的正确建议，避开了蒙古人的锋芒，迅速壮大起来。朱元璋十分注意军队的纪律，建立了良好的威望，而且每到一处，十分重视访求当地的贤达，并将其罗至帐下，以为己用。占据处州以后，朱元璋访得刘基正在青田老家隐居，便派专使往请。刘基虽也早已听说朱元璋的名声，但毕竟缺乏了解，再加上他二十年做官的坎坷经历，因此不愿再出山了，所以拒绝了朱元璋的第一次邀请。朱元璋并未气馁，再派总制孙炎前往邀请，朱元璋备以聘礼书信，极言求贤若渴之情，再加上孙炎对朱元璋的雄才大略、鸿鹄之志的一番描述，刘基终于被感动。他说："我过去曾经辞官在西湖闲住，见西北方向有异样云气，我曾说那是天子之气，十年之后应当在金陵。现在朱氏创业兴旺，又礼贤下士，应天顺人，恐怕将有大成。"就这样，刘基经过朱元璋的三次邀请，终于应聘。

刘基针对朱元璋的情况，提出了他的所谓"时务十八策"，朱元璋听了兴奋不已，认为刘基未到军中，就已把天下大势看透，实在是不世之才，立即下令修建礼贤馆，把他待为上宾，引为心腹知己。

当时，东有张士诚，西有陈友谅，两支军队的势力都比朱元璋强大，而且想合力消灭他。因此，朱元璋的军队虽生气勃勃，但仍处在东西夹击的危险境地中，怎样对付张士诚和陈友谅，就成了朱元璋的当务之急。如果能采取正确的策略，朱元璋就可能继续发展；如果策略不好，就会像包饺子一样被张、陈两支军队吃掉。

就这个问题，朱元璋虚心请教了刘基。

朱元璋说：“希望先生不要抛弃我。如果您有什么指教，请直言不讳，我一定虚心接受。”

刘基说：“明公占据了金陵，甚得地势之便，但东南有张士诚，西北有陈友谅，多次骚扰侵凌明公。如此看来，要想取得天下，当务之急，先除此二人。”

朱元璋正在考虑这一问题，十分犯难，不知如何是好，就皱着眉头对刘基说：“这两人势力强大，怎样才能剿灭呢？”

刘基说：“抵御敌人，当权衡缓急，用兵当有先后次序，如今应先对付陈友谅，后收拾张士诚。”

朱元璋说：“张士诚弱小而陈友谅强大，诸将多认为应当先除弱者，剪除陈友谅的羽翼，而且先弱后强，是用兵的常法，先生何故舍弱而图强呢？”

刘基说：“如今之势，不可拘泥于兵法。张士诚只是一自守汉罢了，他胸无大志，只求自安，不愿多事，如果你集中力量攻击陈友谅，他也不敢轻举妄动，不会乘虚攻金陵。而陈友谅劫主称帝，没有一时一刻忘记金陵，且占据长江上游，可以顺流而下。他野心勃勃，企图扫荡群雄，因此他才是目前最主要的敌人。如果你集中兵力对付张士诚，陈友谅乘虚而入，明公还有退路吗？如果先灭陈友谅，则张士诚的存亡全操于我手，还有何惧呢？先灭陈，后扫张，继而西攻陕西，北上大都，天下岂不可定了吗？”

这一番话，实不亚于诸葛亮的“隆中对”，把朱元璋说出了一身汗。此后，朱元璋就按照刘基定下的这一策略，平定了天下，建立了明朝。

在具体的战役中，刘基也屡立大功。刘基到朱元璋军中不到两月，陈友谅就挟持徐寿辉率大兵来攻，并联合张士诚东西夹击。当时，敌兵浩大，朱元璋势小，因此诸将主张不一，有主战的，但更多的是主逃，甚至主降。刘基斩钉截铁地说："先斩言降者和言逃者，才能取胜。陈友谅挟徐寿辉而来，乃是向我示威，逃无处逃，降则死无葬身之地，如今之计，只有决一死战。陈友谅虽说势大，但属不义之兵，士气不振，且又远行深入，疲惫不堪。而我们则是守卫疆土，将士齐心合力，以逸待劳，再多设埋伏，一定会成功。况且陈友谅骄悍有余，智计不足，正应了骄兵必败、悍兵必败的古训。以此看来，战之必胜。"

刘基的这番话，坚定了朱元璋和诸将士的必胜信念，也确实符合当时的形势，道出了胜败的根源。

陈友谅进军初期，凭其势打了一些胜仗，在占领太平以后，就使人椎杀了徐寿辉，自立为帝，国号为汉。后来深入朱元璋的防地，被刘基困住，弄得缚手缚脚，施展不开，屡吃败仗，最后退至江州。江州临水而建，城墙多建在水中，易守难攻，朱元璋攻了数日，城完如故，陈友谅以为江州固若金汤，便放心回去睡觉了。谁知刘基暗中测量了城墙高度，造了许多坚梯，载于船尾，趁黑暗缓缓移至水中的城墙边，军士顺利登上城头，一举攻克。陈友谅还以为天降神兵，忙携带妻子乘船逃往南昌。在后来的鄱阳湖大战中，刘基又多出奇计，帮助朱元璋打败了陈友谅，并将其杀死于湖中，彻底消灭了陈友谅的大汉政权。

在奉韩林儿为小明王问题上，刘基与朱元璋等人的看法完全不同。朱元璋接受韩林儿的封爵，其目的是不招人眼，把元兵的矛头都指向韩林儿、陈友谅等人，他这样做，确实为自己赢得了发展的时间，但随着形势的推移，再尊奉韩林儿，就有害无利了。

至正二十年（1360年）正月，朱元璋在金陵中书省设座，遥拜小明王，刘基独傲立不拜。朱元璋问其故，刘基说："韩林儿虽是韩山童（红巾军重要首领）之子，但自身并无建树，只是一个牧童罢了，且他姓韩不姓赵，却诡称宋裔。宋亡已久，人心不归，何必要假借前代年号？大丈夫要成就一番事业，必须摆脱别人的牵制。如果继续尊他的名号，将无以自立。"朱元璋当时未做什么表示，但他已深受刘基的影响。后来因救韩林儿差点儿被陈友谅乘虚打败，才愈加相信刘基的话。最后，朱元璋干脆杀了韩林儿，自树一帜。这在当时看来，也是一个正确的策略。

刘基在明朝的开国中立有三件大功：

一是指出正确的政治方向，即摆脱韩林儿而自树一帜，以收揽人心，威服天下。

二是制定了正确的战略方针，即先攻陈友谅，后灭张士诚。

三是在各个战役中屡出奇计。

难能可贵的是，开国以后，他能坚持自己的一贯主张，要求"以仁治天下"。朱元璋向刘基请教如何治国治民，刘基说："生民之道，在于宽仁。"他仍然保持着刚正不阿的性格，对于文臣之首的李善长，他也毫不通融，不顾李善长的求情和威胁，毅然以御史中丞的身份杀死了李善长的亲信、贪污犯李彬，引起了朝野震动。后来，他敌不住李善长的陷害，干脆回家闲居。

刘基极有知人之明，他深知朱元璋生性多疑，外宽内忌，所以不去致身仕途，而是尽量洁身远引。

一次，朱元璋想把李善长换掉，让他当丞相，刘基说："李善长是功臣勋旧，能够调和众臣。"

朱元璋奇怪地问："李善长多次说您的短处，您为什么总说他的长处呢？我想让您当丞相，不知意下如何？"

刘基说："国之大事，莫大于置相，易相犹如殿之换柱，如用小柱，非折即仆。我就是这样的小柱，怎么可以换上去呢？"

朱元璋又问："杨宪如何？"

刘基说："杨宪有当丞相的才能，却无当丞相的器量。丞相必须持心如水，不偏不倚，杨宪做不到。"

朱元璋又问："汪广洋如何？"

刘基说："器量更浅，胸怀更小。"

朱元璋最后说："胡惟庸怎么样？"

刘基答道："万万不可。当丞相好比驾车，胡惟庸不仅驾不好车，还会弄得辕断轮摧。"

朱元璋还是让这几个人当了丞相，结局如何呢？杨宪因触犯法律被杀，汪广洋被赐死，胡惟庸谋反，其案株连之多，被杀三万人，连李善长也被连累灭族。

刘基可算有知人之明了！

胡惟庸因刘基曾在朱元璋面前贬评过自己，就怀恨在心，当了丞相之后，就诬陷刘基的儿子，也诬陷刘基占了有王气的坟地。刘基本来在家过着隐居的生活，下棋品茶，逍遥自乐，却忽然被传到京城，令其对证。虽然最后朱元璋把他护送回家，但他还是忧愤成疾，于洪武七年（1374 年）去世，享年六十五岁。

俗人庸人、英雄烈士、志士仁人、圣贤俊良，前者多多而后者少少；至于奇人逸士，可谓世不一出，如凤毛麟角，只能自待其来而无处寻觅，其风采百世之后犹令人思慕。

（参见《明史》《明史纪事》《明史纪事本末》等）

孙膑与庞涓

《孙子兵法》是兵家至高无上的经典，是人类文明史上的奇迹，它不仅在春秋战国时期产生了巨大的影响，即使是现在，人们也不敢轻视它的智慧。它不仅对军事战略有着经典性的指导作用，就是在政治、商业、处世等其他领域也有着重大的影响。如今，越来越多的人注意到了它的价值，世界各国都纷纷研究《孙子兵法》。

战国时期的孙膑，是《孙子兵法》的作者孙武的后代，也是一位大军事家，他著的《孙膑兵法》虽然今天已经残缺不全，但我们可以想象，它应该也是一部很了不起的兵家著作。然而，这位后人没有孙武那样幸运，他遭受了一番常人所不能忍受的磨难。孙膑与庞涓的故事，在中国几乎家喻户晓、妇孺皆知。

春秋战国是两个历史时期，虽然并称，但一般说来是在三家分晋以后才进入战国时期的。当时，晋国被韩、赵、魏三家分掉，晋国灭亡，而三家兴起。其中数魏国的势力最强大，魏惠王野心勃勃，也想学秦国收拢人才，找个商鞅一类的人物来替他治理国家，于是做出一副求贤若渴的样子，花了许多钱来招揽贤士，后来来了一位名叫庞涓的人，声称是当世高人鬼谷子的学生。鬼谷子是当时十分著名的人物，是纵横家的鼻祖，著有《鬼谷子》一书，专门论述纵横家说服君主的技巧。从《鬼谷子》看来，其作者的确是一位十分了不起的人物。但他是个隐士，并不出来做官。庞涓说他自己是鬼谷子的学生，又与大纵横家苏秦、张仪是同学，并在魏王面前大吹大擂，魏王就信任了他。

庞涓当了大将，他的儿子庞英、侄子庞葱、庞茅全都当了将军，"庞家军"倒也确实卖力，训练好兵马就向卫、宋、鲁等国进攻，连打胜仗，弄得三国齐来拜服。东方的大国齐国派兵来攻，也被庞涓打了回去。从此魏王就更信任他了。

庞涓的同学孙膑是孙武的后代，他德才兼备，是个少见的人才，尤其是从老师鬼谷子那里学习了先人孙子的十三篇兵法，更加智谋非凡。一次，墨子的门生禽滑厘来拜访鬼谷子，见识了孙膑，就想让他下山，帮助各国国君守卫城池，减少战争。孙膑说："我的同学庞涓已下山去了，他当初说一旦有了出路，就来告诉我的。"禽滑厘说："听说庞涓已在魏国做了大官，不知为什么没写信给你，等我到了魏国替你打听一下。"

墨子不仅坚决反对战争，还有很多弟子都是技能人，他们纪律十分严明，为了反对战争都可以死不旋踵，因此，墨子在当时的影响很大，他曾凭着自己的一张嘴吓得强大的楚国不敢去进攻宋国。所以，每到一个国家，国君都会把他待为上宾。禽滑厘到了魏国，对魏王说了孙膑和庞涓的事。魏王一听，立即找来庞涓，问他何以不邀孙膑同来。庞涓说："孙膑是齐国人，我们如今正与齐国为敌，他若来了，也要先为齐国打算，所以没有写信让他来。"魏王说："如此说来，外国人就不能用了吗？"庞涓无奈，只得写信让孙膑前来。

孙膑来了魏国，一谈之下，魏王发现他比庞涓更有见识，就想拜他做副军师，协助军师庞涓行事。庞涓听了忙说："孙膑是我的兄长，才能又比我强，岂可在我的手下？不如先让他做个客卿，等他立了功，我再让位于他。"这实际上是个计谋，是为了不让孙膑与自己争权，然后再伺机陷害孙膑。但在当时，客卿没有实权，却比臣下的地位高，孙膑还以为庞涓一片真心，对他十分感激。

庞涓原以为孙膑一家人都在齐国，不会在魏国久留，就试探着问他："你怎么不把家里人接来同住呢？"孙膑说："家里的人都被齐君害死了，剩下的几个也已失散，不知何处寻找，哪里还能接来呢？"庞涓一听傻了眼。如果孙膑真在魏国待下去，自己的位子可真要让给他了。

半年以后，一个齐国人捎来了孙膑的家书，大意是哥哥让他回去。孙膑对来人说："我已在魏国做了客卿，不能随便就走。"并写了一封信，让他带回去交给哥哥。

孙膑的回信竟被魏国人搜出来交给了魏王，魏王便找来庞涓说："孙膑想念齐国，怎么办呢？"庞涓见机会来了，就对魏王说："孙膑是大有才能之人，如果回到了齐国，对魏国十分不利。我先去劝劝他，如果他愿意留在魏国，那就罢了。如果不愿意，他是我荐举来的人，那就交给我来处理吧。"魏王答应了。

庞涓当然没有劝孙膑。他对孙膑说："听说你收到了一封家信，怎么不回去看看呢？"孙膑说："是我哥哥让我回去看看的，我觉得不妥，没有回去。"庞涓说："你离家多年了，一直和家人没有联系，如今你哥哥找到了你，你应当回去看看，见见亲人，再给先人上上坟，然后再回来，岂不是两全其美吗？"孙膑怕魏王不同意，庞涓一力承揽，孙膑十分感激。第二天，孙膑就向魏王请两个月的假。

魏王一听他要回去，就说他私通齐国，立刻把他押到庞涓那里审问，庞涓故作惊讶，先放了孙膑，再跑去向魏王求情。过了许久，才又神色慌张地跑回来说："大王发怒，一定要杀了你，经我再三恳求，大王总算给了点面子，保住了你的性命，但必须处以黥刑和膑刑。"

孙膑听了，虽非常愤怒，但觉得庞涓为自己出力，还是十分感激他。

孙膑被在脸上刺了字又被剔去了膝盖骨，从此只能爬着走路，成了终身残废。

庞涓倒是对孙膑的生活照顾得很周到，孙膑很感激，就想报答他。有一天，孙膑主动提出要替庞涓做点什么，庞涓说："你那祖传的十三篇兵法，能不能写下来，咱们共同琢磨，也好流传后世。"孙膑想了想，只好答应了。他只能躺在那里用刀往竹简上一个字一个字地刻，虽背得滚瓜烂熟，但若想写下来，却不容易，再加上受刑使孙膑极为痛苦，所以每天只能刻十几个字。这样一来，庞涓沉不住气了，就让手下一个叫诚儿的小厮催孙膑快写。诚儿见孙膑可怜，便不解地向服侍孙膑的人说："庞军师为什么死命地催孙先生快写兵法呢？"那人说："这还不明白？庞军师留下孙先生的一条命，就是为了让他写兵法，等写完兵法，孙先生也就没命了。"

孙膑听到了这话，大吃一惊，前后一想，恍然大悟，突然大叫一声，昏了过去。等别人把他弄醒时，他已经疯了。

孙膑捶胸拔发，两眼呆滞，一忽儿把东西推倒，一忽儿又把写好的兵法扔到火里，把地下的脏东西往嘴里塞。从人连忙奔告庞涓说："孙先生疯了！"

庞涓急忙来看，只见孙膑一会儿伏地大笑，一会儿又仰面大哭，庞涓叫他，他就冲庞涓一个劲地叩头，连叫："鬼谷老师救命！鬼谷老师救命！"庞涓怀疑他是装疯，就把他关在猪圈里，孙膑依然哭笑无常，累了就趴在猪圈中呼呼大睡。过了许久还是如此，庞涓仍不放心，就派人前去探测。一天，送饭人端来了酒菜，低声对他说："我知道你蒙受了奇耻大辱，我现瞒着军师，送些酒菜来，有机会设法救你。"说完还流下了泪水。孙膑显出一副莫名其妙的怪样子说："谁吃你的烂东西？我自己做的好吃多了！"一边说，一边把酒菜倒在地下，随手抓起一把猪粪塞进嘴里。

那人回报了庞涓，庞涓心想，孙膑受刑之后气恼不过，可能是真的疯了。从此，他只是派人监视孙膑，不再过问。

孙疯子白天躺在街上，晚上就又爬回猪圈，有时街上的人给他点吃的，他就哈哈而笑，而又嘟嘟囔囔，也听不清他说些什么。这样久了，魏国的都城大梁内外都知道有个孙疯子，没有人怀疑他了。庞涓每天都听人汇报，觉得孙膑再也无法同自己竞争了，就没再动杀他的念头。孙膑活了下来。

有一天夜里，有个衣着破烂的人坐在孙膑的身边，过了一会儿，那人揪揪他的衣服，轻声说："我是禽滑厘，先生还认得我吗？"孙膑大吃一惊，经过仔细辨认，确认是禽滑厘，便泪如雨下，激动地说："我自以为早晚要死在这里了，没想到今天还能见到你。你可得小心，庞涓天天派人看着我。"禽滑厘说："我已经把你的冤屈告诉了齐王，齐王让淳于髡来魏国聘问，我们全都安排好了，你藏在淳于髡的车里离开齐国，我让人先装成你的样子在这里待两天，等你们出了魏国，我再逃走。"

禽滑厘把孙膑的衣服脱下来，给他手下的一个相貌与孙膑相近的人穿上，躺在那里装作孙膑，禽滑厘就把孙膑藏到了车上。

第二天，魏王叫庞涓护送齐国的使者淳于髡出境，过了两天，躺在街上的孙疯子忽然不见了，庞涓让人查找，井里河里找遍了，也未见踪影，庞涓又怕魏王追问，就撒个谎说孙膑被淹死了。

齐国的大将田忌是个很有才能的人，为人也非常的正直和厚道，他经人介绍，知道孙膑入齐，便亲自出迎孙膑，将他请进自己的官邸，用上宾的礼节款待他。一经谈论，田忌更加佩服孙膑的才能，并暗暗庆幸自己喜遇良才，日夕与他相处，并经常向他请教。

当时，田忌经常跟齐国的王族们赛马打赌，他马力不足，屡次失败，并因此输了许多钱。有一次，孙膑见田忌的马力与王族们的马力相距不远，便对田忌说："来日比赛，您尽管下最大的赌注，我定会设谋使您取胜。"田忌虽然不理解，但他十分信服孙膑，便回答说："闻先生言，我当请于齐王，以千金为赌。"临近比赛，孙膑对田忌说："齐之良马，聚于王廷，您若按马的等级，依次与王族们决赌，恐难取胜。现在请用您的下等马对付他们的上等马，用您的上等马对付他们的中等马，用您的中等马对付他们的下等马，这样一来，您虽然肯定要输一场，但可能会赢两场。"

赛毕，齐威王及王族们只胜了一场，田忌却胜了两场，赢了齐威王千金。

齐威王大为惊奇，询问田忌取胜的原因，田忌便以实相告。齐威王对孙膑敬佩不已，田忌就乘机将孙膑推荐给齐威王。齐威王见孙膑才智出众，便向孙膑询问兵法军旅之事，孙膑侃侃而谈，对答如流，其对战争以及当时国际形势的分析使人折服。齐威王认为孙膑乃是争霸天下、兴邦定国的栋梁之材，便毕恭毕敬地拜孙膑为老师，不久，又拜孙膑为齐国的军师，将军国大事委予他。

魏惠王十七年（公元前353年）十月，魏军经过与赵军长时间的鏖战，终于攻下了赵国的都城邯郸，但此时的形势已对魏军十分不利，秦国的军队乘魏国后方空虚，已攻占了魏国的少梁，楚国的军队乘机攻占了魏国的南部睢水等地，攻打赵国的魏军实力已大大消耗，军力也疲惫懈怠。齐威王见攻打魏军的时机已经成熟，便决定派遣大军去救赵。

孙膑乘坐在有篷帐的车子里随军出征，为大将军田忌出谋划策。

田忌打算统率大军直接扑向邯郸，以解赵围。孙膑分析了当时的形势，对田忌说，应该采取"批亢捣虚，围魏救赵"的军事谋略来解救赵国，用现在的话来说就是要避开正面强劲之敌，攻击敌人的虚弱之处，调动敌军，变被动为主动，寻找机会以战胜敌军。孙膑还对田忌说："想要解开乱丝，不能握紧拳头用劲；劝解彼此斗殴的人，不能手持武器帮着击刺。只要采用避实就虚的策略，敌人就会因形势受阻而有所顾忌，就自然会主动解除对赵国的包围。"田忌听了他的这一番话，觉得十分有道理，准备采纳他的建议。孙膑进一步解释说："如今魏国猛攻赵国，精兵锐将在国外苦于征战，必定会精疲力竭，守在国内的老弱残兵因忙于防务也会疲乏不堪，将军您不如乘魏国国内空虚、兵力缺乏之机，率领大军火速攻取魏国的都城大梁，占据魏国的交通要道，攻打它防务空虚的地方，魏军必定会放弃赵国，回军来救魏国。兵书上说：'卷甲而趋，日夜不处，倍道兼行，百里而争利，则擒三将军。'这样，齐军既可以救赵，又可以调动魏军跋涉奔走，乘魏军疲惫之时击败他们，我们的军队又可以避免同敌军正面作战，减少损失。"田忌对孙膑所得出的"批亢捣虚，围魏救赵"的军事谋略大为赞赏，便依照孙膑之计，率领齐军主力向魏国的都城大梁进军。

庞涓得知了这个消息，惊慌万分，在攻下赵都邯郸后，顾不得部队的休整和喘息，被迫留下少数兵力留守邯郸，抛弃辎重，急忙率领轻车锐骑，昼夜不停地急行军回救大梁。庞涓这样做，虽犯了兵家大忌，却是无可奈何之举。他当然知道，这样日夜行军百里，以求速胜，敌方若乘势攻击，那么，三军之将就会为人所擒。但为当时的形势所迫，却只能如此。庞涓仓皇回救大梁，当魏军退回到桂陵附近时，田忌及孙膑早已派遣齐军主力在那里等待伏击。齐军以逸待劳、士气旺盛，很快就将疲惫不堪的魏军打得大败。这样一来，魏国已经取得的军事上的成功就丧失了，被迫与齐国议和，将都城邯郸归还给赵国。

在桂陵之战中庞涓侥幸没有丧命，但在十余年后的马陵之战中，他就没那么幸运了。魏惠王是个野心勃勃的人，他经过休整，见魏军兵力又日渐强盛，乘齐威王听信谗言，解除了大将军田忌兵权之机，于魏惠王二十八年（公元前342年）派遣庞涓统率大军去攻打赵国。赵国便联合韩国共同攻打魏国，但屡战失利，韩国急忙派遣使臣向齐国求救，齐威王便召集群臣商议对策，他询问群臣说："是早救韩国好还是晚救好呢？"有人主张坐山观虎斗。

此时，田忌已经恢复了大将之职，主张火速发兵去救韩国。田忌说："如果不赶快发兵救韩，韩国兵败便会屈服于魏国，魏国的势力强大，就会直接威胁齐国，所以不如及早发兵救韩。"诸大臣各持己见，争执不下。齐威王便征求孙膑的意见，他对孙膑说："军师一言不发，您是什么看法呢？"孙膑说："魏国以强凌弱，攻打韩国，韩国受挫，便会屈服于魏国，这样对齐国不利，所以不可不救韩。但现在魏、韩两国仅是刚刚交锋，士气正盛，如果在魏、韩两国的军队都没有疲惫的情况下去救韩，就等于是齐国代替韩国来承受魏军的攻击，这样一来，就变成了不是齐军指挥韩军，反而是韩军指挥齐军，所以过早发兵救韩，也是不好。"齐威王听了他的这一番话，觉得十分有道理，进一步询问孙膑说："依军师的意见应该怎么办呢？"孙膑回答说："魏国自恃其强，早就有攻破赵、韩两国的意图。我们可以先答应发兵救韩的请求，韩国恃有齐国的救援，必然会竭尽全力抵抗魏军，这样一来，就能极大地削弱魏国的军队。魏军见韩军顽强抵抗，也会尽全力向韩军猛攻，韩国必然向齐国求救，我们可以趁机与韩国结盟，韩国就会依附齐国。魏军经过与韩军的激烈拼杀，实力会大大消耗，到那个时候，我们再发兵去救韩，既可减少损失，也可以乘势攻击疲惫不堪的魏军，最终战胜魏军，达到救韩的目的。这样，齐国就可以得到最大的利益，获得最好的名声。"

齐威王听后，大有豁然开朗之感，于是采纳了孙膑的意见。他暗地里派人将发兵救韩的打算告诉给韩国使者，然后送使者回国。韩国恃有齐国的支持，便拼命地抵抗魏军。韩军先后五次与魏军激战，均遭失败，便火速向齐国告急，投靠齐国。齐威王乘势起兵，派田忌、田婴为将军，孙膑为军师，统率齐军去救韩。

孙膑早已筹划得当，大将田忌按照孙膑的计谋，并不直接去救韩，又把十多年前的故技搬来照用，统帅大军逼向魏国的都城大梁。魏将庞涓听到这个消息，又是无可奈何，只得放弃攻韩，率领大军日夜兼程回救魏国。

但这次与上次有所不同，这次魏国的军队还有强大的实力，由于打败了韩国，士气还很高涨，所以，庞涓似乎并不惧怕孙膑。孙膑获悉庞涓回师魏国的情报，并不主动迎击魏军，而是对田忌说："魏军强悍勇猛，一向轻齐，齐军被当作胆小怕事的军队，善于用兵的人就要利用这形势，使其有利于自己。兵书上说：'百里而趋利者蹶上将，五十里而趋利者军半至。'我们可以装出胆小怯阵的样子来引诱魏军。"田忌问孙膑说："如何引诱魏军呢？"孙膑认为应该利用魏军自恃骁勇、轻视齐军、急于与齐军决战的心理，建议田忌采用"退兵减灶"来引诱、消耗敌军，在马陵设伏。孙膑说："可以命令齐军在魏境先筑十万人煮饭用的灶，第二天筑五万人煮饭用的灶，第三天筑三万人煮饭用的灶，庞涓见到齐军锅灶顿减，就会认为我们胆怯，士兵逃亡众多，就会趾高气扬、盲目自傲，拼命地追击，我们可以乘势伏击魏军。"

庞涓统率大军回魏，本想与齐军决一死战，不料齐军掉头东撤，便命令全军紧紧追赶。庞涓追踪了三天，发现了齐军锅灶的数目倍减，非常高兴，说道："我本来就知道齐军胆小怕事，进入魏境仅仅三天，齐军逃跑的士兵就已经超过半数了。"于是便下令放弃步兵，丢下辎重，只率领轻车锐骑，将两天的路程并作一天走，马不停蹄，拼命追赶齐军。

孙膑估计庞涓的行程，晚上当到达马陵。又见马陵道路狭窄，地势险要，两旁是山，林多树密，恰可以伏击魏军。便命令士兵伐木塞路，留下一棵大树，剥去大树的外皮，在白色的树干上写"庞涓死于此树之下"几个大字，又派遣一万名射箭高手，埋伏在山路两旁，对他们说："夜里看见火光亮起，就一齐放箭。"

当天夜晚，庞涓果然率领魏军赶到马陵，军士向庞涓报告："有断木塞路，难以前进。"庞涓一面上前察看，一面指挥军士搬木开路，忽然见到前面有一棵大树，上面白木显露，隐约有字，便令人点起火把，亲自来到大树下察看，在火光的照耀下，庞涓看到上面的那行字，大吃一惊，急忙命令魏军撤退，但已经来不及了。埋伏在山路两旁的齐兵万箭齐发，魏军顿时大乱，四散奔逃。庞涓身负重伤，自知智穷兵败，便拔剑自刎。齐军乘胜追击魏军，俘虏了魏国的太子申回国。

这是中国军事史上一个著名的战例，其中包含的道理十分丰富和深刻，以致后来有了"围魏救赵"这个直到今天人们还经常使用的成语。**然而，比军事上的道理更深刻的是其中的文化意蕴，孙膑和庞涓的关系以及庞涓的最终结局，似乎都说明了这样一个道理：妒忌之心是毁灭自己的根源。**

（参见《史记》等）

名士的战役

淝水之战是我国历史上十分有名的以少胜多的战例。有意思的是，这次战役似乎没有创造出几个英雄或是军事家来，倒是为几位名士平添了几分光彩。

东晋孝武帝太元八年（383 年）八月，前秦皇帝苻坚要亲率百万大军攻打偏安江左的东晋王朝，一时间，京都建康（今江苏省南京市）上下震惊。

苻坚于晋穆帝升平元年（357年）即位，称大秦天王。他是个有雄才大略的皇帝，即位之初，励精图治，国力日渐强大，几年以后，便稳定了关中局面，消灭了前燕政权，占据了北方的大片土地，于是对江南的东晋虎视眈眈。虽然不少谋臣认为，东晋有长江天险，人才济济，不易攻取，应该采取友好的策略，重点应该是防备鲜卑、羌、羯的作乱。但苻坚却骄横自大，说："我们现在有这么多的军队，就是把马鞭子投入长江，也可使江水断流（投鞭断流）！晋朝有什么天险可以凭借呢？"于是在太元八年（383年），苻坚到处征调兵马，聚集百万大军，部队连绵千余里，向南进发。

东晋朝廷任命谢安为征讨大都督，于是，谢安派他的弟弟谢石和侄子谢玄率领八万人马去抵抗苻坚。

双方的力量相比是悬殊的，将领们都心神不安。谢玄向谢安请示作战方略，谢安却只轻描淡写地说了句："我自有安排。"便无下文了。

谢安是当时有名的名士，胸怀度量很大，谢玄问不出名堂，又不敢再多言，就又让别人去问。谢安仍不回答，而是让大家邀集亲朋好友一起到山间别墅去玩。在别墅中，他绝口不谈军务，却与谢玄以别墅为赌注下棋。实际上，他是以下棋来考较谢玄是否能够处变不惊。谢安的棋以前总下不过谢玄，这天因为谢玄忧惧战事，反而输给了谢安。谢安对他的侄子说："我赢的这座别墅就送给你了。"

下完棋，又和大家在山间游玩，直到晚上才回到府上。然后指授将帅，部署兵力，各自分头去迎敌。

东晋大将桓冲听说京城危急，便写信给谢安，表示要派三千精兵援助京师。谢安对来使说："朝廷已作安排，兵力、武器都不缺，不劳桓公派兵，还是用在西边的防务上好。"桓冲听说后，对幕僚说："谢安石（按：谢安，字安石）有宰相的度量，可惜不懂军事。现在大兵压境，却只顾谈笑游玩，还派了一些不经事的年轻人去督战，兵力又那么单薄、脆弱，国家的前途可想而知了，恐怕我们都要成为秦军的俘虏了！"

一个月之后，由苻坚之弟苻融率领的先头部队一举攻陷寿春（今安徽省寿县），气势非常嚣张。他们以淮河作为屏障遏制东来的晋军。谢石、谢玄等人畏惧秦军，不敢贸然前进。随后，苻坚亲自率领八千轻骑，日夜兼程赶来。他大概觉得东晋应该有自知之明，主动投降，就派尚书朱序去游说谢石，劝他们速速投降。朱序本是晋臣，早想归顺东晋，就暗中对谢石、谢玄说："秦军不下百万，但是现在还未到齐。如果全到齐了，确实无法对付；所以宜在速战，如果把他们的先头部队打败了，晋军就会士气高涨，便能一鼓作气击溃秦军。"

谢石踌躇未决，谢玄等人很为赞同，辅国将军谢琰说："机不可失，敌不可纵，不能犹豫！"谢石乃依从他们的意见，并嘱咐朱序做内应。

十一月，谢玄派龙骧将军刘牢之率精兵五千，夜袭驻扎在洛涧的秦军，斩杀守将十人、士卒一万五千人。谢石、谢玄等人便乘胜率兵，水陆并进，直逼淝水。

苻坚得到洛涧战败的消息，登城遥望，见晋军的队列整齐，如潮水般汹涌而来，不禁大惊。再向东南边的八公山眺望，他把漫山遍野的草木都当作晋军的兵马，惊愕地说："这样的劲敌，怎么说是弱国呢？"他心里开始惧怕了，但已骑虎难下，便下令各军出寿春城，至淝水沿岸布兵，严阵以待。

谢玄见秦军布满对岸，无法渡河速战，就派使者对苻坚说："你孤军深入，志在求战。但现在逼水为阵，使我军不能渡河，这是持久之计，哪里是要打仗啊！倘若贵军稍稍后退，让我们能渡过淝水和贵军决一雌雄，这不是很好的吗？"

秦军将领们说："不能同意他们的要求。敌寡我众，不如把他们遏制在岸上，使他们不能渡河，这是万全之策。"苻坚求胜心切，反驳说："我军远来，利在速战。可以允许他们渡河，我们稍稍后退，等他们渡河渡到一半的时候，我军迅即围杀，哪有不胜之理？"苻融赞同苻坚的决定，于是指挥部队后撤。

原先像铜墙铁壁似的矗立在淝水岸边的秦军，忽然接到后撤的命令，便掉头往后跑。许多人并不知道为什么后撤，只看见大家往后跑也跟着跑。这时晋军已一边渡河，一边用强弓射箭。身在秦军中的朱序突然一声大喊："秦军败了！快逃啊！快逃啊！"吓得不明真相的士兵真以为大家是因为战败而向后跑。于是都跟着乱嚷嚷："快逃命啊！快逃命啊！"越来越多的士兵向后狂奔起来。苻融等人想拦也拦不住，反被人群冲倒在地。晋军赶来，杀伤无数。

苻融被杀死。于是，秦军大乱，全线崩溃。逃跑的人自相践踏，踩死了不知多少，尸横遍野，甚至堵塞了河流。逃跑的秦军一路不敢停留，听见风声鹤唳，也以为是晋军追来了。

苻坚本人身中流箭，单枪匹马逃到了淮河以北。晋军在这次战役中收复了大批失地。

谢石、谢玄派人把淝水大捷的喜讯急报谢安。谢安正在府上同人下棋，看过捷报之后，便放在案几上，脸上没有一点喜悦的神色，接着下棋如故。客人问他什么事，他才慢慢回答："孩子们已把敌寇打败了（小儿辈大破敌）。"客人起身祝贺，谢安仍无喜色，邀请客人把棋下完。等下完棋，客人走了，谢安走进里屋。过门槛的时候，因为心里太高兴，不小心把木屐的齿折断了，但他全然不觉。

描写淝水之战的史书是非常有意思的，在对整个战争过程的描写中，似乎看不到什么刀光剑影，而是处处穿插了名士的生活情节，一场如此惊险的战争，居然因此而充满了诗意，好像诗人在作一首吟史诗。尤其是谢安的"雅量"被衬托得淋漓尽致，这在古代战争史上实在是一个别调。这反映了当时的一种文化精神，塑造了一个令人向往的时代。

然而，东晋的胜利也不可否认地带有一定的偶然性。前秦的军队的确是尾大不掉、人心不齐，但毕竟人数众多，如果苻坚稍微谨慎一点，恐怕谢安的"雅量"也就容不下了。所以，诗意的战争听听可以，学是学不得的。

（参见《晋书》《世说新语》等）

千古第一反间计

反间计是什么？

反间计是一种使对方自毁长城的计谋。

反间计所使用的方法就是用谣言和假造情报来惑乱敌方。

反间计在中国军事斗争史上有着极为成熟的先例。

反间计早在两千多年前出现的军事专著《孙子兵法》中就有系统的论述，并被列为众计之首，但同时又被认为是一种十分危险、轻易不能使用的计谋。

堡垒最容易从内部攻破，古人早就认识到了这一点。《孙子兵法》就专列《用间篇》，孙子对用间给予了充分的认识和高度的评价："故三军之事，莫亲于间，赏莫厚于间，事莫密于间。非圣智不能用间，非仁义不能使间，非微妙不能得间之实。微哉！微哉！无所不用间也。间事未发而先闻者，间与所告者皆死。"大意是说，军队当中的事情，没有比用间更需要信任的事情了，奖赏没有比间谍更优厚的了，事情没有比用间更机密的了。不是才智过人的将帅不能使用间谍，不懂仁义的将帅也不能使用间谍，不是用心精细、手段巧妙的将帅不能取得间谍的真实情报。微妙啊！微妙啊！若是用间的计谋尚未施行就被泄露出去，间谍和他所告诉的人都要被处死。

看来，用间实为不易，一旦成功，成效又是如此之大，是其他智谋所无法比拟的。因而，孙子在这里慎而又慎地告诫用间者，并一再强调用间者的智慧和道德，指出了用间的微妙之处。孙子对用间的认识可谓深刻，对用间的评价也可谓高了。而反间计又是用间中的最危险同时也是最有效的一种。

中国由于立国久远，争战不休，成为世界上权谋之术、智谋之术最为发达的国家，其他任何民族与之相比，恐怕只能瞠乎其后，根本就不能望其项背。不过，即使在智谋之术如此发达的国家中，只是具体运用一两条甚至一条计策就能决定整个战役乃至整个国家成败的智谋还是极其少见的，或许只有反间计才有这样的功效。

在以权谋、智谋著称的文学名著《三国演义》中，各色智谋层出不穷，简直可以说是一部政治、军事、外交、人事诸方面的权谋、智谋百科全书，但就是在这部对后世的文学、军事等方面发挥巨大影响的奇书中，或许只有一条计谋对后世的某个历史转折点产生过重要的影响，这就是周瑜借曹操之手杀死蔡瑁、张允的反间计，蒋干盗书一节也就成了《三国演义》中的极精彩的部分之一。

东汉末年，魏、蜀、吴三国鼎立之势未成之际，曹操"挟天子以令诸侯"，发兵数十万，号称百万，企图一举消灭孙权的东吴政权。曹操在破荆州后，用荆州降将蔡瑁、张允为水军都督，为自己教练水军。曹操的军队本以陆军居多，一般不习水战。如果蔡瑁、张允练熟了水军，那么东吴的军事优势就完全失去了。东吴都督周瑜偷看了水军营寨，见布列整齐有方，十分忧虑。

恰巧曹操的帐下幕宾蒋干来访。蒋干原是周瑜的同窗好友，此次夸下海口，要"凭三寸不烂之舌，往江东说此人来降"。

周瑜深知蒋干腹无谋略，只是一善于吹嘘之人，打算借他除掉蔡瑁、张允。周瑜十分热情地接待了蒋干，并派人监酒，只叙旧情，不谈曹操与东吴军旅之事，违者即斩，以免蒋干做曹操说客。这首先就使蒋干绝望。他既做不成说客，总得捞点东西回去，免得空来一趟，为人看不起。这就为蒋干盗书在心理上做了铺垫。

同学相聚，喝得酩酊大醉，周瑜故意安排和蒋干抵足而眠，以消其疑心；又沉沉酣睡，为蒋干盗书提供机会。果然，蒋干偷看周瑜的信件，内有一封竟书"蔡瑁、张允封"字样，抽出看时，内中写道："某等降曹，非图仕禄，迫于势耳。今已赚北军困于寨中，但得其便，即将操贼之首献于麾下。早晚人到，便有关报。幸勿见疑。先此敬覆。"蒋干如获至宝，连夜逃回曹操营中。

曹操生性多疑，见书后立唤二人前来问道："我想让你们两人进攻东吴，是否可以？"蔡瑁、张允回答说："军尚未练熟，不可轻进。"这似乎更证实了蒋干的信息。曹操怒喝道："军若练熟，吾首级献于周郎矣！"立命推出斩首。

曹操毕竟是聪明人，等看见二人人头，猛然省悟道："吾中计矣。"但又不肯认错，等众人入问其故时，曹操掩饰道："二人怠慢军法，吾故斩之。"

周瑜听到二人被杀的消息时只说了一句话："吾所患者，此二人耳。今既剿除，吾无忧矣。"如果有这二人在，也许徐庶的"连环计"就会被识破，火烧赤壁就不会发生，也许东吴政权就会被曹操一举灭掉。

周瑜使反间计斩蔡、张二人似乎并无真实的历史依据，但清朝的努尔哈赤却是把它当作真实的历史来读。其实，一旦写出文学作品，是否有真实的历史依据已不重要，只要能为人们接受就够了。

努尔哈赤所属的部族初起之时粗陋无文，汉族的传统典籍不易弄懂，只能粗通一些小说、戏曲，由于征战的需要，像《三国演义》一类的权谋之书就备受重视。据说清人出关以后，其主要将帅都随身备有《三国演义》，足见其影响之大。

努尔哈赤向山海关发展，其劲敌是明朝的名将袁崇焕。努尔哈赤这个自称"战无不胜、攻无不克"的满族英雄居然在宁远之战中损兵折将，连自己也因伤病交加而死。袁崇焕紧守明朝的北方门户，使清兵屡受重创，难以进军，引起了清廷极大的忧虑。他们想起了周瑜用反间计杀死蔡瑁、张允的故事，就散布流言，制造假象，引起明朝皇帝崇祯的怀疑，终于使崇祯凌迟处死了袁崇焕。明人自毁长城，清人从此长驱直入，直至入关。《三国演义》的创造者们也许不会想到，就是那么一条莫须有的反间计，竟关涉到中华民族几百年的运数。权谋之为用，可谓大矣！

这一段历史说起来实在是令人嗟叹不已。也许，就是因为袁崇焕的被杀，清军才能长驱直入山海关前；也许，就是因为袁崇焕的被杀，中国北方才失去了真正的长城，满族人才能迅速推进到南方，才能建立近二百多年的满清王朝。这些都是"也许"，但袁崇焕被杀给明朝东北边防带来了毁灭性的打击，却是不容置辩的历史事实。

那么，袁崇焕何以被当作"大汉奸"而遭千刀万剐之刑呢？这还得从头说起。

明崇祯三年（1630年）的一天，北京菜市口人山人海，万头攒动，他们要争相看看这个被他们骂作"大汉奸"的人是什么模样，又是怎样被处死的。有人还怀着一个希望，那就是若能买到这个大汉奸身上的一条肉吃，就能表明自己是真正的炎黄子孙，是地地道道的正人君子，还能治疗自己的胆小病，产生降妖伏魔的力量。这个"大汉奸"终于被从囚车里推了出来，他被判的是凌迟处死的刑罚。所谓"凌迟"，就是要割一千刀，在最后的一刀才将犯人杀死，如果多一刀或少一刀，行刑的刽子手就要以自身来抵罪。刽子手先从剥皮开始，而不能伤及血管，否则一下子就死了。从他身上剥下来皮肉，民众争相哄抬价格，一两银子才能买到一片。他们吃一口骂一声"汉奸"。到了第三天上，"大汉奸"才被最后杀死，其内脏也被众百姓一哄抢光。

这位被千刀万剐的"大汉奸"，就是明末著名的将领、汉民族英雄袁崇焕。

万历初年，女真在东北崛起。1583年，努尔哈赤以祖父遗留下的十三副铠甲起兵，经过二十几年的征战，征服了整个女真族，建立了后金政权。1618年，努尔哈赤把明朝对女真的欺侮总结成"七大恨"，以"七大恨"告天，向明朝发起进攻，次年攻占了辽东重镇抚顺，连败明军。终日纵情声色、万事不理的明神宗着了慌，急忙让辽东经略杨镐带领十多万大军分四路迎击，结果又全军覆没。明朝又派熊廷弼去辽东办理军务。

正在这时候，神宗死去。他的儿子光宗也只做了一个月的皇帝，就因误服药物而一命呜呼，皇位由光宗的儿子朱由校继承。历史上称他为熹宗，年号天启。

熹宗做皇帝时还只是一个十五岁的孩子，他性格十分懦弱，不愿多事，只好嬉游。他有两大嗜好，一是与小太监捉迷藏，一是干木匠活，尤其对于木工制作极为沉迷。他自己动手盖的房子和制作的机巧器物还真有点儿水平，由此可见，他是一个天生的木匠。这样一来，他就把政事交给了在做太子时就服侍他的太监魏忠贤。

魏忠贤专权以后，无恶不作，大肆杀害正直朝臣，广结私党，祸乱国家，形成了中国历史上最大的"阉党"。在这样一个朝廷的统治下，边境防务是可想而知的，熊廷弼在辽东也就难施手脚。熊廷弼到辽东后，苦心经营，勉强稳定了局势，但朝中某些官员对他横加指责，朝廷又将他革职查办，改用袁应泰做统帅。袁应泰是一流的水利工程人才，但对军事一窍不通，他轻率出战，结果遭遇惨败。朝廷只好重新起用熊廷弼。但这时兵部尚书张鹤鸣与熊廷弼意见不合，他叫熊廷弼的属下王化贞不要听熊的调遣，结果由于好大喜功的王化贞失误，明军又遭大败，朝廷不分青红皂白，将王化贞和熊廷弼一起逮捕，并将张鹤鸣免职。

在这种历史条件下，袁崇焕登上了抗击后金进犯战争的历史舞台。

袁崇焕是广东东莞人，祖籍广西梧州藤县。他为人慷慨，富于胆略，喜谈军事，年轻时就有志于办理边疆事务。万历四十七年（1619 年），袁崇焕中了进士，被派到福建邵武去做知县。天启二年（1622 年），袁崇焕到北京述职，在和朋友们谈论时发表了一些对辽东军事很中肯的意见，引起了御史侯恂的注意。侯恂向朝廷荐举他，朝廷于是升他为兵部职方司主事，办理防务事宜。

明代就像宋代一样，信任文官而不信武官，皇帝害怕武官权力大了要造反，因此总是派文官指挥战役，再加上多方的牵制，所以往往失败。

袁崇焕任兵部主事不久，正碰上王化贞大败而归。一时间，朝廷惊慌失措，京城谣言四起，人心惶惶。袁崇焕悄悄地骑了一匹马，孤身一人出山海关考察军情。不久他回到北京，向上司详细报告了山海关外的形势，并说："只要有兵马粮饷，一人足以守住山海关。"这虽然有些书生意气，但朝廷还是升任袁崇焕为兵备佥事。

袁崇焕到山海关后，起初做辽东经略王在晋的下属，在关内办事。当时王在晋切意防守山海关，袁崇焕认为，为了保住山海关，应当将防线北移，在宁远筑城驻守。

朝廷中的大臣大都反对，认为宁远太远，难以防守。但他们不知道，若以山海关为国界，就好像以北京的城墙为国界一样，外围失去了屏障，山海关一旦被重兵攻破，后果将不堪设想。如在宁远筑城，则可建立一片战场，取得一片巩固的根据地。在这片广阔的战场上阻击乃至消灭后金军队，比依长城而守，实在牢靠得多。

大学士孙承宗没有轻易发表意见。他亲往关外视察，支持袁崇焕的意见。不久，朝廷派孙承宗代替王在晋，做了辽东主帅，他令袁崇焕和副将满桂驻守宁远。

1622年，袁崇焕到达宁远，立即着手筑城。宁远离山海关二百多里远，筑好此城，就等于砸下了一颗钉子。他订下城墙规格：城墙高三丈二尺，城雉再高六尺，城墙墙址广三丈。

袁崇焕和将士同甘共苦，所以筑城时人人尽力，第二年宁远城墙就筑成了。宁远城高墙厚，成为关外抗击后金的最主要的防御工事之一。袁崇焕由筑此城开始，经营辽东防务几达十年。在袁崇焕被杀死以前，后金军队虽然多次绕道进袭包括北京城在内的一些城镇，但始终未能真正跨过宁远城一步。

经过袁崇焕和孙承宗几年的苦心经营，明朝的边防力量大大增强。明军开始主动出击，陆续收复了一些失地，并把防线向北推进了几百里。面对已经取得的战果和宏伟计划的逐渐实现，袁崇焕内心充满了喜悦。他也因功连连升官，先升为兵备副使，再升为右参政，主帅孙承宗也对他青眼有加。

前线虽逐渐稳固下来，但朝廷却日渐腐败下去。魏忠贤的专横跋扈引起了正直朝臣尤其是东林党人的义愤，他们纷纷上书弹劾魏忠贤。魏忠贤就采取极端的手段，杀害了杨涟等六人，史称"前六君子"，并把抗清立有大功的熊廷弼也一并处死。在镇压了这些反对派以后，魏忠贤的气焰更为嚣张，自称"九千岁"，肆意勒索贿赂。孙承宗对魏忠贤不买账，魏忠贤就派了一个叫高第的亲信去代替孙承宗做辽东主帅。

高第只会吹牛拍马，绝无所长，他到任后，胆小如鼠，不敢驻守宁远城，胡说宁远战不可战，守又不可守，命令立即撤退。作为广东人，袁崇焕有一股"蛮劲"，他坚决不服从，认为军事上有进无退，宁远一撤，全线即刻崩溃。高第虽是袁崇焕的上级，但因他胆小，况且也是文官出身，竟对袁崇焕无可奈何，只好下令把锦州及其他几个防守据点的兵马撤到了山海关。这样一来，宁远城就好像旷野里的一株枯树，完全暴露在寒风之中了。

努尔哈赤等待的机会终于到来了。明天启六年（1626年），努尔哈赤亲率大军十三万，号称二十万，进攻宁远城。魏忠贤派来的高经略坐在长城垛口上，以隔岸观火的悠闲心态，幸灾乐祸地看着宁远城的覆灭和袁崇焕的败亡。然而，只有孤城一座和守兵一万的袁崇焕，并无丝毫的怯惧之意，而是坚定地率兵抵抗，于是，著名的宁远大战开始了。

天启六年（1626年）二月，努尔哈赤的八旗精兵长驱直入，一路拿下了锦州、大小凌河、杏山、连山、塔山诸堡，兵势浩不见边，刀枪剑戟如林，十九日到达宁远城下，努尔哈赤派人劝降道："我以三十万人来攻，此城破之必矣！"袁崇焕回答说："义当死守，岂有降理！且称来兵三十万，予亦岂少之哉？"

努尔哈赤先派兵绕过宁远城，切断了宁城和山海关的联络，以防明军增援。其实努尔哈赤多此一举，他不派兵，高第也绝不会来援救。但袁崇焕并不畏惧，他派总兵满桂、参将祖大寿分兵把守四门，把城外居民迁入城内，坚壁清野，组织居民、商人送水送饭，并刺血作书，激励将士，还把远在山西的妻子儿女接入城中，以示与宁远城共存亡。在宁远城内军民总动员、严阵以待的情况下，后金军队开始发动进攻了。

后金军队极其骁勇善战，后来同李自成在一片飞石大战时，喊一声"辫子兵来了"，久经沙场的农民军竟然就"哗"地溃退了，而且一退不可收拾。在攻打宁远城时，他们也十分凶猛。后金军队用铁甲兵攻城，这些人身穿两层铁甲，不畏矢石，竖起梯子，奋勇上攀。再用铁皮车做掩护，挖掘城墙，城墙竟被挖出了许多缺口。袁崇焕的军队也十分勇敢善战，他们在城上安装了十一门西洋进口的红夷大炮，每一炮都给敌人以深重的打击，对近处的爬城军士，则从垛口上伸出许多长长的木柜子，柜子里装着士兵，士兵居高临下，用石头和箭矢打击敌人，再扔出浸有油脂和硫黄的被絮等物燃烧敌人的战具。就这样，后金军队的猛烈进攻，一次又一次地被打退了。

袁崇焕当然是文人出身，在一般情况下他扮成一员儒将，如诸葛亮一般，乘轿指挥战斗。他的最大特点是镇静，即使敌兵攻破了城墙，他也一点儿不慌，而是披上盔甲，和战士们一起运石补墙。在这次战役中，他负伤数处。敌人退却时，他又组织敢死队，追下城墙，追杀敌人，并捡回箭支十余万支。这次战役，明军杀死后金统率三百名士兵的牛录十多人。

二十一日，后金军队再次趁夜出击，仍未成功，只好于二十六日撤围而去。

敌人撤围后，袁崇焕还表现出一派儒者的风度，派使者送信对努尔哈赤说："老将纵横数十年，无有不胜，今败于小事之手，恐怕是天意啊！"努尔哈赤也很客气地致书袁崇焕，并赠以马匹，"约期再战"。

努尔哈赤在攻城时受了炮伤，只得躺在车中郁郁而回。他对诸贝勒说："我自二十五岁起兵以来，战无不胜，攻无不克，历时四十三年，独不克宁远一座孤城。"抑郁中背上又生了毒疮，伤病交加，数月后死于沈阳以西四十里的嫒鸡堡。

自此以后，后金军队对袁崇焕又敬又畏。

宁远大捷的消息传到京城，朝野上下喜出望外，一片欢呼。高第因没有援救宁远被免职，由兵部尚书王之臣取代。袁崇焕升为四品右佥都御史。随即他主动出击，又陆续收复了高第放弃的土地。

努尔哈赤死后，他的儿子皇太极继位。皇太极是中国历史上少有的一位具有雄才大略的统治者，他采取正确的战略，暂时放弃宁远，转而攻打朝鲜。就当时明清而言，双方都需要一段休战时间，以便实行各自的计划。明方需要筑城、练兵，清方则要进攻朝鲜、掠夺财富、巩固统治。

在这样的局势下，袁崇焕提出与皇太极和谈，皇太极表示赞同，但明皇帝和许多大臣坚决反对，认为后金从来都是附庸国，皇太极不够谈判对手的资格。

袁崇焕和皇太极商议和谈时，皇太极利用这个机会打败了朝鲜，袁崇焕也加紧修筑锦州中左、大小凌河等地的防御工事，并派出援朝军队，只因朝鲜很快投降，明军也就退了回来，没有和后金军发生冲突。

皇太极进攻朝鲜的战争取得了重大的胜利，财物得到了补充，局势也稳定下来。但他看到袁崇焕修城池、练兵马，势力越来越强大，心知如不加紧攻击，愈加难图，况且求和又不成。于是，皇太极决定"以战求和"。

天启七年（1627年），皇太极率大军攻打辽西的许多军事重镇，攻陷了大小凌河，随即又攻锦州。从五月十一日到六月四口，将领赵率教率领明军与皇太极展开激战。后金军损失惨重，但还是没有将锦州攻下来。皇太极见攻锦州不成，就转攻宁远。袁崇焕严阵以待，成竹在胸，两军相接，激战两天，双方损失都很惨重，但皇太极还是没攻下宁远。皇太极再转攻锦州，但锦州城守坚固，清兵死伤枕藉，无法攻克。当时正值炎热季节，后金军不少中暑得病，士气低落，皇太极不得不撤围回沈阳。

宁锦之役，明军取得了胜利，但作为主帅的袁崇焕并没因此而受重赏，只是升了一级官。其根本原因在于袁崇焕不是魏忠贤的同党，袁崇焕当年中进士的主考老师和推荐他做辽东防务的人都是东林党的首领。因而，虽有"宁远大捷"和"宁锦大捷"，袁崇焕还是讨不到魏忠贤的欢心。这时，魏忠贤见袁崇焕威势日增，便指使同党，攻击袁崇焕不去救锦州。袁崇焕只好辞职，回老家广东去了。

这年八月，爱捉迷藏和做木工的熹宗皇帝死了，因无子嗣，由他的亲弟弟朱由检继位，次年改年号崇祯。崇祯帝当时才十七岁，他年纪虽小，却十分精明能干，与哥哥大不相同。他不动声色地剪除了魏忠贤的阉党，然后逼得魏忠贤自杀，巧妙而又干净地除掉了朝廷的一个毒瘤。魏忠贤死后，附和他的大臣或杀头或充军，被魏忠贤排挤的袁崇焕重新被起用。

崇祯元年（1628年）七月，袁崇焕从老家应召来到北京，崇祯帝召见了他，问他辽东防务事宜，经过一番深谈，崇祯帝可以说对他言听计从。袁崇焕提出了诸如粮草供给保障、排除干扰等要求，崇祯都一口答应，至于具体的守辽东的策略，袁崇焕认为可用以下三个原则："一、以辽人守辽土，以辽土养辽人；二、守为正着，战为奇着，和为旁着；三、法在渐不在骤，在实不在虚。"崇祯帝的确是有一番事业心，对袁崇焕的这些提法，都表示了赞同和照办的意思。

崇祯帝赐给袁崇焕一柄尚方宝剑，以表示他对袁崇焕的信赖和支持，让他去总督宁远防务。但袁崇焕尚未到宁远，那里就发生了兵变，其原因很简单，军队没有粮饷。当时中央无力，财富均被各级官员和地主刮走，国库空虚，拿不出钱来发军饷。袁崇焕则建议用内帑（即皇宫中的钱）来发饷，崇祯帝是一个爱财如命的人，听后十分生气，从此对袁崇焕有了看法，不再像以前那样信任他了。

不久以后，袁崇焕诛杀皮岛大将毛文龙又引起了崇祯帝的疑忌。

皮岛是辽东南部海中的一个岛屿，地势十分重要，北可联清，东可控朝鲜，西南则可卫护胶东半岛的蓬莱、登州。皮岛守将毛文龙曾抗后金有功，但他后来成了魏忠贤的干儿子，还贪污横行不法，并曾写信给皇太极说："尔取山海关，我取山东。"袁崇焕为了安定形势，消除隐患，便于崇祯二年（1629年）七月伏兵捉住了毛文龙，宣布了他的十二条罪状，请出尚方宝剑，将他诛杀。

袁崇焕向崇祯报告了诛杀毛文龙的原因和经过，崇祯十分惊讶，认为他擅杀大将，别有用心。但因当时正依靠袁崇焕来抗后金，就未加责备。

皇太极知道自己的力量敌不过明朝，所以一直想议和，但崇祯极其傲慢，根本不予承认。虽经袁崇焕从中调停，总是不能成功。于是，同时十一月，皇太极率兵十余万，绕开袁崇焕驻防的宁西，从西路直奔北京，经过艰难的行军，攻进了长城，进迫遵化，明军纷纷溃退，后金军攻克遵化。巡抚王元雍自杀，山海关总兵赵率教也战死遵化城下。后金军攻下遵化后，直扑京师。这时袁崇焕率兵火速来援，并沿途留下军队以截断后金军退路。

袁崇焕于十一月十日抵蓟州，但后金军绕过蓟州西进，接连攻下三河、香河等城，袁崇焕又急忙带兵去保卫京师，驻兵于北京广渠门外。

后金军的猛烈进攻吓得崇祯魂飞魄散，京师一片慌乱。现在袁崇焕来了，崇祯心神略定，对他赞赏备至。袁崇焕认为部队疲劳，要求入城休息，但崇祯心中十分疑忌，借故推托不许其部队入城。袁崇焕又要求屯兵外城，崇祯也不答应，只是催促他快与后金军队交战。

袁崇焕以两昼夜三百余里的速度紧急增援京师，已是人困马乏，但在崇祯的催促之下，不得不与后金军队交战。仗打得非常艰苦，两军相持了很久。袁崇焕身穿铠甲，冲锋陷阵，两胁下受了几处箭伤。后来后金军队终于不支，退到南海子边休整。崇祯见后金军队没有退远，便急不可耐地催促袁崇焕追击，甚至围歼敌人。

这时虽然明军来了几路人马，袁崇焕也统一了指挥权，但决战时机很不成熟。万一出城决战，后金军队以置之死地而后生的态度来与明军拼命，明军很有可能溃退。如果发生了这种情况，那北京城就顷刻而下了。因此，袁崇焕的坚守不战是正确的。

但崇祯却怀疑袁崇焕了，认为他是拥兵自重，要挟制自己，甚至谋权篡位，至少也是要强迫自己采用他一贯与后金议和的主张。这么一想，崇祯那颗刚愎自用而又傲慢的心就受到了很大的创伤。

此时，后金军队在城外大肆烧杀抢掠，使得京郊的百姓大受其害，且崇祯身边的太监也多在京城置有田产，都深痛自己大破其财。想来想去，这怨愤就泼在了袁崇焕的身上，说后金兵是袁崇焕引来的，是想要挟皇上与后金人议和的。一时之间，这些舆论不知怎么就漫天而起，甚至大骂袁崇焕是"汉奸"，弄得人心惶惶，真假不分。竟有人站在北京城的城墙上往城下袁崇焕士兵的头上扔石头，一边扔一边骂"汉奸兵"，砸死砸伤了一些士兵。

崇祯知道了这一消息，疑心更大，恐慌起来。恰在这时，皇太极依照《三国演义》上的"群英会蒋干中计"一节，使起反间计来。

就在这以前，后金军捉到了两名明宫派到城外负责养马的太监，一个叫杨春，一个叫王成德。在撤回途中，皇太极派副将高鸿中和参将鲍承先、宁完成等人监守，这三人是归降后金的汉人。到了晚上，鲍承先与宁完成二人依照皇太极所授的密诀，大声"耳语"道："这次撤兵，并不是我们打了败仗，那是皇上的妙计，你看到了吗？皇上单独骑了马逼近敌人。敌军中有两名军官过来参见皇上，商量了好久，那两个军官就回去了。皇上和袁崇焕已有密约，大事不久就可成功了。"两名太监正躺在旁边，把这些话听得十分清楚。第二天，姓杨的太监见敌人撤退时十分慌乱，便趁敌人的"疏忽"逃奔而归，并马上把这些话报告了崇祯。

以崇祯多疑而又忮刻的性格，听了这些话，当然是马上相信了。他立刻召袁崇焕进宫，在宫中将其逮捕下狱。袁崇焕的部将祖大寿等人见状，惊慌莫名，只好出城等候。

三天之后，圣旨下来，说袁崇焕以通敌谋反罪被捕，只问袁崇焕一人，余者不问。将士闻讯大哭，还有的将士破口大骂，顿足而号。如果此时有人倡议，说不定真会反了。

祖大寿当然极为悲愤，他即刻率军回锦州，途中遇见驰援的袁军主力，了解了北京的情况后，也当即掉头而回。

祖大寿掉头而回，崇祯大为恐慌，他生怕后金军再来攻城，连忙派人去让袁崇焕写信，召回祖大寿。这实在是一个奇怪的逻辑，既不肯正式下诏让袁崇焕写信，又派各部官吏前往劝说。袁崇焕先是不肯写，认为这种做法于情理不通，既不奉明诏，于狱中写发书召兵回京，无异于私人行为，但崇祯无论如何不肯向袁崇焕认错。在群臣的劝说之下，袁崇焕"以国家为重"，写信召回祖大寿。祖大寿本把崇祯派的使者看作敌人，但有袁崇焕的亲笔信，他迟疑不决。这时，祖大寿的母亲说："如果不回军，只能加重袁督师的罪名，如果你回去攻下一些地方，打一些胜仗，或许能救袁督师出狱。"祖大寿听了母亲的话，率师返回，沿途攻陷了清军占领的两座城池，断了他们两条归路。

皇太极听说袁崇焕下狱，大喜过望。他本来已攻克了北京以南二十公里处的良乡，于是他立刻回师卢沟桥，破了所谓的"车军"，又大破明军四万多人，擒获和斩杀了一些明军的高级将领，京师大震。但听说祖大寿率兵返回，惧怕归路被截，便写了几封议和信，领兵从山海关缓缓而退。

后金兵一退，崇祯又感心中大定。是时，朝野之上、军队之中替袁崇焕辨冤求情的人，纷纷上书，连孙承宗也写诗说："东江千古英雄手，泪洒黄龙半不平。"还有许多人情愿以身代之。袁崇焕也在狱中写信，让部下安心抗敌，半年之后，明军把后金军赶出了长城。

这半年之中，袁崇焕再有什么样的罪行也该调查清楚了，也该做出决定了。不，早不杀袁崇焕，晚不杀袁崇焕，后金兵退出长城以后就杀袁崇焕。

想袁崇焕死日，北京人情汹汹，莫不欲食肉寝皮。一条小小的反间计，竟然"倾国倾城"，令人想来真有些不寒而栗。说其是千古第一反间计，恐怕并不过分。

一条小小的反间计，可以灭亡一朝一国。由此看来，反间计的确可以毫不夸张地被称为百计之首。

（参见《史记》《左传》《战国策》《清史稿》等）